新 일 본 어 능 력 시 험

JLPT
실전모의고사
N3

JLPT 실전모의고사 N3

지은이 이종권
펴낸이 정규도
펴낸곳 (주)다락원

초판 1쇄 발행 2012년 10월 19일
초판 6쇄 발행 2024년 6월 7일

책임편집 송화록, 한누리, 손명숙
디자인 구수정, 오연주

 경기도 파주시 문발로 211
내용문의: (02)736-2031 내선 460~465
구입문의: (02)736-2031 내선 250~252
Fax: (02)732-2037
출판등록 1977년 9월 16일 제300-1977-23호

ISBN 978-89-277-1082-0 18730
     978-89-277-1081-3 (set)

http://www.darakwon.co.kr

- 다락원 홈페이지를 방문하시면 상세한 출판정보와 함께 동영상강좌,
  MP3 자료 등 다양한 어학 정보를 얻으실 수 있습니다.
- 다락원 홈페이지 **학습자료실**에서 **MP3 파일(무료)**을 다운로드 받으
  실 수 있습니다.

新일본어 능력시험을 준비하시는 분들에게

"지피지기(知彼知己)면 백전백승(百戰百勝)이라……."

나를 알고 적을 알면 승리한다는 이순신 장군의 명언입니다.
저는 이것이 시험에서도 무척 중요한 것이라고 생각합니다. 시험도 어떤 유형인지 무엇을 요구하는지를 알면 어떻게 대비해야 하는지가 나옵니다. 新일본어 능력시험에는 과락 제도가 있고, 과락 발생의 위험성이 대단히 큰 시험입니다. 총점이 합격점을 넘어도, 한 개 영역에서라도 과락이 발생하면 불합격 처리되는 것이지요. 그래서 수험생 여러분은 모든 영역에서 일단 과락을 면하고 총점에서 합격점을 넘어야 과락으로 억울하게 불합격하는 상황을 면할 수 있습니다. 그래서 모의고사를 통해서 어느 영역이 약한지 진단을 하고 대비해야 합니다.

많은 문제만을 풀어 보는 것이 좋은 방법은 아닐 수도 있습니다. 풀어 본 문제에 대한 이해와 왜 틀렸는지를 파악하고 보충하는 것이 그 무엇보다 중요합니다. 혹자는 문제를 많이 풀어 보고 경험을 많이 쌓아야만 한다고 합니다. 그러나 그것은 골프에서 공의 방향이 어디로 날아가는지를 모르고 계속해서 스윙 연습만 하는 것과 같습니다. 공의 방향을 확인하고 방향과 힘을 조절하는 훈련을 계속해야만 합니다. 모의고사도 이와 마찬가지입니다. 문제를 계속 풀어 보고 채점만 하는 것보다 더 중요한 것은 틀린 문제를 얼마나 피드백(오답풀이)하느냐 입니다. 틀린 유형을 복습하고 해설을 통해서 자기 것으로 만들어 놓지 않으면, 많은 문제를 풀어도 실력 향상에는 도움이 되지 않습니다. 이것이 오답풀이의 중요성입니다.

혹시 공부하다가 모르는 것이나 궁금한 사항이 있으면 언제든지 제가 운영하는 다음카페(http://cafe.daum.net/jlpt)나 이종권 일본어학원 홈페이지(http://www.ejujlpt.com)로 문의 주세요. 일본어 능력시험뿐만 아니라 일본유학시험(EJU)과 일본 대학의 진학 자료들도 있습니다.

시험 문제의 출제와 자료 정리에 온 힘을 써준 이종권 일본어학원 Japanese R&D Center 연구원들에게 감사 드립니다. 또한 명쾌한 해설을 위해 힘을 써 주신 안혜원 선생님과 멋진 교재가 나올 수 있도록 모든 노력과 성원을 다해 주신 다락원 관계자 여러분께 감사 드립니다.

모의고사 3회분을 통해서 실전적인 감각을 키우고, 해설을 통해 실력을 향상시켜 新일본어 능력시험 N3 수험생들이 고득점 합격하기를 기원합니다.

저자 이종권

1 목적 및 주최

新일본어 능력시험은 일본 국내외에서 일본어를 모국어로 하지 않는 사람을 대상으로 한다. 일본어를 공부하거나 사용하는 사람들의 일본어 능력을 측정하고 인정하는 것이 목적이다. 일본 정부가 세계적으로 공인하는 유일한 일본어 시험이며 국제교류기금과 재단법인 일본국제교육지원협회가 주최한다.

2 실시 횟수

매년 7월 첫 번째 일요일과 12월 첫 번째 일요일 2회 실시한다. 하지만 주관 부서의 사정에 따라 변경될 여지도 있으므로 http://www.jlpt.or.kr/에서 확인하는 것이 좋다.

3 득점 방식 및 합격 여부

2010년 개정된 新일본어 능력시험에서는 '등화(等化)라는 상대평가 방식을 채택했다. 다른 시기에 실시된 시험에서는 출제되는 문제가 달라서 아무리 신중하게 작성해도 매회 시험의 난이도가 변동되기 쉬운 탓이다. 그런 까닭에 다른 시기에 실시된 시험의 득점을 상호 비교 가능한 공통적인 척도상에서 나타내도록 하였다. 그 결과 같은 레벨의 시험이라면 언제 시험을 보든 득점을 비교할 수 있다.

또한 新일본어 능력시험에서는 총점과 각 득점 구분의 기준점, 두 가지로 합격 여부를 판정한다. 즉 합격을 위해서는 총점과 각 과목의 기준점 모두 필요하다. 특히 이번 시험부터는 과락제도를 도입하여 과목 중 하나라도 기준점에 미달되는 경우에는 종합득점이 아무리 높아도 불합격이다.

레벨	합격점	기준점		
		언어지식 (문자 · 어휘 · 문법)	독해	청해
N3	95점 / 180점	19점 / 60점	19점 / 60점	19점 / 60점

4 **시험 내용** | 각 레벨의 인정 기준을【읽기】,【듣기】라는 언어행동으로 나타낸다. 각 레벨에는 이 언어행동을 실현하기 위한 언어지식이 필요하다.

레벨	과목별 시간		총점	인정 기준
	유형별	시간		
N1	언어지식 (문자・어휘・문법) 독해	110분	60점 60점	**기존 시험 1급보다 다소 높은 레벨까지 측정** : 폭넓은 장면에서 사용되는 일본어를 이해할 수 있다. 【읽기】 • 논리적으로 약간 복잡하고 추상도가 높은 문장 등을 읽고, 문장의 구성과 내용을 이해할 수 있다. • 다양한 화재의 글을 읽고, 이야기의 흐름이나 상세한 표현의 도를 이해할 수 있다
	청해	60분	60점	【듣기】 • 폭넓은 장면에 있어 자연스러운 속도의 정리된 회화나 뉴스, 강의를 듣고 이야기의 흐름이나 내용, 등장인물의 관계나 내용의 논리 구성 등을 상세하게 이해하거나 요지를 파악할 수 있다.
	계	170분	180점	
N2	언어지식 (문자・어휘・문법) 독해	105분	60점 60점	**기존 시험의 2급과 거의 같은 레벨** : 일상적인 장면에서 사용되는 일본어의 이해에 더해, 더욱 폭넓은 장면에서 사용되는 일본어를 어느 정도 이해할 수 있다. 【읽기】 • 신문이나 잡지의 기사나 해설 평이한 평론 등 논지가 명쾌한 문장을 읽고 문장의 내용을 이해할 수 있다. • 일반적인 화제에 관한 글을 읽고, 이야기의 흐름이나 표현의 도를 이해할 수 있다.
	청해	50분	60점	【듣기】 • 자연스러운 속도의 체계적 내용의 대화나 뉴스를 듣고, 내용의 흐름 및 등장인물의 관계를 이해하거나, 요지를 파악할 수 있다.
	계	155분	180점	
N3	언어지식(문자・어휘) 언어지식(문법)・독해	105분	60점 60점	**기존 시험의 2급과 3급 사이에 해당하는 레벨(신설)** : 일상적인 장면에서 사용되는 일본어를 어느 정도 이해할 수 있다. 【읽기】 • 일상적인 화제에 구체적인 내용을 나타내는 문장을 읽고 이해할 수 있다. • 신문의 기사제목 등에서 정보의 개요를 파악할 수 있다. • 일상적인 장면에서 눈으로 보는 범위의 난이도가 약간 높은 문장은 대체표현이 주어지면 요지를 이해할 수 있다.
	청해	40분	60점	【듣기】 • 자연스러운 속도의 정리된 대화를 듣고, 이야기의 구체적인 내용을 등장인물의 관계 등과 맞춰서 거의 이해할 수 있다.
	계	145분	180점	
N4	언어지식(문자・어휘) 언어지식(문법)・독해	95분	120점	**기존 시험 3급과 거의 같은 레벨** : 기본적인 일본어를 이해할 수 있다. 【읽기】 • 기본적인 어휘나 한자로 쓰여진, 일상생활에서 흔하게 일어나는 화제의 문장을 읽고 이해할 수 있다.
	청해	35분	60점	【듣기】 • 일상적인 장면에서 다소 느린 속도로 나누는 대화라면 거의 내용을 이해할 수 있다.
	계	130분	180점	
N5	언어지식(문자・어휘) 언어지식(문법)・독해	80분	120점	**기존 시험 4급과 거의 같은 레벨** : 기본적인 일본어를 어느 정도 이해할 수 있다. 【읽기】 • 히라가나나 가타가나, 일상생활에서 사용되는 기본적인 한자로 쓰여진 정형화된 어구나, 문장을 읽고 이해할 수 있다.
	청해	30분	60점	【듣기】 • 일상생활에서 자주 접하는 장면에서 천천히 나누는 대화라면 필요한 정보를 얻어낼 수 있다.
	계	105분	180점	

5. 新일본어 능력시험 N3 문제 유형과 적정 예상 풀이 시간

시험과목			시험내용	소문항	적정 예상 풀이 시간	TIP!
언어지식 (30분)	문자 · 어휘	1	한자 읽기	8	약 4분	문자 · 어휘는 전반부가 한자이고, 후반부가 어휘의 쓰임을 묻는 문제다. 한자는 오래 들여다 보고 있다고 알 수 있는 문제가 아니므로 재빨리 풀고 어휘의 쓰임을 파악하는 문제에 집중하는 편이 좋다.
		2	한자 표기	6	약 3분	
		3	문맥규정	11	약 6분	
		4	교체 유의어	5	약 5분	
		5	용법	5	약 10분	
언어지식 · 독해 (70분)	문법	1	문법 형식	13	약 7분	문법을 빨리 풀수록 독해를 푸는 시간이 늘어나므로, 되도록 빨리 문법을 해결하고 독해에 집중해야 한다. 새로운 문제 유형은 모의고사를 풀어보고 오답 체크를 통해 확실하게 이해한다면 쉬이 적응할 수 있을 것이다.
		2	문맥 배열	5	약 5분	
		3	문장 흐름	5	약 10분	
	독해	4	내용 이해 - 단문	4	약 8분	
		5	내용 이해 - 중문	6	약 12분	
		6	내용 이해 - 장문	4	약 12분	
		7	정보 검색	2	약 8분	
청해 (40분)		1	과제 이해	6	약 9분	문제가 다 끝나면 마킹할 시간이 따로 주어지지 않는다. 이 점을 염두에 두고 문제를 푸는 즉시, 혹은 질문을 읽는 시간이나 문제를 설명하는 시간을 이용하여 마킹해야 한다. 난이도는 그다지 높지 않을 것으로 보인다.
		2	포인트 이해	6	약 10분	
		3	개요 이해	3	약 5분	
		4	발화 표현	4	약 3분	
		5	즉시 응답	9	약 5분	

※ 언어지식(문자 · 어휘)와 언어지식(문법) · 독해 사이에는 5분 가량 시험지 교부 시간이 있습니다.

※ 적정 예상 풀이 시간은 실제 문제를 푸는 시간입니다. 남은 시간 동안에는 답안지에 마킹을 하고 제대로 풀었는지, 혹은 밀려 쓰지는 않았는지 점검하시기를 바랍니다.

이 책은 2010년부터 새로 시행되는 新일본어 능력시험 N3에 완벽하게 대응할 수 있도록 마련한 실전 모의고사 문제집입니다. 출제 경향 및 문제 유형을 철저히 분석·반영하였고, 新일본어 능력시험을 공부하는 학습자가 시험을 앞두고 실제 시험과 같은 형태로 구성한 문제를 직접 풀어 보며 시험에 익숙해질 수 있도록 하였습니다. 전체 구성은 〈실전모의고사 3회분〉과 〈정답 및 해설〉, 〈ANSWER SHEET〉로 이루어져 있습니다.

실전모의고사

실제 시험과 같은 형태의 실전모의고사를 총 3회분 수록하였습니다. 각 모의고사마다 임의적으로 만든 채점표를 실어 자신의 실력을 파악할 수 있게 하였습니다.

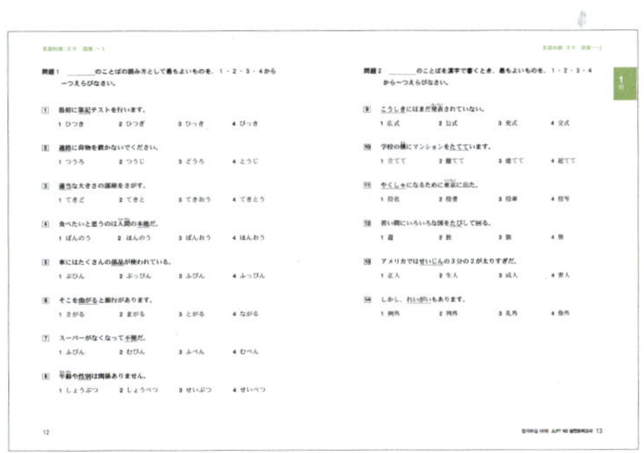

정답 및 해설

정확한 해석과 자세한 해설을 실었으며 따로 사전을 찾아보지 않아도 학습이 가능하도록 많은 단어를 정리하였습니다.

ANSWER SHEET

실전모의고사를 풀 때 필요한 답안용지입니다. 실제 시험처럼 활용하여 실전에 대비합시다.

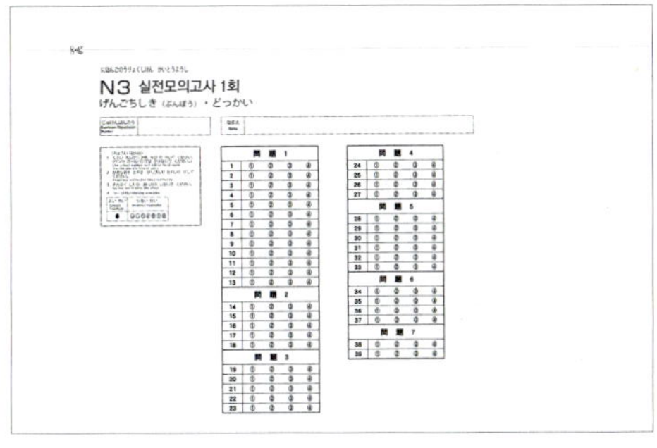

목차

JLPT 실전모의고사 N3

합격하길 바래! 신

1회

자신의 실력이 어느 정도인지 확인할 수 있도록 임의적으로 만든 채점표입니다. 실제 시험은 상대 평가 방식이므로 약간의 오차가 발생할 수 있습니다.

언어지식 (문자 · 어휘 · 문법)

		배점	만점	1회	
				정답 문항 수	점수
문자 · 어휘	문제 1	1점×8문항	8		
	문제 2	1점×6문항	6		
	문제 3	1점×11문항	11		
	문제 4	1점×5문항	5		
	문제 5	1점×5문항	5		
문법	문제 1	1점×13문항	13		
	문제 2	1점×5문항	5		
	문제 3	1점×5문항	5		
합계			58점		

*** 점수 계산법 :** 언어지식(문자 · 어휘 · 문법) [   ]점÷58×60 ＝ [   ]점

독해

		배점	만점	1회	
				정답 문항 수	점수
독해	문제 4	3점×4문항	12		
	문제 5	4점×6문항	24		
	문제 6	4점×4문항	16		
	문제 7	4점×2문항	8		
합계			60점		

청해

		배점	만점	1회	
				정답 문항 수	점수
청해	문제 1	2점×6문항	12		
	문제 2	2점×6문항	12		
	문제 3	3점×3문항	9		
	문제 4	2점×4문항	8		
	문제 5	2점×9문항	18		
합계			59점		

*** 점수 계산법 :** 청해 [   ]점÷59×60 ＝ [   ]점

N3

げんごちしき （もじ・ごい）

（30ぷん）

ちゅうい
Notes

1. しけんが はじまるまで、この もんだいようしを あけないで ください。
Do not open this question booklet until the test begins.

2. この もんだいようしを もって かえる ことは できません。
Do not take this question booklet with you after the test.

3. じゅけんばんごうと なまえを したの らんに、じゅけんひょうと
おなじように かいて ください。
Write your examinee registration number and name clearly in each box below as written on your test voucher.

4. この もんだいようしは、ぜんぶで 5ページ あります。
This question booklet has 5 pages.

5. もんだいには かいとうばんごうの 1、2、3 … が ついて います。
かいとうは、かいとうようしに ある おなじ ばんごうの ところに
マークして ください。
One of the row numbers 1, 2, 3 … is given for each question. Mark your answer in the same row of the answer sheet.

じゅけんばんごう　Examinee Registration Number	

なまえ　Name	

問題1　＿＿＿＿＿のことばの読み方として最もよいものを、1・2・3・4から
一つえらびなさい。

1 最初に<u>筆記</u>テストを行います。

1 ひつき　　　　2 ひつぎ　　　　3 ひっき　　　　4 ぴっき

2 <u>通路</u>に荷物を置かないでください。

1 つうろ　　　　2 つうじ　　　　3 どうろ　　　　4 とうじ

3 <u>適当</u>な大きさの部屋をさがす。

1 てきど　　　　2 てきと　　　　3 てきおう　　　　4 てきとう

4 食べたいと思うのは人間の<u>本能</u>だ。

1 ぼんのう　　　　2 ほんのう　　　　3 ぼんおう　　　　4 ほんおう

5 車にはたくさんの<u>部品</u>が使われている。

1 ぶひん　　　　2 ぶっぴん　　　　3 ふびん　　　　4 ふっぴん

6 そこを<u>曲がる</u>と銀行があります。

1 さがる　　　　2 まがる　　　　3 とがる　　　　4 ながる

7 スーパーがなくなって<u>不便</u>だ。

1 ふびん　　　　2 むびん　　　　3 ふべん　　　　4 むべん

8 年齢や<u>性別</u>は関係ありません。

1 しょうぶつ　　　　2 しょうべつ　　　　3 せいぶつ　　　　4 せいべつ

問題2　________のことばを漢字で書くとき、最もよいものを、1・2・3・4
　　　から一つえらびなさい。

9　こうしきにはまだ発表されていない。

　　1 広式　　　　　　2 公式　　　　　　3 充式　　　　　　4 交式

10　学校の横にマンションをたてています。

　　1 立てて　　　　　2 健てて　　　　　3 建てて　　　　　4 起てて

11　やくしゃになるために東京に出た。

　　1 役社　　　　　　2 役者　　　　　　3 役車　　　　　　4 役写

12　若い間にいろいろな国をたびして回る。

　　1 遊　　　　　　　2 放　　　　　　　3 族　　　　　　　4 旅

13　アメリカではせいじんの3分の2が太りすぎだ。

　　1 正人　　　　　　2 生人　　　　　　3 成人　　　　　　4 世人

14　しかし、れいがいもあります。

　　1 例外　　　　　　2 列外　　　　　　3 礼外　　　　　　4 伶外

問題３ （　　　　）に入れるのに最もよいものを、１・２・３・４から一つえらびなさい。

15 彼が選ばれたのは（　　　　）だった。

   1 予感　　　　　2 良好　　　　　3 丈夫　　　　　4 意外

16 この地方は米づくりが（　　　　）だ。

   1 熱心　　　　　2 盛ん　　　　　3 安全　　　　　4 便利

17 家の中は夏でも（　　　　）。

   1 暑い　　　　　2 寂しい　　　　3 涼しい　　　　4 厳しい

18 そんな名前の国は（　　　　）しない。

   1 必然　　　　　2 形式　　　　　3 存在　　　　　4 実現

19 読み終わったら、次の人に（　　　　）ください。

   1 回して　　　　2 戻して　　　　3 帰して　　　　4 移して

20 かばんの中からさいふを取り（　　　　）。

   1 持つ　　　　　2 上げる　　　　3 置く　　　　　4 出す

21 日本に来てから（　　　　）日本語がうまくなった。

   1 さらに　　　　2 いっぱい　　　3 あんまり　　　4 少しも

22 あの兄弟は（　　　　）がいい。

   1 案　　　　　　2 仲　　　　　　3 元　　　　　　4 実

23 今は（　　　　）ので、後でまた来てください。

1 細かい　　　　2 険（けわ）しい　　　　3 あらっぽい　　　4 忙しい

24 お母さんに似て、娘も（　　　　）だ。

1 夫人（ふじん）　　　　2 美人（びじん）　　　　3 仲人（なこうど）　　　4 老人（ろうじん）

25 おふろのそうじは父の（　　　　）だ。

1 担当（たんとう）　　　　2 部分（ぶぶん）　　　　3 分野（ぶんや）　　　4 代表（だいひょう）

問題4 ________に意味が最も近いものを、1・2・3・4から一つえらびなさい。

26 彼は<u>能力</u>はあるのに努力をしない。

1 性能 せいのう　　2 才能 さいのう　　3 万能 ばんのう　　4 可能 かのう

27 新しい先生はどんな<u>感じ</u>でしたか。

1 神経 しんけい　　2 個性 こせい　　3 記憶 きおく　　4 印象 いんしょう

28 楽しい時もあれば、<u>苦しい</u>時もある。

1 つよい　　2 つめたい　　3 つらい　　4 つまらない

29 そんなに怒るなんて<u>おかしい</u>。

1 下手だ　　2 不自由だ ふじゆう　　3 無難だ ぶなん　　4 異常だ いじょう

30 一度<u>話し合って</u>から決めよう。

1 相談して　　2 提案して ていあん　　3 反省して はんせい　　4 展開して てんかい

1
회

問題5　つぎのことばの使い方として最もよいものを、１・２・３・４から一つ
　　　　えらびなさい。

31　身なり

1　私は身なりが小さいほうです。

2　日本人にとって米は身なりの食べ物だ。

3　身なりだけで人を判断してはいけない。

4　身なりのものだけ持っていく。

32　せい

1　友達のせいで元気が出た。

2　やせたせいできれいになった。

3　先生のせいで大学に入れた。

4　雨のせいで試合が中止になった。

33　いらいら

1　長い時間待たされていらいらする。

2　いらいら明日は試験の日だ。

3　学生の間はいらいらしてみるといい。

4　先生にいらいら聞かなくてもよい。

34 志す

1 先生の言葉が志した。

2 東京を志して旅に出た。

3 医者を志して勉強する。

4 友達を丁寧に志す。

35 申し分

1 旅行の申し分は今日までだ。

2 旅行には申し分のない天気だ。

3 変更のある人は申し分してください。

4 申し分だけ待ってもらえますか。

N3

言語知識（文法）・読解

（70分）

注　意
Notes

1. 試験が始まるまで、この問題用紙を開けないでください。
   Do not open this question booklet until the test begins.

2. この問題用紙を持って帰ることはできません。
   Do not take this question booklet with you after the test.

3. 受験番号と名前を下の欄に、受験票と同じように書いてください。
   Write your examinee registration number and name clearly in each box below as written on your test voucher.

4. この問題用紙は、全部で19ページあります。
   This question booklet has 19 pages.

5. 問題には解答番号の 1 、 2 、 3 … が付いています。解答は、解答用紙にある同じ番号のところにマークしてください。
   One of the row numbers 1 , 2 , 3 … is given for each question. Mark your answer in the same row of the answer sheet.

受験番号　Examinee Registration Number	

名前　Name	

問題1　つぎの文の（　　　　）に入れるのに最もよいものを、1・2・3・4から
　　　　一つえらびなさい。

1　たとえ（　　　　）彼は来るだろう。

　　1　忙しいから　　　　2　忙しくても　　　　3　忙しいでも　　　4　忙しいので

2　一人で食べる（　　　）多すぎる。

　　1　など　　　　　　　2　ほど　　　　　　　3　より　　　　　4　には

3　詳しいことはこちらを（　　　　）ください。

　　1　ごらん　　　　　　2　お目に　　　　　　3　見になって　　4　見なさって

4　彼は日本は（　　　　）、海外でも有名な歌手だ。

　　1　比べて　　　　　　2　反面　　　　　　　3　もとより　　　4　ともに

5　このゲームは人が多ければ多い（　　　　）おもしろい。

　　1　と　　　　　　　　2　こそ　　　　　　　3　なり　　　　　4　ほど

6　ご飯を（　　　　）最中に電話がかかってきた。

　　1　作る　　　　　　　2　作っている　　　　3　作った　　　　4　作って

7　2年（　　　　）に日本の家族に会った。

　　1　以来　　　　　　　2　ばかり　　　　　　3　ぶり　　　　　4　すぎ

8　昔は川でよく遊んだ（　　　　）だ。

　　1　もの　　　　　　　2　わけ　　　　　　　3　こと　　　　　4　べき

9 　今日は何曜日（　　　　）。

1 ですけ　　　　　2 だらけ　　　　　3 だけ　　　　　4 だっけ

10 　姉は女性に（　　　　）背が高い。

1 ついては　　　　2 とっては　　　　3 しては　　　　4 対しては

11 　失敗しても泣く（　　　　）よ。

1 てはならない　　2 っこない　　　　3 ことはない　　　4 としない

12 　暗くならない（　　　　）に帰って来なさい。

1 なか　　　　　　2 うち　　　　　　3 わり　　　　　4 よう

13 　予報の（　　　　）昼から雨が降った。

1 とおり　　　　　2 まま　　　　　　3 くらい　　　　4 みたい

問題2　つぎの文の ＿＿★＿＿ に入る最もよいものを、1・2・3・4から一つえらびなさい。

（問題例）

かばんの ＿＿＿＿ ＿＿＿＿ ＿＿★＿＿ ＿＿＿＿ あります。

1 中　　　　　　　2 財布　　　　　　3 が　　　　　　　4 に

（解答のしかた）

1．正しい答えはこうなります。

> かばんの ＿＿＿＿ ＿＿＿＿ ＿＿★＿＿ ＿＿＿＿ あります。
>
> 　　　　1 中　　4 に　　2 財布　　3 が

2．＿＿★＿＿ に入る番号を解答用紙にマークします。

（解答用紙）　| （例） | ① ● ③ ④ |

---

14 先生とは3年前に ＿＿★＿＿ ＿＿＿＿ ＿＿＿＿ ＿＿＿＿ いない。

1 会って　　　　　2 一度も　　　　　3 きり　　　　　　4 会った

15 年を ＿＿＿＿ ＿＿★＿＿ ＿＿＿＿ ＿＿＿＿ なる。

1 やすく　　　　　2 とる　　　　　　3 につれ　　　　　4 つかれ

16 夜も ＿＿＿＿ ＿＿★＿＿ ＿＿＿＿ ＿＿＿＿ 。

1 ほど　　　　　　2 頭が　　　　　　3 いたい　　　　　4 眠れない

17 ＿＿＿ ＿＿＿ ★ ＿＿＿ しまった。

　1 出かけて　　　　2 まま　　　　　　3 パジャマを　　　4 着た

18 君が ＿＿＿ ＿＿＿ ★ ＿＿＿ 行くしかない。

　1 と　　　　　　　2 行けない　　　　3 したら　　　　　4 私が

問題3 つぎの文章を読んで、文章全体の内容を考えて、 19 から 23 の中に入る最もよいものを、1・2・3・4から一つえらびなさい。

　　昔に 19 、今では海外旅行はとても身近なものになりました。しかし、旅行に行く時には注意しなければいけないことがあります。

　　例えば、日本の 20 水道の水が飲める国はほとんどありません。町のレストランで出される水を飲むとお腹をこわす 21 があります。できれば、水は買ったものを飲みましょう。

　　それから、国 22 言葉だけではなく、文化もちがいます。日本では「かわいいね」などと言いながら、子どもの頭をなでることがよくあります。日本では 23 失礼なことではありませんが、タイやインドでは頭はとても大切な場所だと考えられていて、他の人が頭にさわることはよいことではありません。

　　このように、旅行する国のことをあらかじめ勉強しておかないと、自分が気がつかないうちに失礼なことをしてしまっていることがあります。

19

　1 反して　　　　　2 比べて　　　　　3 つれて　　　　　4 かわって

20

　1 とおり　　　　　2 つもり　　　　　3 ように　　　　　4 ままに

21

　1 おそれ　　　　　2 がち　　　　　3 おかげ　　　　　4 気味

22

1 がよって　　　2 をよって　　　3 によって　　　4 もよって

23

1 決して　　　2 めったに　　　3 必ず　　　4 少し

問題４　つぎの（１）から（４）の文章を読んで、質問に答えなさい。答えは、１・２・３・４から最もよいものを一つえらびなさい。

（１）

　人の体には目が二つあります。耳も二つあります。鼻の穴も二つです。二つというのに何か意味があるのでしょうか。目が二つあるのは、ものをできるだけ正しく見るためだと言われます。一つの目で見るよりも、両方の目で見たときのほうが５０％もよく見えるそうです。耳が二つある理由も、耳が二つあると音がどこから聞こえるのかよりわかりやすくなるからです。そして、鼻の穴が二つある理由ですが、鼻は目や耳とつながっているため二つあるとか、人間の体は右と左が同じように作られているから二つあるという人もいますが、はっきりとした理由はまだわかっていません。

24　二つある理由がわからないものはどれか。

　　1 目、耳、鼻の穴

　　2 目

　　3 耳

　　4 鼻の穴

（2）

　５０％以上の人が使わなくなった携帯電話を捨てずに持っていることが分かった。携帯電話の性能がよくなり、携帯電話として使わなくなった後も、音楽プレーやカメラ、時計などとして使い続ける人が増えているようだ。最も多かった理由は「写真やメールを残すため」だった。その他にも「どうやって捨てればいいかわからないので」、「大切な情報が入っているため」と答える人も多かった。

25　一番多くの人の携帯電話を捨てない理由は何か。

　1 カメラや時計として使うことができるから

　2 思い出を残しておきたいから

　3 捨て方がよくわからないから

　4 他の人に見られたくない情報が入っているから

（3）

　サラリーマン、オートバイなどはカタカナで書くため、英語だと思いがちですが、実はこれらは日本でしか通じません。このような言葉はカタカナ英語と呼ばれ、友達や家族との会話だけでなく、仕事の場でもよく使われています。また、野球に関する言葉にもカタカナ英語が多く使われています。夜の試合をナイターといいますが、英語では「night game」と言わなくては通じませんし、デッドボールも正しい英語は「hit by pitch」です。

26　この文章を書いた人は「カタカナ英語」とはどんな英語だと言っているか。

　　1　カタカナで書く英語
　　2　外国では通じない英語
　　3　生活の中でよく使う英語
　　4　野球に関する英語

（4）

　サッカーは世界中で愛されているスポーツだ。サッカーにはあわせて 17 のルールがある。バスケットボールの場合、ルールは全部で５０だから、サッカーがとても分かりやすく、シンプルなスポーツであることがわかるだろう。バスケットボールは子どもよりも大人に人気があるのに対して、サッカーはその分かりやすさから、子どもから大人まで、また性別を問わずに楽しめるスポーツとなっているのだ。

27　サッカーが世界中で愛されているのはなぜか。

　　1 ルールを分かりやすく変えてもいいから

　　2 ルールをあまり守らなくていいから

　　3 ルールが少なくて簡単だから

　　4 ルールがあって安全なスポーツだから

問題5 つぎの（1）と（2）の文章を読んで、質問に答えなさい。答えは、1・2・3・4から最もよいものを一つえらびなさい。

（1）

　農家が今、新しい旅行地になっている。このように、農家を訪れる旅行をグリーンツーリズムとも言う。旅行客を案内するのは、普通の農家やそこに住む人々だ。案内の仕方は人によって様々だし、予想していなかったことが起こることもある。しかし、そこが人間らしくてよいのだ。農家の人々はお金が目的ではない。人と会って、話をして、自分たちの生活を紹介することが楽しいのだ。だから、心がこもっている。また、草木や動物ばかり相手にしている農家にとって、旅行者が来てくれることで、生活に楽しみが増える。

　忙しい都会人にとっては、美しい自然の中で過ごす休日は心の洗濯になる。観光客は2〜3週間くらい農家で生活しながら、ゆったりと田舎での生活を楽しむ。農家での時間は、速さや便利さはないけれど、忙しすぎる都会の生活を忘れさせてくれる。

28 人間らしくてとあるが、何が人間らしいのか。

1 丁寧に案内してくれること

2 案内があまり上手ではないこと

3 お金を払わずに案内してもらえること

4 案内する人によって内容が違うこと

29 農家の人にとって、グリーンツーリズムのよい点はなにか。

1 いつもの生活がより楽しくなる。

2 いつもの生活を忘れさせてくれる。

3 観光客に仕事を手伝ってもらえる。

4 観光客からお金を受け取れる。

30 この文章の内容に合っているものはどれか。

1 農家が旅行することをグリーンツーリズムと言う。

2 グリーンツーリズムは他の旅行よりも安いので人気だ。

3 農家にとっても都会人にとってもよい影響がある。

4 グリーンツーリズムでは都会の生活を農家の人に紹介する。

（2）

　スポーツでも基本が大事なように、料理でも基本が一番大切です。少しでも早く、楽しく、楽に料理をしようと思うなら、まずは基本を学ぶことが一番の近道です。そして、料理はやってみなければ上達はしません。ほとんどの人は料理の本を見ることから始めます。しかし、このやり方ではいつまでも本がなくては料理ができず、自信をつけることもできません。最初はうまくできなくても、失敗しながら覚えていけばいいのです。料理に答えはありません。重要なのは心です。やってみることが大切なのはわかっていても、頭の中でやってみようと考えるだけでは、なかなか行動に移せません。何をやってみるのか、いつから始めるのか、細かく決めなくてはいけません。そして、考えたらすぐに実行しましょう。なかなか実行できない人は、料理関係のアルバイトをしてみることも、料理上達のためのひとつの方法です。

31 多くの人は料理を始める時に何をするか。

1 料理を作ってみる。

2 料理の作り方を調べる。

3 料理の答えをさがす。

4 料理に対する自信を持つ。

32 料理が上達しないのはどんな人か。

1 今まで失敗したことのない人

2 スポーツが苦手な人

3 自分に対して自信がない人

4 料理関係のアルバイトをしている人

33 この文章を書いた人の意見と合っているものはどれか。

1 料理は基本を学ぶよりやってみることが大切だ。

2 料理は失敗しながら答えを見つければよい。

3 料理は実際にやってみなければ上達しない。

4 料理に関する仕事をするのが最もいい上達方法だ。

問題6　つぎの文章を読んで、質問に答えなさい。答えは、1・2・3・4から最も よいものを一つえらびなさい。

　たいへん仲の良い一本の木と一羽の小鳥がいました。小鳥は一日中その木の上で歌を歌いながら過ごし、木は一日中小鳥の歌を聞いていました。けれど、寒い冬が来て、小鳥は木と別れなければなりませんでした。

　「さようなら。また来年、歌を聞かせてくださいね」

　と木は言いました。小鳥は言いました。

　「ええ、それまで待っててね」

　冬が過ぎて、春が来ました。①小鳥は仲良しの木のところへまた帰ってきました。ところが、そこに木はなく、木の根っこだけが残っていました。

　「ここに立っていた木は、どこへ行ってしまったの？」
　　　　　　　　　　　　　　　　　　（注1）

　小鳥は根っこに聞きました。根っこは

　「ある日、人が来て、木を切って工場に持って行ってしまいました」

　と言いました。

　小鳥は工場のほうに飛んでいきました。小鳥は工場の門の上にとまって聞きました。

　「門さん、私の仲良しの木はどうなったか知りませんか」

　門は

　「木なら、細かく切られてマッチになって、あっちの町へ売られていったよ」

　と言いました。小鳥は町のほうへと飛んでいき、ランプのそばにいた女の子に
　　　　　　　　　　　　　　　　　　　　　　　　　　（注2）
　「もしもし、②マッチをご存じありませんか」

　と尋ねました。女の子は

　「マッチは燃えてしまいました。けれど、マッチでつけた火が、まだこのランプの中で燃えています」

　といいました。小鳥はランプの火をじっと見つめていました。

　それから去年の歌を歌って火に聞かせてやりました。火はゆらゆらと燃えて、心からよろこんでいるように見えました。③歌を歌い終わると、小鳥はまたじっとラン

プの火を見ていました。それからどこかへ飛んでいってしまいました。

（注１）根っこ：木や草の土の下の部分
（注２）ランプ：火を使う電灯

34 ①小鳥は仲良しの木のところへまた帰ってきましたとあるが、小鳥はどうして
戻ってきたのか。

1 木と会う約束をしていたから

2 木に用事があったから

3 家へ帰る途中に木があるから

4 誰かに歌を聞いてほしかったから

35 ②マッチをご存じありませんかと同じ意味のものはどれか。

1 マッチを持っていませんか。

2 マッチを知りませんか。

3 マッチを見ませんか。

4 マッチはいりませんか。

36 ③歌を歌い終わると、小鳥はまたじっとランプの火を見ていましたとあるが、
この時の小鳥の気持ちとして当てはまらないのはどれか。

1 もう一度木に会えてうれしい気持ち

2 木が火になってしまったことが信じられない気持ち

3 女の子が木を燃やしてしまったという怒りの気持ち

4 もう木には会えない悲しい気持ち

37 小鳥が戻ってきたとき、木は何になっていましたか。

1 根っこ

2 門

3 女の子

4 火

問題7　次のページは、ダンススクールの料金表である。しずかさんは今日体験レッスンを受けました。これを読んで、下の質問に答えなさい。答えは、1・2・3・4から最もよいものを一つえらびなさい。

38 体験レッスンについて正しいものはどれか。

1　電話で予約しておく必要がある。

2　レッスンに持っていくものはとくにない。

3　ダンスが初めての人は必ず体験レッスンを受けなければならない。

4　体験レッスンを何度も受けることはできない。

39 しずかさんは今日体験レッスンを受けてから月4回コースを申し込みました。全部でいくら払えばよいか？

1　8,400円

2　10,400円

3　13,650円

4　15,650円

ＮＯＷダンススクール

コース	料金
月２回	5,250円
月４回	8,400円
月８回	15,750円
全クラス受け放題（ほうだい） （月に何回でもレッスンが受けられます）	17,800円

☆ 入会金：5,250円
体験（たいけん）レッスンを受けてから２週間以内に入会される場合、入会金￥０

☆ 体験（たいけん）レッスン：2,000円
体験（たいけん）レッスンはいつでも行っております。必要なものは、室内用のくつと動きやすい服だけです。それ以外、必要なものはありません。ダンスを習ったことのない方も、ぜひお気軽（き がる）におこしください。体験（たいけん）レッスンはお一人様一回限りとさせていただいております。ご予約なしでもレッスンを受けることはできますが、レッスンが休みの場合がございますので、お電話でご予約の上、おこしいただくことをおすすめいたします。

N3

<ruby>聴解<rt>ちょうかい</rt></ruby>

（40分）

注　意　Notes

1. 試験が始まるまで、この問題用紙を開けないでください。
   Do not open this question booklet until the test begins.

2. この問題用紙を持って帰ることはできません。
   Do not take this question booklet with you after the test.

3. 受験番号（じゅけんばんごう）と名前を下の欄（らん）に、受験票（じゅけんひょう）と同じように書いてください。
   Write your examinee registration number and name clearly in each box below as written on your test voucher.

4. この問題用紙は、全部（ぜんぶ）で13ページあります。
   This question booklet has 13 pages.

5. この問題用紙にメモをとってもいいです。
   You may make notes in this question booklet.

受験番号（じゅけんばんごう）　Examinee Registration Number	

名　前　Name	

問題1
<ruby>問<rt>もん</rt></ruby><ruby>題<rt>だい</rt></ruby>

問題1では、まず質問を聞いてください。それから話を聞いて、問題用紙の1から4の中から、最もよいものを一つえらんでください。

れい

1 海

2 映画

3 BBQ

4 買い物

1회

1 ばん

1 郵便局

2 学校

3 友だちの家

4 おばあさんの家

2 ばん

1 ちがう会社のチケットをよやくする

2 高いチケットをよやくする

3 時間をかえてよやくする

4 日にちをかえてよやくする

3ばん

1　お酒

2　テニスボール

3　ネクタイ

4　ケーキ

4ばん

1　何もしない

2　料理をつくる

3　ゲームを考える

4　場所をとる

5 ばん

1　テストを受ける

2　教科書を買う

3　教室に行く

4　お金をはらう

6 ばん

1　14：00

2　14：30

3　15：00

4　15：30

問題2

　問題2では、まず質問を聞いてください。そのあと、問題用紙を見てください。読む時間があります。それから話を聞いて、問題用紙の1から4の中から、最もよいものを一つえらんでください。

れい

1　練習が　足りなかったから

2　お腹が　痛かったから

3　友だちが　怪我をしたから

4　友だちを　心配したから

1 ばん

1 長い時間待たされたから

2 頼んだものとちがったから

3 料理がおいしくなかったから

4 店員がていねいではなかったから

2 ばん

1 日本について知ること

2 いつも辞書を持って出かけること

3 言葉がわからなくてもテレビを見ること

4 わからないことを日本人に教えてもらうこと

3 ばん

1　会社に来るまでに疲れること

2　冬は寒いこと

3　行き帰りに道が混むこと

4　きけんが多いこと

4 ばん

1　駅に近くて交通が便利だから

2　駅に近くてにぎやかだから

3　駅に近いが、おちついているから

4　駅からは遠いが、静かだから

5 ばん

1　机をいつも整理しておくこと

2　決まった時間だけはたらくこと

3　できるだけ一人で仕事をすること

4　同じチームの人に電話番号を聞いておくこと

6 ばん

1　9：30

2　9：50

3　10：00

4　10：20

もん だい
問題3

問題3では、問題用紙に何もいんさつされていません。この問題は、ぜんたいとしてどんなないようかを聞く問題です。話の前に質問はありません。まず話を聞いてください。それから、質問とせんたくしを聞いて、1から4の中から、最もよいものを一つえらんでください。

－メモ－

問題 4

　問題 4 では、えを見ながら質問を聞いてください。やじるし（➡）の人は何と言いますか。　1 から 3 の中から、最もよいものを一つえらんでください。

れい

1 ばん

2 ばん

3 ばん

4 ばん

<ruby>問<rt>もん</rt>題<rt>だい</rt></ruby>

問題 5

問題 5 では、問題用紙に何もいんさつされていません。まず文を聞いてください。それから、そのへんじを聞いて、1 から 3 の中から、最もよいものを一つえらんでください。

－メモ－

합격하길 바래! 신
JLPT
실전모의고사
N3
2회

자신의 실력이 어느 정도인지 확인할 수 있도록 임의적으로 만든 채점표입니다. 실제 시험은 상대 평가 방식이므로 약간의 오차가 발생할 수 있습니다.

언어지식 (문자 · 어휘 · 문법)

		배점	만점	2회	
				정답 문항 수	점수
문자 · 어휘	문제 1	1점×8문항	8		
	문제 2	1점×6문항	6		
	문제 3	1점×11문항	11		
	문제 4	1점×5문항	5		
	문제 5	1점×5문항	5		
문법	문제 1	1점×13문항	13		
	문제 2	1점×5문항	5		
	문제 3	1점×5문항	5		
합계			58점		

* 점수 계산법 : 언어지식(문자 · 어휘 · 문법) [   ]점÷58×60 = [   ]점

독해

		배점	만점	2회	
				정답 문항 수	점수
독해	문제 4	3점×4문항	12		
	문제 5	4점×6문항	24		
	문제 6	4점×4문항	16		
	문제 7	4점×2문항	8		
합계			60점		

청해

		배점	만점	2회	
				정답 문항 수	점수
청해	문제 1	2점×6문항	12		
	문제 2	2점×6문항	12		
	문제 3	3점×3문항	9		
	문제 4	2점×4문항	8		
	문제 5	2점×9문항	18		
합계			59점		

* 점수 계산법 : 청해 [   ]점÷59×60 = [   ]점

N3

げんごちしき（もじ・ごい）

（30ぷん）

ちゅうい
Notes

1. しけんが はじまるまで、この もんだいようしを あけないで ください。
Do not open this question booklet until the test begins.

2. この もんだいようしを もって かえる ことは できません。
Do not take this question booklet with you after the test.

3. じゅけんばんごうと なまえを したの らんに、じゅけんひょうと おなじように かいて ください。
Write your examinee registration number and name clearly in each box below as written on your test voucher.

4. この もんだいようしは、ぜんぶで 5ページ あります。
This question booklet has 5 pages.

5. もんだいには かいとうばんごうの 1 、 2 、 3 … が ついて います。かいとうは、かいとうようしに ある おなじ ばんごうの ところに マークして ください。
One of the row numbers 1 , 2 , 3 … is given for each question. Mark your answer in the same row of the answer sheet.

じゅけんばんごう　Examinee Registration Number	

なまえ　Name	

問題1 ________のことばの読み方として最もよいものを、1・2・3・4から
一つえらびなさい。

1 私は大学で<u>助手</u>をしている。

1 じょじゅ　　　2 じしゅ　　　3 じょしゅ　　　4 じょうじゅ

2 彼女は絵の<u>才能</u>がある。

1 さいのう　　　2 ざいのう　　　3 せいのう　　　4 さいぼう

3 昨日乗ったバスはとても運転が<u>荒かった</u>。

1 つらかった　　　2 あらかった　　　3 するどかった　　　4 ひどかった

4 彼は<u>意外</u>な趣味を持っている。

1 おだやか　　　2 いがい　　　3 いじょう　　　4 さいてい

5 家の近くに<u>巨大</u>なプールがある。

1 きょだい　　　2 かくだい　　　3 こうだい　　　4 ばくだい

6 <u>改まって</u>挨拶をするほどでもない。

1 からまって　　　2 ひろまって　　　3 あたたまって　　　4 あらたまって

7 新しく買ったナイフはとてもよく<u>切れる</u>。

1 はずれる　　　2 けずれる　　　3 きれる　　　4 こわれる

8 今日の料理はどれも<u>塩辛い</u>。

1 えんからい　　　2 しおつらい　　　3 しろからい　　　4 しおからい

問題2　＿＿＿＿＿＿のことばを漢字で書くとき、最もよいものを、1・2・3・4
　　　から一つえらびなさい。

9　彼女はいつもあおじろい顔をしている。

1　清白い　　　　　2　青白い　　　　　3　責白い　　　　　4　績白い

10　この袋の中には10万円そうとうのものが入っている。

1　相当　　　　　2　想当　　　　　3　相等　　　　　4　泪堂

11　有名な建物の前で写真をとる。

1　叞る　　　　　2　最る　　　　　3　撮る　　　　　4　取る

12　暗くなってきたのでそろそろひきあげよう。

1　書き上げ　　　　2　付け上げ　　　　3　引き下げ　　　　4　引き揚げ

13　学校の先生はとても時間にきびしい人だ。

1　涼しい　　　　　2　厳しい　　　　　3　険しい　　　　　4　激しい

14　あなたのもくてきは何ですか。

1　貝約　　　　　2　目勺　　　　　3　目的　　　　　4　日的

問題3 （　　　）に入れるのに最もよいものを、1・2・3・4から一つえらびなさい。

15 ずっと部屋の中に（　　　）いないで外で遊ぼうよ。

　1 引きこもって　　　2 引きさがって　　　3 引きはらって　　4 引きだして

16 静かに後ろから来られると（　　　）。

　1 汚れる　　　　　　2 歌う　　　　　　　3 慣れる　　　　　4 びっくりする

17 （　　　）に水を入れて来てくれない？

　1 パス　　　　　　　2 バケツ　　　　　　3 ビール　　　　　4 マスク

18 部屋の（　　　）は入り口にあります。

　1 スイッチ　　　　　2 スープ　　　　　　3 チーズ　　　　　4 スクール

19 急に雨が（　　　）が、傘を持っていなかった。

　1 見捨てた　　　　　2 舞い上がった　　　3 降り出した　　　4 吹き飛んだ

20 ここは危ないので（　　　）な場所に逃げてください。

　1 元気　　　　　　　2 安全　　　　　　　3 不便　　　　　4 残念

21 彼は（　　　）な時はいつもゲームをしている。

　1 丁寧　　　　　　　2 身近　　　　　　　3 無理　　　　　4 暇

22 大事な事は忘れずにノートに（　　　）ください。

　1 書き留めて　　　　2 思い出して　　　　3 走り出して　　　4 考え直して

23 家に帰る友達を（　　　）のに言うことを忘れてしまった。

1 飛び出した　　　　2 払い込んだ　　　3 取り巻いた　　　4 呼び止めた

24 （　　　）な時間があるときは本を読みたい。

1 自由　　　　　　2 甘口　　　　　　3 異常　　　　　　4 台無し

25 小学校の建物を見ると昔を（　　　）。

1 調べ上げる　　　2 思い出す　　　　3 引き起こす　　　4 引っ掛ける

問題4 ＿＿＿＿＿に意味が最も近いものを、1・2・3・4から一つえらびなさい。

26 彼女はとても<u>優しい</u>性格だ。

1 かわいい　　　2 ぬくい　　　3 温和（おんわ）な　　　4 辛口（からくち）な

27 昨日食べたトンカツがとても<u>うまかった</u>。

1 辛かった　　　2 おいしかった　　　3 眠かった　　　4 暗かった

28 <u>楽な</u>仕事だと聞いていたが、実はそうではなかった。

1 適当な　　　2 特別な　　　3 危険な　　　4 簡単な

29 <u>知り合い</u>が今年の2月に結婚する。

1 知人　　　2 外国人　　　3 中年　　　4 先輩

30 今年の冬は<u>おかしい</u>くらい雪が降った。

1 上等（じょうとう）な　　　2 幸せな　　　3 異常（いじょう）な　　　4 平和な

問題５　つぎのことばの使い方として最もよいものを、１・２・３・４から一つ
　　　　えらびなさい。

31　実に

1　今カレーを食べたのに実にピザも食べるとは驚きだ。

2　さっきまで晴れていたのに実に雨が降ってきた。

3　あなたの説明は実に面白い。

4　カレーの中にじゃがいもを実に入れてみた。

32　放り込む

1　座ったままの状態でごみ箱にごみを放り込んだ。

2　暑いので足を布団から放り込んだ。

3　頭に何かが出来たが次の日には放り込んだ。

4　大事な内容を他人のパソコンから放り込んだ。

33　下手

1　下手な雰囲気のお店が大好きだ。

2　この下手な時間はいつまで続くのだろう。

3　自分に下手なことは決してしないようにしている。

4　絵が下手な人でも練習すれば上手になるかもしれない。

34 楽しい

1　人がたくさんいる所で<u>楽しい</u>ことはしないでください。

2　<u>楽しい</u>問題を解^とくのに時間がかかる。

3　荷物が<u>楽しい</u>ので持ってもらえませんか。

4　家族と一緒にいる時間が一番<u>楽しい</u>時間だ。

35 容器^{ようき}

1　残った野菜は小さな<u>容器</u>^{ようき}に入れた。

2　だんだん暖かく春らしい<u>容器</u>^{ようき}になってきた。

3　彼女は<u>容器</u>^{ようき}でうそをつく。

4　部屋の<u>容器</u>^{ようき}が悪いから窓を開けてもいい。

N3

言語知識（文法）・読解

（70分）

注　意
Notes

1. 試験が始まるまで、この問題用紙を開けないでください。
   Do not open this question booklet until the test begins.

2. この問題用紙を持って帰ることはできません。
   Do not take this question booklet with you after the test.

3. 受験番号と名前を下の欄に、受験票と同じように書いて
   ください。
   Write your examinee registration number and name clearly in each box below as written on your test voucher.

4. この問題用紙は、全部で19ページあります。
   This question booklet has 19 pages.

5. 問題には解答番号の 1 、 2 、 3 … が付いています。
   解答は、解答用紙にある同じ番号のところにマークして
   ください。
   One of the row numbers 1 , 2 , 3 … is given for each question. Mark your answer in the same row of the answer sheet.

受験番号　Examinee Registration Number	

名 前　Name	

問題1　つぎの文の（　　　　）に入れるのに最もよいものを、1・2・3・4から
　　　一つえらびなさい。

1　学校を休めば休む（　　　　）授業の内容がわからなくなる。

1　には　　　　　　　　2　ふり　　　　　　　　3　に比べて　　　　4　ほど

2　私は車の話には（　　　）興味がない。

1　おかげで　　　　　　2　めったに　　　　　　3　まったく　　　　4　たとえ

3　彼は太っている（　　　）スポーツができる。

1　ばかりで　　　　　　2　べき　　　　　　　　3　わりには　　　　4　とおりに

4　私（　　　　）犬はとても大切な家族だ。

1　にとって　　　　　　2　にかわって　　　　　3　につれて　　　　4　にしては

5　冬なのに毎日窓を開けて寝ていれば風邪を引く（　　　　）。

1　しかない　　　　2　のも当然だ　　　　3　ようになった　　4　にすぎない

6　あの歌手は日本（　　　）世界でも有名だ。

1　こそ　　　　　　2　に比べ　　　　　　3　さえ　　　　　　4　だけでなく

7　この海は夏が終わったら、ごみ（　　　）になる。

1　だらけ　　　　　2　を込めて　　　　　3　らしい　　　　4　とか

8　今日はバスで会社まで（　　　）。

1　行ったものだ　　2　行こうとやる　　3　行こうと思う　　4　行くことはない

9 テストの（　　　）お腹が痛くなった。

1 かわりに　　　　2 最中に　　　　3 おきに　　　　4 くせに

10 年を取る（　　　）固いものが食べられなくなった。

1 とともに　　　　2 なんて　　　　3 といっても　　　4 からといって

11 先生の（　　　）日本語が上手になりました。

1 ついでに　　　　2 くせに　　　　3 たびに　　　　4 おかげで

12 彼女は結婚（　　　）新しい会社をつくった。

1 をきっかけに　　2 を込めて　　　3 をめぐって　　4 にかわって

13 医者の言う（　　　）薬を飲まなければならない。

1 だけでなく　　　2 とおりに　　　3 反面　　　　4 ついでに

問題2 つぎの文の ___★___ に入る最もよいものを、1・2・3・4から一つえらびなさい。

（問題<ruby>例<rt>れい</rt></ruby>）

かばんの ______ ______ ___★___ ______ あります。

1 中　　　　　　　　2 財布　　　　　　3 が　　　　　　　　4 に

（<ruby>解答<rt>かいとう</rt></ruby>のしかた）

1. 正しい答えはこうなります。

> かばんの ______ ______ ___★___ ______ あります。
> 　　　　　1 中　　4 に　　2 財布　　3 が

2. ___★___ に入る番号を解答用紙にマークします。

（解答用紙）　（例）　① ● ③ ④

14　知らない ______ ______ ___★___ ______ 聞いてはならない。

1 言う　　　　　　　2 簡単に　　　　　3 人の　　　　　　　4 ことを

15　おじいさんはいつも ______ ______ ______ ___★___ している。

1 行くように　　　2 おきに　　　　　3 1時間　　　　　　4 トイレに

16　頭が ______ ___★___ ______ 入れるわけではない。

1 良い　　　　　　　2 会社に　　　　　3 からといって　　4 有名な

17 私は日本語がうまく話せない ＿＿＿＿ ＿＿＿＿ ＿＿＿＿ ＿★＿ です。

    1 ので   **2** 話しがたい   **3** １人では   **4** 彼女に

18 忘れない ＿★＿ ＿＿＿＿ ＿＿＿＿ ＿＿＿＿ ノートに書いておく。

    1 今日   **2** うちに   **3** 単語を   **4** 習った

問題3 つぎの文章を読んで、文章全体の内容を考えて、 19 から 23 の中に
入る最もよいものを、 1・2・3・4から一つえらびなさい。

　最近、海を見たのはいつだったか。習い事の帰り道、電車から見える景色を
見ながらふとそんなことを考えていた。最近は仕事に追われてなかなかゆっく
りした時間を持つことができなかった。私は決して海が 19 が、自分から
海を見に行こうと思って行ったことはもう何年もなかった。久しぶりに海に行
くのも悪くないと思った。今から一人で行こうか。 20 、一人で海にいる姿
を想像するとちょっと寂しくなり、朝子をさそうと「いいよ」と言ってくれた。
（注1）
 21 、朝子ももう何年も海に行っていないと言う。ちょうどよかったのかも
しれない。

　私たちは電車に乗って海に 22 。電車の中では二人とも窓から見える景色
を静かに眺めていた。何年ぶりの海だろうか。久しぶりに海を見たが、やはり
心が落ち着く。そればかりか、どこかなつかしい感じもするのだ。私たちは海
を見ながらお互いの話をしたり、砂で字を書いたり、貝を拾ったりと、子ども
 23 遊んだ。

　（注1）想像：実際には経験していないことを思いえがくこと

　（注2）落ち着く：状態が安定する

　（注3）なつかしい：昔を思い出すようなうれしい気持ちがする

19

　1　嫌いなわけではない　　　　　　　2　好きなわけではない

　3　嫌いだ　　　　　　　　　　　　　4　好きだ

20

1 そのうえ　　　　2 それから　　　　3 しかし　　　　4 それで

21

1 ただし　　　　2 ちなみに　　　　3 および　　　　4 けれども

22

1 行くことにした　　　　　　　2 行くのも当然だ
3 行くようになった　　　　　　4 行くにすぎない

23

1 として　　　　2 とともに　　　　3 について　　　　4 のように

問題4　つぎの(1)から(4)の文章を読んで、質問に答えなさい。答えは、1・2・3・4から最もよいものを一つえらびなさい。

（1）

「自分のごみは自分で持ち帰りましょう」。山に登りに行く時にこのような言葉をよく目にします。最近は山を登るための道がとてもきれいになりました。でも山の中にトイレはありません。あるのはトイレブースと呼ばれる場所だけです。山を登る人は携帯トイレを持ってそのブースに入り、その中で用を足すというわけです。用を足した後は山の入り口まで持って帰り、携帯トイレ用のごみ箱に捨てます。

（注1）持ち帰る：持って帰ること

（注2）トイレブース：トイレをするための用意された空間

（注3）携帯トイレ：持ち運びができるトイレ

24　携帯トイレの使い方として正しいものはどれか。

　1　用を足した後はそのままにしておき、次の人が使う。

　2　用を足したら、山の入り口まで持って帰る。

　3　用を足したら、中身だけを近くのごみ箱に捨てる。

　4　用を足したら、その場に捨てる。

（2）

　カレーは小さな子どもから大人までとても人気のある食べ物の一つです。カレーを食べると体が温まったり汗をかいたりする人もいるでしょう。その秘密にカレーにはスパイスと呼ばれる辛くて香りのあるもの^{（注）}が沢山使われています。スパイスにはさまざまな良い点があります。カレーは風邪を引きにくくしたり、また、体が疲れているとき、疲れを取って元気にしてくれます。このようにカレーは体に良い食べ物の一つと言えるでしょう。

（注）温まる：あたたかくなる

25　この文章の内容に合うものはどれか。

1　カレーは体にいいもので元気にしてくれる。

2　カレーを食べると風邪を引いたりお腹が痛くなったりする。

3　カレーは子どもが食べやすい食べ物だ。

4　寒いとカレーが食べたくなる。

（3）

　人はどうして夢をみるのだろうか。それは学習したことを整理し記憶するためである。面白い夢もあれば怖い夢もある。人は寝るときに毎日10個ぐらいの夢を見ている。しかし、見た夢をすべて覚えている人はほとんどいないだろう。夢を見ていると気付いたときに目を覚まし、ノートにでも書きとめれば何個見たか分かるが、それは難しいことである。一般的に覚えている夢はねむりが浅くなる朝のうちに見る夢だと言われている。

　（注）学習：まなぶこと

26　一般的に夢を見たと感じるのはいつの夢か。

1　寝てすぐに見る夢

2　ぐっすり寝たあとに見る夢

3　朝起きる少し前に見る夢

4　面白いと感じた夢

（4）

　冷たい風と乾いた風、そしてきれいな青い空。最近はこんな天気の日が続いています。しかし、まったく雪が降らないわけではありません。過去10年間に東京の大手町で雪が降った日数は12月が6日、3月が19日で、1月は26日、2月は28日と1月、2月は雪が降る日が多かったです。1月から2月にかけては一年で最も寒い時期と言われています。12月はそれほど寒くなく、3月は雪ではなく、雨が降りやすくなります。

27　1月、2月に雪が降る日が多いのはなぜか。

　1 天気がいい日の次の日は雪が降りやすいから

　2 雪が降りやすい時期だから

　3 最も寒い時期だから

　4 東京は雪が降りやすいから

問題5　つぎの(1)と(2)の文章を読んで、質問に答えなさい。答えは、1・2・3・4から最もよいものを一つえらびなさい。

（1）

　自分らしく生きるとはどういうことかというと、心の中の本当の自分に正直に生きることである。これは後悔しない生き方とも言えるだろう。自分らしい生き方というと、誰からも信頼され、自分の言いたいことが言え、家族や周りの人たちともうまくいっているいい生き方を想像しがちだが、本当にそのような生き方ができるのだろうか。現実は、自分らしい生き方が簡単にできるほど甘くはない。たぶんほとんどの場合、自分の思い通りにはならず、また、自分らしさを出すのに勇気がいるだろう。そのような社会で自分らしく生きるには、何でもすぐに諦めずに時には相手に合わせてみたり、失敗をおそれなかったり、また、他人と自分を比べないようにしなければならない。そして自分らしさとは自然に身につくものでもなければ、相手から与えられるものでもないのだ。何が自分らしいかは自分でやってみなければ分からない。やってみて自分に合ったものを見つけるといい。

　（注1）生き方：生きる方法
　（注2）信頼：信じてたよること
　（注3）現実：今、目の前に事実として現れている状態
　（注4）勇気：困難や危険をおそれない心

28 自分らしい生き方とは、どのような生き方か。

1 何でもすべて相手に合わせる生き方

2 自分と他人を比べる生き方

3 勇気が必要な生き方

4 自分にうそをつかないまっすぐな生き方

29 この文章を書いた人は、何が自分らしいものだと言っているか。

1 なんでもすぐに諦めるもの

2 自分でやってみて自分に合ったもの

3 他人と自分を比べるもの

4 自然に身につくもの

30 この文章の内容に合うものをえらびなさい。

1 自分らしさを見つけるためには、何が向いているかを自分で探さなければならない。

2 自分らしさを見つけるためには、自分勝手にせず、相手を自分に合わせてみる必要がある。

3 自分らしさとは、相手に言われて初めて気がつくものだ。

4 自分らしさとは、自分の好き勝手にすることで得られるものだ。

（２）

　カラオケに行ったときに歌う曲を選ぶ本は、毎月１，０００曲もの曲が新しく追加されているそうだ。毎月追加されているので本がどんどん厚くなっていくと考えるのが普通だが、いつ見てもそんなに変わっていないような気がする。それは気のせいではない。紙の厚みを変えたり、字を小さくしたり、外国語の曲だけの本は別にしたりしながら、曲の数を変えずに本が厚くならないようあれこれと努力をしているそうだ。字を小さくするにしても小さすぎてはいけないので、これは本当に大変なことだと思う。しかし最近では、本以外に<u>曲を探す機能が付いたリモコン</u>を置いている店が多くなっている。始めのうちは使い方がよく分からず本の方が便利だと感じることが多かったが、なれてくると曲を簡単に探すことができるのでとても便利だということに気付いた。やはり本にも限界があるようで、いつかはこの本がなくなる日が来るのかもしれない。

　（注）カラオケ：歌を歌う場所

31　カラオケの本が厚くならないように、努力していることではないものは何か。

　1　うすい紙を使う。

　2　リモコン機能を入れる。

　3　字を小さくする。

　4　曲の種類によって本を分ける。

32 曲を探す機能が付いたリモコンの特徴は何か。

1 曲の名前や歌手の名前で探すことができる。

2 字の大きさを変えることができる。

3 使い方が簡単で誰でも使える。

4 曲を簡単に探すことができる。

33 この文章の内容に合うものをえらびなさい。

1 本もリモコンも限界があるのでいつか新しい方法が生まれるかもしれない。

2 やはり本が一番便利なのでこれからもこの努力は必要である。

3 リモコンよりも本の方が便利なのでリモコンがある店は少ない。

4 曲が増えても本が厚くならないように字を小さくする努力をしている。

問題６　つぎの文章を読んで、質問に答えなさい。答えは、１・２・３・４から最もよいものを一つえらびなさい。

　テレビは①見せ方しだいで楽しく遊べます。また、楽しみながら見るものです。中には子どもにはテレビを見せないというお母さんもいます。私の場合は、子どもにテレビを１人で見せることはなく、一緒に見たり、家事をして一緒に見られない時は歌を一緒に歌ってあげたりして楽しく遊ばせています。

　しかし、最近では「子どもにテレビを見せないと他の子どもたちから仲間はずれにされるから見せている」という親も少なくありません。その心配は「仲間はずれは寂しくて怖い、わが子をそのような目にあわせたくない」という心の気持ちから来るのでしょう。しかし、②そのような考え方こそが「みんなと違う人は仲間はずれにされても仕方ない」と子どもに思わせる原因になっていると私は思います。これは、「本当はテレビを見せたくなかったが、仲間はずれにならないように我慢して見せた。だから、そういう努力をしてこなかった子は仲間はずれにしてやれ」と言っているのと同じではないでしょうか。結局は、親がテレビが好きだから子どもにもテレビを見せているのではないでしょうか。子どもにテレビを見せているのは最終的には親の選択なのに、それを「話に入れないと心配だから」などと③言い訳をしながら見せるというのは良くないと思います。テレビに限らず、ゲームなどでも子どもが仲間はずれにされるのが心配という理由から子どもにゲーム機を与えている親も少なくないと思います。それは少し違うと私は思います。

　（注）仲間はずれ：仲間からはずされること

34 ①見せ方しだいとあるが、どのような方法があるか。

1 子どもが仲間はずれにされないように友達と同じ番組を見せる。

2 子ども１人で好きな番組を見る。

3 子どもと一緒にテレビを見たり、歌を歌ったりする。

4 子どもと一緒に家事をしながら見る。

35 ②そのような考え方とあるが、どのような考え方か。

1 みんなと違っても仕方がないという考え方

2 みんなと同じでないといけないという考え方

3 仲間はずれにしたいという考え方

4 仲間はずれにしてやれという考え方

36 ③言い訳をしながら見せるとあるが、それはなぜか。

1 子どものころからテレビを見ると目が悪くなるから

2 親がテレビが好きなことを知られると子どももずっとテレビを見てしまうから

3 テレビを見たくないのに子どもが見たがるから

4 本当はテレビを見せたくないが、自分の子が仲間はずれにされるのはいやだから

37 この文章の内容に合うものをえらびなさい。

1 仲間はずれにされないようにするのではなく、子どもが見たいテレビを見せたほうがいい。

2 親がテレビ好きだと子どももテレビ好きになってしまう。

3 テレビは仕方なく見せるのではなく、一緒に楽しみながら見るものだ。

4 親は子どもに仲間はずれにならないように我慢しながらテレビを見せた方がいい。

問題7　右のページは、白川プール利用料金の案内である。つぎの文章を読んで、下の質問に答えなさい。答えは、１・２・３・４から最もよいものを一つえらびなさい。

大学生のさとこさんは妹のみほさんと２人で７月２４日(日)と１０月５日(水)に白川プールに行く予定です。妹は高校２年生です。妹は学校の友達と３人で８月の平日にあと３回行く予定です。さとこさんは大学の友達と８月６日(土)に６人で利用します。

38　さとこさんと妹の分だけだと全部でいくらになるか。

　　１　７２５円

　　２　４７５円

　　３　１，０３５円

　　４　１，２４５円

39　さとこさんが友達と回数券を買った場合、あと何回使えるか。

　　１　あと１回使える

　　２　あと３回使える

　　３　あと４回使える

　　４　あと６回使える

○ プール利用料金・夏以外

	夏以外（7月・8月以外）	
	土日祝	平日
一般	300円	150円
中・高校生	200円	100円
小学生	100円	50円

※団体の場合は2割引になります。

○ プール利用料金・夏（7月・8月）

	夏（7月・8月）	
	土日祝	平日
一般	150円	75円
中・高校生	70円	35円
小学生	50円	25円

※団体の場合は2割引になります。

○ プール利用・回数券（12回）

★10回分の金額で12回使えるお得な券です。

	金額
一般	1500円
中・高校生	700円
小学生	500円

※団体は使用できません。

※平日は利用できません。

★ご利用のご案内
1．団体料金は8人以上で利用できます。
2．回数券は7月・8月のみ使用できます。
3．3歳以上から小学生料金になります。
4．午後2時〜10分間は薬を入れかえます。その間は使用できません。

　　（2時から使用の場合は4時10分まで使用可能）

N3

ちょうかい
聴解

（40分）

注　意　Notes

1. 試験が始まるまで、この問題用紙を開けないでください。
   Do not open this question booklet until the test begins.

2. この問題用紙を持って帰ることはできません。
   Do not take this question booklet with you after the test.

3. 受験番号と名前を下の欄に、受験票と同じように書いてください。
   Write your examinee registration number and name clearly in each box below as written on your test voucher.

4. この問題用紙は、全部で13ページあります。
   This question booklet has 13 pages.

5. この問題用紙にメモをとってもいいです。
   You may make notes in this question booklet.

受験番号　Examinee Registration Number	

名　前　Name	

問題 1

問題 1 では、まず質問を聞いてください。それから話を聞いて、問題用紙の 1 から 4 の中から、最もよいものを一つえらんでください。

れい

1 海

2 映画

3 BBQ

4 買い物

1 ばん

1 弁当を食べる

2 お店に行ってコロッケを作ってもらう

3 お店に行ってコロッケのお金を返してもらう

4 お店に電話してみる

2 ばん

1 エプロンを買いに行く

2 電話から予約をする

3 ホームページから予約をする

4 チョコレートの作り方のメモをもらう

3 ばん

1 全身が映る鏡

2 少し広めのトイレ

3 におい消し香水

4 女の子らしいトイレ

4 ばん

1 かばん

2 指輪

3 財布

4 旅行

5 ばん

1 旅行会社に行く

2 ホテルを予約する

3 地図を買いに行く

4 図書館で京都の本を借りる

6 ばん

1 学校を申し込む

2 授業のお金を払う

3 授業を選び、教科書を買う

4 今日は何もしない

問題2

問題2では、まず質問を聞いてください。そのあと、問題用紙を見てください。読む時間があります。それから話を聞いて、問題用紙の1から4の中から、最もよいものを一つえらんでください。

れい

1 練習が 足りなかったから

2 お腹が 痛かったから

3 友だちが 怪我をしたから

4 友だちを 心配したから

1ばん

2회

1 友だちと会う約束をしているから

2 彼のことが嫌いになったから

3 買い物をしたいから

4 見たいテレビがあるから

2ばん

1 机の引き出しが右にあること

2 はさみなどの道具が使いにくいこと

3 習字など右を使うのが当然なもの

4 切符などを入れる所が右にあること

3 ばん

1　今の冷蔵庫が壊れたから

2　洗濯機が部屋の中に置けないから

3　息子がもうすぐ小学生になるから

4　新しい冷蔵庫を買いたいから

4 ばん

1　3時間以上

2　2〜3時間

3　1時間以内

4　1〜2時間

5 ばん

1　近所の人とおしゃべりしてたから

2　おばあちゃんの病院の日だったから

3　お母さんも病院でみてもらったから

4　買い物してたから

6 ばん

1　ペンの選び方

2　紙の下に敷くものを用意すること

3　字をイメージしながら書くこと

4　ひたすら練習すること

<ruby>問<rt>もん</rt></ruby><ruby>題<rt>だい</rt></ruby> 3

　<ruby>問題<rt>もんだい</rt></ruby>3では、<ruby>問題用紙<rt>もんだいようし</rt></ruby>に<ruby>何<rt>なに</rt></ruby>もいんさつされていません。この<ruby>問題<rt>もんだい</rt></ruby>は、ぜんたいとしてどんなないようかを<ruby>聞<rt>き</rt></ruby>く<ruby>問題<rt>もんだい</rt></ruby>です。<ruby>話<rt>はなし</rt></ruby>の<ruby>前<rt>まえ</rt></ruby>に<ruby>質問<rt>しつもん</rt></ruby>はありません。まず<ruby>話<rt>はなし</rt></ruby>を<ruby>聞<rt>き</rt></ruby>いてください。それから、<ruby>質問<rt>しつもん</rt></ruby>とせんたくしを<ruby>聞<rt>き</rt></ruby>いて、１から４の<ruby>中<rt>なか</rt></ruby>から、<ruby>最<rt>もっと</rt></ruby>もよいものを<ruby>一<rt>ひと</rt></ruby>つえらんでください。

－メモ－

<ruby>問<rt>もん</rt>題<rt>だい</rt></ruby> 4

　<ruby>問<rt>もん</rt>題<rt>だい</rt></ruby>4では、えを<ruby>見<rt>み</rt></ruby>ながら<ruby>質問<rt>しつもん</rt></ruby>を<ruby>聞<rt>き</rt></ruby>いてください。やじるし（➡）の<ruby>人<rt>ひと</rt></ruby>は<ruby>何<rt>なん</rt></ruby>と<ruby>言<rt>い</rt></ruby>いますか。1から3の<ruby>中<rt>なか</rt></ruby>から、<ruby>最<rt>もっと</rt></ruby>もよいものを<ruby>一<rt>ひと</rt></ruby>つえらんでください。

れい

1 ばん

2 ばん

3 ばん

4 ばん

問題5

問題5では、問題用紙に何もいんさつされていません。まず文を聞いてください。それから、そのへんじを聞いて、１から３の中から、最もよいものを一つえらんでください。

－メモ－

합격하길
바래! 쑨
JLPT
실전모의고사
N3
3회

실전모의고사 채점표

자신의 실력이 어느 정도인지 확인할 수 있도록 임의적으로 만든 채점표입니다. 실제 시험은 상대 평가 방식이므로 약간의 오차가 발생할 수 있습니다.

언어지식 (문자 · 어휘 · 문법)

		배점	만점	3회	
				정답 문항 수	점수
문자 · 어휘	문제 1	1점×8문항	8		
	문제 2	1점×6문항	6		
	문제 3	1점×11문항	11		
	문제 4	1점×5문항	5		
	문제 5	1점×5문항	5		
문법	문제 1	1점×13문항	13		
	문제 2	1점×5문항	5		
	문제 3	1점×5문항	5		
합계			58점		

* 점수 계산법 : 언어지식(문자 · 어휘 · 문법) [　　　]점÷58×60 = [　　　]점

독해

		배점	만점	3회	
				정답 문항 수	점수
독해	문제 4	3점×4문항	12		
	문제 5	4점×6문항	24		
	문제 6	4점×4문항	16		
	문제 7	4점×2문항	8		
합계			60점		

청해

		배점	만점	3회	
				정답 문항 수	점수
청해	문제 1	2점×6문항	12		
	문제 2	2점×6문항	12		
	문제 3	3점×3문항	9		
	문제 4	2점×4문항	8		
	문제 5	2점×9문항	18		
합계			59점		

* 점수 계산법 : 청해 [　　　]점÷59×60 = [　　　]점

N3

げんごちしき (もじ・ごい)

（30ぷん）

ちゅうい
Notes

1. しけんが はじまるまで、この もんだいようしを あけないで ください。
   Do not open this question booklet until the test begins.

2. この もんだいようしを もって かえる ことは できません。
   Do not take this question booklet with you after the test.

3. じゅけんばんごうと なまえを したの らんに、じゅけんひょうと おなじように かいて ください。
   Write your examinee registration number and name clearly in each box below as written on your test voucher.

4. この もんだいようしは、ぜんぶで 5ページ あります。
   This question booklet has 5 pages.

5. もんだいには かいとうばんごうの 1 、 2 、 3 … が ついて います。
   かいとうは、かいとうようしに ある おなじ ばんごうの ところに マークして ください。
   One of the row numbers 1 , 2 , 3 … is given for each question. Mark your answer in the same row of the answer sheet.

じゅけんばんごう　Examinee Registration Number

なまえ　Name

問題1 ＿＿＿＿のことばの読み方として最もよいものを、1・2・3・4から
一つえらびなさい。

1 そんなに急いで食べたら消化に悪いからよく噛んで食べなさい。

1 じょうけ 　　　 2 しょうか 　　　 3 しょうげ 　　　 4 じょうか

2 ケーキを買ってきたから今ここにいる人で等分して食べよう。

1 どうぷん 　　　 2 ひきわけ 　　　 3 いいわけ 　　　 4 とうぶん

3 どんなことも自分は苦手だと思うと失敗する可能性が高くなる。

1 にがて 　　　 2 くしゅ 　　　 3 わかて 　　　 4 かって

4 新学期が始まり学校に活気が戻った。

1 かつぎ 　　　 2 げんき 　　　 3 かっき 　　　 4 さっき

5 無理な要求をする。

1 ようきゅう 　　　 2 ついきゅう 　　　 3 よっきゅう 　　　 4 せいきゅう

6 買って来た食品を冷凍する。

1 れいしょう 　　　 2 れいとう 　　　 3 りょうどう 　　　 4 りょうつう

7 虫歯にならないように毎日必ず歯をみがく。

1 むしは 　　　 2 ちゅうじ 　　　 3 むしば 　　　 4 ちゅうし

8 塩辛いものの食べ過ぎは血圧が高くなる原因なので注意が必要だ。

1 けっあつ 　　　 2 ちしょう 　　　 3 けっちょう 　　　 4 けつあつ

問題2　＿＿＿＿のことばを漢字で書くとき、最もよいものを、１・２・３・４
　　　から一つえらびなさい。

9　いくらテストの成績（せいせき）がよくても１０日以上けっせきした場合、次の級（きゅう）には上がれ
ません。

1　次巾　　　　　　2　欠席　　　　　　3　吹席　　　　　　4　欠病

10　新しくオープンしたそのホテルはきょだいな船（ふね）のような形（かたち）をしている。

1　巨犬　　　　　　2　臣犬　　　　　　3　巨大　　　　　　4　臣太

11　今日は日本れっとう各地で３５度以上を記録（きろく）し、この夏一番の暑さとなった。

1　列嶋　　　　　　2　例鳥　　　　　　3　烈島　　　　　　4　列島

12　これまで名詞（めいし）、動詞（どうし）について勉強してきました。今日からふくしを学びます。

1　副詞　　　　　　2　福詞　　　　　　3　幅詞　　　　　　4　復詞

13　今回のヨーロッパ旅行ではドイツ・フランス・イギリスの３ヶ国をほうもん
した。

1　方門　　　　　　2　訪問　　　　　　3　訪聞　　　　　　4　放問

14　次の文章を読み、ひっしゃの主張（しゅちょう）が一番強く書かれている部分を２０字以内で
抜（ぬ）き出（だ）しなさい。

1　筝奢　　　　　　2　律著　　　　　　3　筆者　　　　　　4　著者

問題3　（　　　　）に入れるのに最もよいものを、1・2・3・4から一つえらびなさい。

15　あと1ヶ月もすれば高校卒業だなんて（　　　　）がない。

1　神経　　　　　　2　観念　　　　　　3　実感　　　　　4　心理

16　それは後で私がやるから（　　　　）にしておいてくれる？

1　きっと　　　　　2　それほど　　　　3　けっこう　　　4　そのまま

17　今回の映画は小学生が観客の大部分を（　　　　）います。

1　占めて　　　　　2　背負って　　　　3　座って　　　　4　持って

18　そのスターのサイン入りのCDは2,000ドル（　　　　）の値がついた。

1　応用　　　　　　2　価格　　　　　　3　以外　　　　　4　相当

19　その若者が後々大作家として歴史に名を（　　　　）ことになるなんて誰が予測できただろう。

1　刻む　　　　　　2　立てる　　　　　3　売る　　　　　4　相続する

20　久々の海外旅行なのにずっと雨だった（　　　　）あなたも運が悪いわね。

1　ところで　　　　2　まま　　　　　　3　なんて　　　　4　だから

21　あの人に会ったことはないが（　　　　）好きになれない。

1　より　　　　　　2　なんとなく　　　3　なんとか　　　4　別に

22 私が小さい頃、母は私の（　　　）をなくすために色々な料理方法で苦心して作っていたそうだ。

1 好き嫌い　　　　2 好き好き　　　　3 嫌い好き　　　　4 嫌い嫌い

23 住民の（　　　）の支え合いによる町づくりを目指します。

1 無数　　　　2 当然　　　　3 相互　　　　4 確実

24 どういう訳か私は街を歩いていると外国人に（　　　）を聞かれることが本当に多い。

1 要点　　　　2 道路　　　　3 例外　　　　4 道順

25 金の（　　　）借りは、親兄弟でさえその関係が壊れることがある。

1 貸し　　　　2 肩　　　　3 無し　　　　4 知人

問題4 ＿＿＿＿＿に意味が最も近いものを、1・2・3・4から一つえらびなさい。

26 さて、ここで皆(みな)さんに素敵(すてき)なお知らせがあります。

   1 案内　　　　　2 広告(こうこく)　　　　　3 予報(よほう)　　　　　4 手紙

27 私は今、大学に通(かよ)っており、心理学(しんりがく)を勉強しています。

   1 入学して　　　　2 在学(ざいがく)して　　　　3 出入(でい)りして　　　　4 通行(つうこう)して

28 京都(きょうと)駅周辺のホテルをインターネットで探す。

   1 区分(くぶん)　　　　2 方面(ほうめん)　　　　3 向こう　　　　4 付近(ふきん)

29 代表的な日本料理と言えば大部分の人は寿司(すし)と答えるだろう。

   1 平均　　　　2 多少　　　　3 たいてい　　　　4 各自

30 彼の名が忘れられても、彼が生み出した名曲(めいきょく)の数々は永遠に忘れられることはないだろう。

   1 ほとんど　　　　2 ずっと　　　　3 ちっとも　　　　4 すぐに

問題5　つぎのことばの使い方として最もよいものを、1・2・3・4から一つ
　　　　えらびなさい。

31　強力

1　いつも私一人で掃除してるんだから、たまには強力してくれてもいいんじゃ
　ない？

2　ここまで一生懸命やったからには残りの日程も強力でやるつもりだ。

3　今回のサッカーの試合には強力なメンバーを集めてある。

4　スポーツの世界で上を目指すなら、体力も重要だが人一倍の強力もなくては
　ならない。

32　初歩

1　もしあなたが本当に初歩がないとしたら、それであなたは夢を捨てるのです
　か。

2　花は去年よりも美しく咲いたけれども、写真の方はまったく初歩が見られな
　いのが残念だ。

3　画面に「このサイトはコンピュータに初歩を与える可能性があります」と表示
　された。

4　今年から野菜を作り始めたが、まだ初歩なので本を読んだり父親に教わった
　りしている。

33 独身

1 このような独身はなるべく、私の身に起こらないように願う。

2 調査で「独身生活に有利性がある」と考える人の割合が８５％を占める結果となった。

3 友達以上独身未満という人なら周りに何人かいます。

4 応対してもらったお店の女性独身に恋をしてしまった。

34 飛び出す

1 箱を開けると中から子猫が飛び出してきた。

2 母親を見つけた子供が母親の胸に飛び出していった。

3 皆の前で馬に乗って川を飛び出してみせる。

4 遅刻かと思ったが来た電車に飛び出してなんとか間に合った。

35 見方

1 テーブルと椅子はこんな見方においてください。

2 試合に負けて重い見方を変えるために友達とカラオケに行く。

3 全体的に不平はないが、厳しい見方をするとただの普通のホテルだった。

4 きちんと授業に出席し、試験も受ければ彼はこのまま卒業できる見方だ。

N3

言語知識 （文法）・ 読解

（70分）

注　意
Notes

1. 試験が始まるまで、この問題用紙を開けないでください。
   Do not open this question booklet until the test begins.

2. この問題用紙を持って帰ることはできません。
   Do not take this question booklet with you after the test.

3. 受験番号と名前を下の欄に、受験票と同じように書いて
   ください。
   Write your examinee registration number and name clearly in each box below as written on your test voucher.

4. この問題用紙は、全部で19ページあります。
   This question booklet has 19 pages.

5. 問題には解答番号の 1 、 2 、 3 … が付いています。
   解答は、解答用紙にある同じ番号のところにマークして
   ください。
   One of the row numbers 1 , 2 , 3 … is given for each question. Mark your answer in the same row of the answer sheet.

受験番号　Examinee Registration Number	

名前　Name	

問題1　つぎの文の（　　　　）に入れるのに最もよいものを、1・2・3・4から
　　　　一つえらびなさい。

1　その子はその歌がかなり好き（　　　　）もう1時間も同じ歌を歌っている。

　　1　なのに　　　　　　2　にしては　　　　　　3　なわりに　　　　4　なようで

2　彼は映画が始まった（　　　　）寝てしまった。

　　1　とすれば　　　　　2　とたんに　　　　　　3　最中に　　　　　4　というのは

3　あれだけ沢山の高い材料を使った料理ならおいしい（　　　　）。

　　1　に決まっている　　　　　　　　　　2　にすぎない

　　3　でいらっしゃる　　　　　　　　　　4　おそれがある

4　こんなふうに家族全員で旅行に出るのは何年（　　　　）だろう。

　　1　おき　　　　　　2　きり　　　　　　3　がち　　　　　4　ぶり

5　夢の実現（　　　　）努力する時、思いもよらぬ成功を手に入れることがある。

　　1　によって　　　　2　について　　　　3　に向かって　　　4　に比べて

6　2日前までに連絡をすればいつでもご自宅を見学（　　　　）そうです。

　　1　させてくださる　　2　ごらんくださる　　3　なさる　　　　　4　させられる

7　担当のものを呼んで（　　　　）ますので、ここでお待ちいただけますか。

　　1　きなさい　　　　2　ごらんにいれ　　　　3　まいり　　　　　4　こられ

8 そんなこと、小学生（　　　）知ってるのに、大人の君が知らないなんておかしいよ。

1 だって　　　　　2 だけでなく　　　　3 とともに　　　4 に比べて

9 このクラスでは彼（　　　）多くの楽器（がっき）が弾ける人はいない。

1 こそ　　　　　　2 さえ　　　　　　　3 ほどの　　　　4 ほど

10 172センチ（　　　）プロの女子バレーボールの世界では小さい方だ。

1 をはじめ　　　　2 といっても　　　　3 しかない　　　4 に関しては

11 それをそこに置いておくと事故が起こる（　　　）ので別の場所へ持っていってください。

1 気味な　　　　　　　　　　　　　2 ことになっている
3 おそれがある　　　　　　　　　　4 しかない

12 小学校では学年があがる（　　　）、本を一冊（いっさつ）も読まない割合（わりあい）が高くなっている。

1 ように　　　　　2 にかわり　　　　　3 につれ　　　　4 にとって

13 正しい日本語の使い方（　　　）専門家（せんもんか）の間で意見が分かれる。

1 をめぐって　　　2 をきっかけに　　　3 をはじめ　　　4 を問わず

問題2　つぎの文の ＿＿★＿＿ に入る最もよいものを、１・２・３・４から一つえらびなさい。

（問題例）

かばんの ＿＿＿＿ ＿＿＿＿ ＿★＿ ＿＿＿＿ あります。

1 中　　　　　　　2 財布　　　　　3 が　　　　　　4 に

（解答のしかた）

1．正しい答えはこうなります。

かばんの ＿＿＿＿ ＿＿＿＿ ＿★＿ ＿＿＿＿ あります。
1 中　　4 に　　2 財布　　3 が

2．＿＿★＿＿ に入る番号を解答用紙にマークします。

（解答用紙）　（例）① ● ③ ④

14　私の合格の ＿＿＿＿ ＿＿＿＿ ＿★＿ ＿＿＿＿ 母だったかもしれない。

　　1 安心したのは　　2 受けて　　　　3 一番　　　　　4 知らせを

15　無くて七癖という言葉は癖が ＿＿＿＿ ＿＿＿＿ ＿★＿ ＿＿＿＿ を持っているという意味だ。

　　1 でも　　　　　2 ないように　　3 多少の癖　　　4 見える人

16　初めて会った ＿＿＿＿ ＿＿＿＿ ＿★＿ ＿＿＿＿ 変わらない人もいる。

　　1 ときと　　　　2 変わる人も　　3 印象が　　　　4 いれば

17　A「先生、久しぶりに先生にお会いしたいんですが、いつがご都合よろしいで
　　　すか」

　　B「ああ、＿＿＿＿＿　＿＿＿＿＿　＿★＿＿　＿＿＿＿＿　時間がとれると思うよ」

　　1　20日　　　　　　2　今月の　　　　　　3　いつでも　　　　4　前後なら

18　人に言われて気が付いたが、私はいつも＿＿＿＿＿　＿＿＿＿＿　＿★＿＿　＿＿＿＿＿ようだ。

　　1　特定の　　　　　　2　いない　　　　　　3　使って　　　　　4　単語しか

問題3 つぎの文章を読んで、文章全体の内容を考えて、 19 から 23 の中に入る最もよいものを、1・2・3・4から一つえらびなさい。

自転車旅行

　私は自転車が好きです。自転車の良さは、自動車よりゆっくり走り、 19 ことです。自動車はあっという間に過ぎ去ってしまい、きれいな景色をゆっくり見ることができません。歩くのは遅いため、行きたい所に行くのに時間がかかり、たくさんの景色を見ることができません。自転車はちょうど良く、ゆっくり景色を見ながら、結構遠くまで行き、たくさんの景色を見ることができます。自転車は旅の素晴らしい乗り物と言えるでしょう。

　自動車による旅行は便利 20 、体を動かさないため体に良いとは言えません。無理をしない自転車旅行は、程よく体を動かす 21 夜ぐっすり眠れ、成人病などの防止にもなります。また、自転車は人力で動かすため、高いガソリンを一切使わず安い旅行ができます。そのうえ、排気ガスを一切出さないので、本当に 22 乗り物です。

　私の母は50歳を過ぎて自転車旅行を何度かしています。母が言うにはとても 23 、面白さも相当なものだそうです。母が元気なうちに一緒に自転車旅行をしたいというのが、今の私の小さな夢です。

19

1　運転が自由である　　　　　　　　2　走るより疲れない

3　歩くより速く走る　　　　　　　　4　どんな天気でも前に進める

20

1 でいらっしゃるのですが　　　2 なだけでなく

3 なくせに　　　　　　　　　　4 ですが

21

1 には　　　　2 ため　　　　3 うちに　　　　4 たびに

22

1 自然に優しい　　　　　　　　2 旅の目的に合った

3 不自由な　　　　　　　　　　4 現実に有利な

23

1 辛いばかりで　　　　　　　　2 疲れる反面

3 嫌なのも当然で　　　　　　　4 難しいように

問題4 **つぎの（1）から（4）の文章を読んで、質問に答えなさい。答えは、１・２・**
３・４から最もよいものを一つえらびなさい。

（1）

　自分の名前が好きではないという薫さん。子供の頃、親に薫とつけた理由を尋ね
たら、別の名前をつけたかったけど、母方の祖母の意見を反映させてつけたそうで
す。調査によると自分の名前について、半分以上の人が好き、約３人に１人の人が
嫌いと思っているという結果でした。嫌いな人の多くは、読みや字、性別など「間違
えられる」ことが理由でした。一方、子供の頃は嫌いだったが途中から好きになった
人には「書きやすい」「他人に褒められて」「英語の書き方で好きになった」など理由が
あるようです。

24　　この文章の内容について正しいものはどれか。
　1 日本では母方の祖母の意見を反映させて名前をつけることが多い。
　2 自分の名前を好きではない人が半分程度いる。
　3 人に間違えられるという理由で、自分の名前を嫌いになることが多いよう
　　だ。
　4 薫さんが自分の名前を嫌いな理由は、母親が名前をつけたわけではないから
　　だ。

（２）

　難しいことを分かりやすくするためには、たとえ話をするのが良い。キリストも
釈迦も、たとえ話の天才であったと思う。だが天才でない私たちは、いい年になっ
たらたとえ話は注意が必要だ。「たとえば、東京オリンピック（１９６４）の時の……」
それを聞いている若者は、知らない。それに話している方も、たとえ話を語るうち
にもともと何が言いたかったのかを忘れて、戻ってこられなくなったりする。

　（注１）釈迦：仏教を開始した人
　（注２）天才：生まれたときから、特別に優れた才能を持っている人

25　この文章を書いた人の意見として正しいものはどれか。

　1　たとえ話は使い方によっては悪い効果を生む。

　2　キリストも釈迦も分かりやすい話ができたから人々から天才と呼ばれた。

　3　たとえ話をすれば誰にでも分かりやすく説明することができる。

　4　たとえ話をすると必ず途中で何を言おうとしていたか分からなくなって
　　しまう。

（３）

　団体旅行に一緒について行き、旅行者が安全で快適な旅を楽しむようにするのが
ツアーコンダクターの仕事だ。出発前の説明に始まり、旅行中の世話、観光地での
ガイド、旅行先の様々な予約や準備、問題の解決など、２４時間休むひまもないハー
ドワークだ。色々なお客さんがいるから、その場に応じて的確に対応できることが
必要である。また、英語力や目的地に関する多くの知識も欠かせない。

26　この文章によるとツアーコンダクターについて正しいものはどれか。

　1 個人の旅行者と一緒に旅行先について行き、旅行者が困らないように助け
　　る。

　2 出発前の説明会の会場を自分で予約しなくてはならない。

　3 目的地に関する多くの知識があり、英語が話せればツアーコンダクターにな
　　れる。

　4 もし旅行先で客が倒れたら、ツアーコンダクターが病院まで一緒に行くこと
　　になる。

（4）

　意外と皆さんあまりご存じないのですが、プロのカメラマンはモデルなど、作品のための写真を撮る時に、1,000〜2,000枚もの枚数を撮りますが、実際に使用する写真はほんの10枚程度だといいます。プロのカメラマンでさえ、多く撮ったうちの一部しか「良い写真」が撮れないように、私たちが1回や2回できれいな写真を撮るのは相当難しいと言えます。プロのカメラマンだとしても厳しいです。

27 この文章の内容について正しいものはどれか。

1 プロのカメラマンならば、1回や2回できれいな写真が撮れると思っている人が多い。

2 プロのカメラマンが1,000〜2,000枚も撮るのは、モデルが動く人間だからだ。

3 私たちもたくさん写真を撮れば、プロのカメラマンと同じくらいの割合できれいな写真が撮れる。

4 私たちも1回や2回だけ写真を撮ったくらいで全て済んだと思ってはいけない。

問題5 つぎの（1）と（2）の文章を読んで、質問に答えなさい。答えは、1・2・3・4から最もよいものを一つらびなさい。

（1）

「ああ、今日は楽しかった！」と口にする場合、やはりいつもとは大きく違う過ごし方をした時が多いかもしれません。例えば、久々の旅行、スポーツの試合の見物、レストランでの食事会などのイベントがあると、生活にも活気が出ますよね。でも、日常的な日々だって「今日は楽しかった！」と言える日がたくさんあるはず。そのポイントになるのが、「少しの工夫」というわけなんです。例えば、ひとり暮らしの私は、以前、朝、なかなか起きられず、遅刻や忘れ物も多かったので「なんとか早起きになりたい」と思いました。それで考えたのが、朝の光が入ってくるようにベッドの向きを変えてみることでした。ベッドを数十センチ動かすだけのことで、早くも翌朝、効果あり。ほんの少しの工夫でしたが、「今日はとても楽しかった！」と感じた記憶があります。

（注）工夫：よい方法や手段を見つけようとして、考えること。

28 この文章の内容と合っているものはどれか。

1 「人」が「今日は楽しかった」と思う時はいつもとは大きく違った過ごし方をした時だけだ。

2 「私」はベッドを少し動かしただけで、朝、きちんと起きられるようになった。

3 もし「私」がひとり暮らしでなければ「少しの工夫」を思いつかなかった。

4 生活に活気が出るので、「私」は旅行、スポーツ、レストランでの食事が好きだ。

29 この文章を書いた人の言う「少しの工夫」は具体的にどういうことか。

1　カーテンの色を変えてみる。

2　２週間に１度、美容院に行くようにする。

3　車を買ってみる。

4　家の庭に池を作ってみる。

30 この文章を書いた人がこの文章で一番言いたいことは何か。

1　イベントと小さな工夫の二つを順番に行っていけば毎日が本当に楽しくなる。

2　私の工夫は、朝きちんと起きられない人にとっていい方法であるはずだ。

3　日々を楽しくしたいのなら、まず身の回りで変えられるものがないか探して見るといい。

4　工夫しないと「今日は楽しかった！」と思える日がない。

（2）

　２００８年のある調べによると、結婚費用は全国平均で約４２６万円。しかもこの後には、新婚生活が待っているわけですね。「ということは、４２０万円以上の金額の用意が必要なんじゃ!? これじゃ、結婚できないかも」。でもこの数字にはからくりがあって、この調べでは結婚費用に関して、親・親族から援助があったという人が約８０％で、その平均が１９９万円。また結婚式でのご祝儀の平均が２２４万円。これを合わせると４２３万円になります。そう、結婚費用の平均額とほぼ同じ額です。つまり、もし親族からの援助が２００万円近くあった場合、カップルが結婚費用として貯める金額は２００万円程度で済み、そのお金はご祝儀で戻ってきます。それを結婚式後の新婚生活にできるというわけです。こう聞くと、<u>少し希望がわきます</u>ね。

（注１）結婚費用：この文章において指輪代＋挙式費用＋新婚旅行費

（注２）からくり：仕組み。構造

（注３）親族：血が繋がっている関係の人々

（注４）援助：困っている人に力を貸すこと。お金をあげること

（注５）祝儀：祝う気持ちを表すために贈る金銭や品物

31 本文から分かることは何か。

1 日本人には４２６万円以上ないと結婚できないと思っている人が多い。

2 日本人の多くが結婚するとき、ご祝儀を楽しみにしている。

3 日本では半分以上の家庭で親が子供の結婚の際に２００万円程度出している。

4 日本では結婚費用の８０％を親族が持っている。

32 少し希望がわきますねとあるが、なぜ希望がわくのか。

1 結婚費用も、生活費用もすぐに全部準備しなくても済むとわかったから

2 平均的に４２６万円程度あれば、結婚式を行えるとわかったから

3 自分の親が結婚費用の援助してくれることになったから

4 費用を結婚相手と半分ずつ出し合うことに決めたから

33 この文章の内容と合っているものはどれか。

1 本当は結婚費用は約４２６万円もかかっていない。

2 調査では親族から援助がなかった人も４２６万円程度の結婚費用を準備した。

3 援助とご祝儀をあわせて４２６万程度あるのであれば、結婚式用に金を準備しなくても問題ない。

4 平均的な話をすると、結婚前に４２６万円以上なくても結婚後の生活は始められる。

問題6　つぎの文章を読んで、質問に答えなさい。答えは、１・２・３・４から最もよいものを 一つえらびなさい。

　親子の会話となると、難しいのが中学生くらいの年齢です。家に帰ると気難しくほとんど口をきかなかったり、何かにつけて反抗する生徒も増えてきます。会話の(注1)ないすれ違い家族の中で、ふと、子供たちは自分たちがどれほど愛されているかわ(注2)かっているのだろうか。という思いが沸いてきました。生活スタイルはこんなにも欧米化しているのに、生徒たちは顔を見て①"I love you"と言われることも、思いっ(注3)切り抱きしめられることもないのです。

　５月に入って、移動教室の準備を進める中で、②ある考えが沸いてきました。家(注4)族と別々に過ごす２泊３日を、もう一度「家族」について考えるいいチャンスにしようと思ったのです。他の先生方と話し合い、「わが子へ送る父母からの手紙」と題し、保護者の方々へ声をかけることにしました。家庭訪問の時に１軒１軒「ふだん、(注5)　　　　　　　　　　　　　　　　　　　(注6)伝えたくてもなかなか口に出せないわが子への思いを手紙に書いて下さい」とお願いしました。③１軒でも協力が得られなければ実現できないものです。嬉しいことに180軒、全家庭が賛成してくださり、生徒に気付かれないよう、手紙を集めました。直接、手紙を届けてくださるお母さん、近所でまとめて持ってきてくれる方。「アンケート在中」と書いて、④二重三重の封筒に入れて生徒に持たせる家庭、など(注7)など。担任の先生方は何回も何回も数え直しては「これだけは忘れられない」と宝物のように抱えていました。

（注1）反抗：さからうこと。年上や権威・権力などに従わないこと

（注2）すれ違い：時間や位置などがずれて、会えるはずだが会えないこと

（注3）欧米：ヨーロッパとアメリカ

（注4）移動教室：小中学校の授業の一環として、たとえば、社会科で教室を出て、消防署や下水処理場、博物館などに出かけて、現地で観察や学習を行ったりするもの

（注５）保護者：未成年者などを保護する義務のある人。特に、その子供の親、親
　　　　　に代わる者
（注６）家庭訪問：主に学校の教師などが生徒の家庭環境を理解し、家庭と連絡を
　　　　　保ち教育上の効果を高めるため、その家庭を訪問すること
（注７）二重三重：重なったものを数える時の表現。ここでは封筒を更に別の封筒
　　　　　を入れること

34　①"I love you"と言われることも、思いっ切り抱きしめられることもないという文はどういう意味を強める効果があるか。

1　日本は愛情を表現する文化ではない。
2　生活だけ欧米化し、愛を伝える表現は欧米化していない。
3　中学生くらいの年齢になると、抱きしめたい程かわいいと思わなくなる。
4　子供達は親から"I love you"と言われたり、抱きしめられたりするのを嫌だと思っている。

35　②ある考えは具体的に何をすることか。

1　移動教室に行く計画をたてること
2　他の先生と「家族」との会話について話してみること
3　生徒全ての家庭に自分の子どもへの手紙を書いて欲しいと頼むこと
4　手紙を通して親と子供（生徒）の意思や気持ちを伝え合ってもらうこと

36 ③1軒でも協力が得られなければ実現できないのはなぜか。

1　1軒が反対すると他の家庭も「忙しくて時間がない」と言い出しそうだから

2　教師が生徒の親の代わりで手紙を書くとき、その生徒に何と書けばいいのか分からないから

3　手紙がもらえる生徒ともらえない生徒が出てはいけないから

4　手紙を書かない親と生徒の仲が悪くなってしまうから

37 ④二重三重の封筒に入れて生徒に持たせるとあるが、なぜそうするのか。

1　手紙だということが分からないように、中が見えないようにするため

2　子供に手紙を持たせる場合は、そうするように先生が親にお願いしたから

3　日本では書類を出す場合、封筒1枚だけでは失礼になるから

4　自分の子どもは何でも開けてしまう癖があるから

問題7　次のページは、学校から学生への、留学の相談が受けられるという案内である。つぎの文章を読んで、下の質問に答えなさい。答えは、１・２・３・４から最もよいものを一つえらびなさい。

　ミホさんは大学に入ったばかりの１年生で教育学部です。現在、平日は毎日、９〜15時まで授業があります。ミホさんは平日は火〜木曜日、15時30時から学校の近所でアルバイトをしています。この夏休みに留学したいので、学校生活に慣れた５月より後に相談をしたいと考えています。

38　ミホさんが授業もアルバイトも休まずに相談するにはいつがよいか。

１　月・水曜日の午後

２　金曜日の午後

３　火・木曜日の午後

４　月〜金曜日の午前

39　ミホさんが相談するとき、予約について正しいものはどれか。

１　相談希望日の前の週の金曜日までに予約する

２　相談希望日の２日前までに予約する

３　相談希望日の前の日までに予約する

４　予約は必要ない

２０１３年４月５日（月）
留学を希望するみなさんへ

本学では毎週下記の日程で留学専門の会社の担当者に留学に関する相談を受けることができます。学部によって予約方法や相談日が違うので注意してください。

各学部　相談日程

学部	曜日	予約
文学部（英文学科） 国際文化学部 教養学部	月・水　13～17時 金　　　10～13時	相談希望日の ２日前まで ※2
その他の学部	火・木 ※2　13～17時	相談希望日の 前日まで

【注意】

※１ 月曜日の相談を希望される方は希望日の前の週の金曜日までに予約してください。

※２ 文学部(英文学科)・国際文化学部以外の皆さんへ

　　　5月から金曜日の14時～17時も相談が可能となります。

※上記以外の時間は本学の留学応接室の担当が相談にのります。【予約不要】

N3

<ruby>聴解<rt>ちょうかい</rt></ruby>

（40分）

注　意
Notes

1. 試験が始まるまで、この問題用紙を開けないでください。
   Do not open this question booklet until the test begins.

2. この問題用紙を持って帰ることはできません。
   Do not take this question booklet with you after the test.

3. 受験番号と名前を下の欄に、受験票と同じように書いて
   ください。
   Write your examinee registration number and name clearly in each box below as written on your test voucher.

4. この問題用紙は、全部で13ページあります。
   This question booklet has 13 pages.

5. この問題用紙にメモをとってもいいです。
   You may make notes in this question booklet.

受験番号　Examinee Registration Number	

名　前　Name	

問題1

問題1では、まず質問を聞いてください。それから話を聞いて、問題用紙の1から4の中から、最もよいものを一つえらんでください。

れい

1　海

2　映画

3　BBQ

4　買い物

1 ばん

1 150円
2 200円
3 350円
4 300円

2 ばん

1 月曜日
2 火曜日
3 水曜日
4 木曜日

3ばん

1　6時10分

2　6時15分

3　6時30分

4　7時

4ばん

1　旅行の電話をする

2　おじいさんに電話をする

3　お風呂掃除をする

4　テレビを見る

5ばん

1 病院に行く
2 薬を買う
3 仕事をする
4 寝る

6ばん

1 スープ
2 すし
3 サラダ
4 ケーキ

問題2

問題2では、まず質問を聞いてください。そのあと、問題用紙を見てください。読む時間があります。それから話を聞いて、問題用紙の1から4の中から、最もよいものを一つえらんでください。

れい

1　練習が　足りなかったから

2　お腹が　痛かったから

3　友だちが　怪我をしたから

4　友だちを　心配したから

1 ばん

1 きれいな女性

2 料理が上手な女性

3 仕事をしている女性

4 優しい女性

2 ばん

1 生活が楽しくなったこと

2 彼女ができたこと

3 3キロ痩せたこと

4 いい野菜や肉が買えること

3ばん

1 豚肉が明日まで安いから

2 今日は豚肉料理を作るから

3 おじさんが一生懸命に何回も声をかけたから

4 おじさんが100グラム、70円にしてくれたから

4ばん

1 試験がすごくいい点だったから

2 早く働きたいから

3 先生がそう言ったから

4 大学が遠いから

5 ばん

1　ひな祭りが終わるから

2　女の子の結婚が遅れるから

3　男の子の結婚が遅れるから

4　女の子が元気でいられるから

6 ばん

1　野菜を小さく切って料理に入れる

2　お母さんが野菜をおいしいと言って食べる

3　野菜の入っているお菓子をあげる

4　テレビで見た野菜料理を作る

問題3

　問題3では、問題用紙に何もいんさつされていません。この問題は、ぜんたいとしてどんなないようかを聞く問題です。話の前に質問はありません。まず話を聞いてください。それから、質問とせんたくしを聞いて、１から４の中から、最もよいものを一つえらんでください。

－メモ－

問題4

問題4では、えを見ながら質問を聞いてください。やじるし（➡）の人は何と言いますか。1から3の中から、最もよいものを一つえらんでください。

れい

1 ばん

2 ばん

3 ばん

4 ばん

問題5

　問題5では、問題用紙に何もいんさつされていません。まず文を聞いてください。それから、そのへんじを聞いて、1から3の中から、最もよいものを一つえらんでください。

－メモ－

JLPT N3 실전모의고사 1회
정답 및 해설

1교시 언어지식(문자·어휘)

問題 1 　1 ③　2 ①　3 ④　4 ②　5 ①　6 ②　7 ③　8 ④

問題 2 　9 ②　10 ③　11 ②　12 ④　13 ③　14 ①

問題 3 　15 ④　16 ②　17 ③　18 ③　19 ①　20 ④　21 ①　22 ②　23 ④　24 ②　25 ①

問題 4 　26 ②　27 ④　28 ③　29 ④　30 ①

問題 5 　31 ③　32 ④　33 ①　34 ③　35 ②

2교시 언어지식(문법)·독해

問題 1 　1 ②　2 ④　3 ①　4 ③　5 ④　6 ②　7 ③　8 ①　9 ④　10 ③　11 ③
　　　　12 ②　13 ①

問題 2 　14 ④　15 ③　16 ①　17 ②　18 ③

問題 3 　19 ②　20 ③　21 ①　22 ③　23 ①

問題 4 　24 ④　25 ②　26 ②　27 ③

問題 5 　28 ④　29 ①　30 ③　31 ②　32 ③　33 ③

問題 6 　34 ①　35 ②　36 ③　37 ④

問題 7 　38 ④　39 ②

3교시 청해

問題 1 　1 ③　2 ②　3 ②　4 ④　5 ③　6 ①

問題 2 　1 ②　2 ④　3 ④　4 ③　5 ①　6 ①

問題 3 　1 ②　2 ③　3 ④

問題 4 　1 ②　2 ①　3 ③　4 ②

問題 5 　1 ②　2 ②　3 ①　4 ①　5 ③　6 ③　7 ①　8 ②　9 ③

문제 1   ______의 단어를 읽는 방법으로 가장 알맞은 것을 1·2·3·4에서 하나 고르시오.

1 맨 처음에 **필기** 테스트를 실행하겠습니다.

> **해설** 「筆」은 음으로「ひつ」라고 읽고,「記」는 음으로「き」라고 읽는다.「筆記(필기)」에서는「き」앞에 오는「つ」가 촉음으로 변한다는 점에 주의해야 한다. 따라서「筆記」는「ひっき」라고 읽는다.

最初 최초, 맨 처음 | 筆記 필기 | テスト 테스트, 시험 | 行う 실행하다

정답 ③

2 **통로**에 짐을 두지 마세요.

> **해설** 「通」과「路」는 각각 음독하면「つう」와「ろ」이다. 두 한자를 더하면 '통로, 길'이라는 뜻이며「つうろ」라고 읽는다.

通路 통로, 길 | 荷物 짐 | 置く 두다, 놓다 | ～ないでください ～하지 마세요

정답 ①

3 **적당**한 크기의 방을 찾다.

> **해설** 「適」와「当」는 각각 음독하면「てき」와「とう」이다. 두 한자를 더하면 '적당함'이라는 뜻이며「てきとう」라고 읽는다.

適当だ 적당하다 | 大きさ 크기 | 部屋 방 | さがす 찾다

정답 ④

4 먹고 싶다고 생각하는 것은 인간의 **본능**이다.

> **해설** 「本」와「能」는 각각 음독하면「ほん」과「のう」이다. 두 한자를 더하면 '본능'이라는 뜻이며「ほんのう」라고 읽는다.

～たい ～싶다 | 思う 생각하다 | 人間 인간 | 本能 본능

정답 ②

5 자동차에는 많은 **부품**이 사용되고 있다.

> **해설** 「部」와「品」은 각각 음독하면「ぶ」와「ひん」이다. 두 한자를 더하면 '부품'이라는 뜻이며「ぶひん」이라고 읽는다.

車 차, 자동차 | たくさん 많음 | 部品 부품 | 使う 쓰다, 사용하다

정답 ①

6 그곳을 **돌**면 은행이 있습니다.

> **해설** 「曲がる」는 '구부러지다, 방향을 바꾸다, 돌다'라는 뜻의 동사이며「まがる」라고 읽는다.

曲がる 구부러지다, 방향을 바꾸다, 돌다 | 銀行 은행

정답 ②

7 슈퍼가 없어져서 **불편**하다.

> **해설** 「不」는 음독하면「ふ」나「ぶ」,「便」은 음독하면「べん」혹은「びん」이다. '불편, 불편함'이라는 뜻일 때는「不」를「ふ」,「便」을「べん」으로 읽어「ふべん」이라고 읽는다.

スーパー 슈퍼, 슈퍼마켓 | なくなる 없어지다, 사라지다 | 不便だ 불편하다

정답 ③

[8] 연령이나 **성별**은 관계 없습니다.

> **해설** 「性」는 음독하면 「せい」나 「しょう」이고, 「別」는 음독하면 「べつ」이다. 「性別」은 「性」를 「せい」로 읽으므로 「せいべつ」가 된다.

年齢 연령, 나이 | 性別 성별 | 関係 관계

정답 ④

문제 2   ______의 단어를 한자로 쓸 때, 가장 알맞은 것을 1·2·3·4에서 하나 고르시오.

[9] **공식**으로는 아직 발표되지 않았다.

> **해설** 「こうしき」는 '공식'이라는 뜻이고, 한자로는 「公式」라고 쓴다.

公式 공식 | まだ 아직 | 発表 발표

정답 ②

[10] 학교 옆에 아파트를 **짓고** 있습니다.

> **해설** 1번의 「立(た)てる」는 '세우다' 라는 의미로 두루 쓰이는 동사이지만, '(건물을) 세우다, 짓다'라는 의미로 쓸 때는 3번의 「建(た)てる」를 쓰는 것이 적합하다.

学校 학교 | 横 옆 | マンション 맨션, 아파트 | 建てる (건물을) 세우다, 짓다 | 立てる 세우다

정답 ③

[11] **배우**가 되기 위해서 도쿄로 나왔다.

> **해설** 「やくしゃ」는 '배우'라는 뜻이고, 한자로는 「役者」라고 쓴다.

役者 배우 | ～ために ～위해서, ～때문에 | 東京 도쿄 | 出る 나가다, 나오다

정답 ②

[12] 젊은 동안에 여러 나라를 **여행**하며 다닌다.

> **해설** 「たび」는 '여행'이라는 뜻의 명사이고, 한자로는 「旅」라고 쓴다.

若い 젊다 | 間 동안, 사이 | いろいろな 여러 가지 | 国 나라, 국가 | 旅 여행 | 回る 돌다, 돌아다니다

정답 ④

[13] 미국에서는 **성인**의 3분의 2가 비만이다.

> **해설** 「せいじん」은 '성인'을 뜻하고 한자로는 「成人」이라고 쓴다. 참고로 4번의 「世人」은 「せじん」이라고 읽으며 '세상 사람'이라는 뜻이다.

アメリカ 아메리카, 미국 | 成人 성인 | 太りすぎ 비만 | 世人 세상 사람

정답 ③

[14] 그러나 **예외**도 있습니다.

> **해설** 「れいがい」는 '예외'라는 뜻이고 한자로는 「例外」라고 쓴다. 참고로 2번 「列外」는 「れつがい」라고 읽으며 '열외'라는 뜻이다.

例外 예외 | 列外 열외

정답 ①

15 그가 뽑힌 것은 **의외**였다.

> **해설** 그가 선택된 것에 대해 평가하고 있다. 선택지는 각각 '예감', '양호', '튼튼함', '의외'다. 이 중 문장에 넣었을 때 가장 자연스럽게 해석되는 단어는 '의외'라는 뜻인 4번의 「意外(いがい)」다. 나머지는 문맥상 어색하다.

彼 그, 그 사람 | 選ぶ 뽑다, 선택하다 | 意外 의외 | 予感 예감 | 良好だ 양호하다 | 丈夫だ 건강하다, 튼튼하다

정답 ④

16 이 지방은 벼농사가 **왕성**하다.

> **해설** 벼농사가 어떠한지를 나타내는 어휘를 찾아야 하므로 '번성함, 왕성함'을 뜻하는 「盛(さか)ん」이 적합하다. 다른 어휘들은 문맥상 부자연스럽다.

地方 지방 | 米づくり 벼농사 | 盛んだ 번성하다, 왕성하다 | 熱心だ 열심이다 | 安全だ 안전하다 | 便利だ 편리하다

정답 ②

17 집 안은 여름에도 **시원하다**.

> **해설** 체언에 조사 「でも」가 붙으면 '~일지라도, ~이라도'라는 뜻이 된다. 문제에서 「夏(なつ)でも」의 뒷부분에 나올 말을 묻고 있으므로 여름과 상반되는 뜻이 와야 한다. 따라서 '시원하다'라는 의미인 「涼(すず)しい」가 어울린다.

家の中 집 안 | 夏 여름 | 涼しい 시원하다 | 暑い 덥다 | 寂しい 외롭다, 쓸쓸하다 | 厳しい 엄격하다

정답 ③

18 그런 이름의 나라는 **존재**하지 않는다.

> **해설** 빈칸에는 존재라는 뜻인 3번 「存在(そんざい)」가 들어와야 자연스러운 문장이 된다. 다른 선택지의 어휘는 의미상 맞지 않다.

そんな 그런 | 名前 이름 | 国 나라, 국가 | 存在 존재 | 必然 필연 | 形式 형식 | 実現 실현

정답 ③

19 다 읽었으면 다음 사람에게 **넘겨** 주세요.

> **해설** 다음 사람에게 차례로 넘긴다는 의미이므로 빈칸에는 '돌리다, 차례로 돌리다'라는 뜻을 가진 동사 「回(まわ)す」가 들어가야 한다. 뒤에 「ください」가 오므로 「回(まわ)して」라고 바꿔야 한다.

読み終る 다 읽다 | 次の人 다음 사람 | 回す 돌리다 | 戻す 되돌리다, 돌려주다 | 帰す 돌려보내다 | 移す 옮기다

정답 ①

20 가방 안에서 지갑을 **꺼낸다**.

> **해설** 의미상 자연스러운 문장이 되려면 '꺼낸다'는 의미의 동사가 와야 한다. 따라서 '꺼내다, 끄집어내다'라는 뜻의 복합동사인 「取(と)り出(だ)す」가 가장 적절하므로 4번 「出(だ)す」가 정답이다.

かばん 가방 | さいふ 지갑 | 取り出す 꺼내다, 끄집어내다 | 取り持つ 손에 쥐다, 주선하다 | 取り上げる 들다, 채택하다 | 取り置く 따로 떼어두다

정답 ④

21 일본에 오고 나서 **더욱** 일본어가 능숙해졌다.

> **해설** 빈칸에 '더, 더욱'이라는 뜻의 부사인 「さらに」가 들어가면 일본에 오고 나서 일본어가 능숙해졌음을 강조하는 표현이 된다. 다른 선택지의 어휘들은 문맥상 부자연스럽다.

~てから ~하고 나서 | さらに 더, 더욱 | うまい 능숙하다 | いっぱい 가득 | あんまり 그다지 | 少しも 조금도, 전혀

정답 ①

22 저 형제는 **사이**가 좋다.

해설 '사이가 좋다'라고 할 때는 「仲(なか)がいい」라는 표현을 쓴다.

兄弟 형제 | 仲 사이, 관계 | 案 안, 생각 | 元 원래 | 実 열매

정답 ②

23 지금은 **바쁘**니까 나중에 다시 와 주십시오.

해설 바쁘니까 나중에 와 달라고 하는 것이 의미상 자연스럽다. 따라서 빈칸에는 '바쁘다'는 뜻의 「忙(いそが)しい」가 들어가는 것이 적절하다.

忙しい 바쁘다 | 後で 나중에 | また 또, 다시 | 細かい 상세하다 | 険しい 험하다 | あらっぽい 거칠다, 조잡하다

정답 ④

24 어머니를 닮아 딸도 **미인**이다.

해설 엄마를 닮아 딸도 미인이라는 표현이 가장 잘 어울린다. 빈칸에는 '미인'을 뜻하는 「美人(びじん)」이 들어가야 한다.

似る 닮다, 비슷하다 | 娘 딸 | 美人 미인 | 夫人 부인 | 仲人 중매인 | 老人 노인

정답 ②

25 욕실 청소는 아빠 **담당**이다.

해설 선택지 중에서 문맥상 가장 자연스러운 것은 담당이라는 뜻인 1번의 「担当(たんとう)」다.

おふろ 욕조, 욕실 | そうじ 청소 | 担当 담당 | 部分 부분 | 分野 분야 | 代表 대표

정답 ①

문제4 _____에 의미가 가장 가까운 것을 1 · 2 · 3 · 4에서 하나 고르시오.

26 그는 **실력은** 있는데 노력을 하지 않는다.

해설 「能力(のうりょく)」는 '능력'이라는 뜻의 명사다. 문제에서 능력은 있는데 노력을 하지 않는다고 하였으므로 능력은 본디 가지고 있는 재주를 뜻하는 '재능'이라는 의미와 가깝다. 따라서 대체할 수 있는 표현은 2번의 「才能(さいのう)」이다.

能力 능력 | 〜のに 〜하는데도 | 努力 노력 | 性能 성능 | 才能 재능 | 万能 만능 | 可能 가능

정답 ②

27 새로운 선생님은 어떤 **느낌**이었습니까?

해설 「感(かん)じ」는 '느낌'을 뜻하는 명사로, 문맥에 따라 '인상, 분위기'의 뉘앙스로 쓰인다. 문제에서 새로운 선생님의 느낌을 물었으므로 여기에서 쓰인 「感(かん)じ」는 4번의 「印象(いんしょう)」와 비슷한 의미이다.

新しい 새롭다 | 先生 선생님 | 感じ 느낌 | 神経 신경 | 個性 개성 | 記憶 기억 | 印象 인상

정답 ④

28 즐거울 때가 있으면 **괴로울** 때도 있다.

해설 「苦(くる)しい」는 '괴롭다, 힘겹다'는 의미의 い형용사다. 선택지에서 비슷한 의미인 것은 '고통스럽다, 괴롭다'라는 뜻을 지닌 3번의 「つらい」다.

楽しい 즐겁다 | 時 때 | 〜ば 〜하면 | 苦しい 괴롭다, 힘겹다 | つよい 강하다 | つめたい 차갑다 | つらい 고통스럽다, 괴롭다 | つまらない 시시하다

정답 ③

29 그렇게나 화를 내다니 **이상하다**.

해설 「おかしい」는 '우습다, 이상하다'라는 い형용사인데, 문제에서는 '이상하다'라는 뉘앙스로 쓰였다. 따라서 '이상하다'라는 뜻인 4번의 「異常(いじょう)だ」가 정답이다.

そんなに 그렇게, 그렇게나 | 怒る 화내다 | ~なんて ~하다니, ~라니 | おかしい 우습다, 이상하다 | 下手だ 서툴다 | 不自由だ 부자유스럽다, 불편하다 | 無難だ 무난하다 | 異常だ 이상하다

정답 ④

30 한 번 서로 **이야기 나누고** 나서 정하자.

해설 「話(はな)し合(あ)う」는 「話(はな)す」와 「合(あ)う」가 결합한 복합동사로 '서로 이야기를 나누다'라는 뜻이다. 선택지 중에서 가장 의미가 비슷한 단어는 '상담하다'라는 뜻인 「相談(そうだん)する」이다.

一度 한 번 | 話し合う 서로 이야기를 나누다 | 決める 정하다 | 相談する 상담하다 | 提案する 제안하다 | 反省する 반성하다 | 展開する 전개하다

정답 ①

문제 5   다음 단어의 사용법으로 가장 알맞은 것을 1 · 2 · 3 · 4에서 하나 고르시오.

31 **옷차림**

1   나는 옷차림이 작은 편입니다. [身なり → 体格(체격)]

2   일본인에게 쌀은 옷차림의 음식이다. [身なり → 必須(필수)]

3   **옷차림만으로 사람을 판단해서는 안 된다.**

4   옷차림만 가져간다. [身なり → 身の回り(생필품)]

해설 「身(み)なり」는 '옷차림'이라는 뜻의 명사이다. 3번에서 '옷차림만으로 사람을 판단해서는 안 된다'고 표현한 것이 가장 자연스럽다.

身なり 옷차림 | 小さい 작다 | ~にとって ~에게 | 米 쌀 | 食べ物 음식 | 判断 판단 | ~てはいけない ~해서는 안 된다 | 持つ 들다, 가지다

32 **탓**

1   친구 **탓**에 기운이 났다. [せい → おかげ(덕분)]

2   살이 빠진 **탓**에 예뻐졌다. [やせたせいで → やせて(빠져서)]

3   선생님 **탓**에 대학에 들어갈 수 있었다. [せい → おかげ(덕분)]

4   **비가 온 탓에 시합이 중지되었다.**

해설 「せい」는 '탓, 이유'라는 뜻으로 비난할 때 주로 쓰이므로 4번만 자연스럽다. 1번과 3번은 감사의 기분을 나타내므로 '덕분'이라는 뜻인 「おかげ」으로 바꾸어 써야 한다.

せい 탓 | 元気が出る 기운이 나다, 힘이 나다 | やせる 마르다, 살이 빠지다 | きれいだ 예쁘다, 깨끗하다 | 大学に入る 대학에 들어가다 | 雨 비 | 試合 시합 | 中止 중지

146

33 **안절부절, 짜증이 나는 모양**

1 **긴 시간 기다리게 되어 짜증이 난다.**

2 안절부절 내일은 시험 날이다. [いらいら → いよいよ(드디어)]

3 학생 때는 안절부절해 보면 좋다. [いらいら → いろいろ(여러 가지)]

4 선생님에게 안절부절 물어보지 않아도 돼. [いらいら → いちいち(일일히)]

해설 「いらいら」는 짜증이 나 안절부절 못하거나 초조해 하는 모양을 나타낸다. 1번에서는 긴 시간 기다리게 되어 짜증이 난다는 의미로 올바르게 쓰였다.

いらいら 안절부절, 짜증이 나는 모양 | 長い 길다 | 時間 시간 | 待つ 기다리다 | 試験の日 시험 날 | 学生 학생 | 〜間 〜동안 | 〜てみる 〜해 보다 | 聞く 묻다 | 〜なくてもよい 〜하지 않아도 된다

34 **뜻을 두다, 지망하다, 지향하다**

1 선생님의 말씀이 뜻을 두다. [志す → 心強い(마음이 든든하다)]

2 도쿄를 지망하여 여행에 나섰다. [志して → 目指して(향해)]

3 **의사를 지망하여 공부하다.**

4 친구를 정중하게 지향하다. [志す → 持て成す(대접하다)]

해설 「志(こころざ)す」는 '뜻을 두다, 지망하다, 지향하다'라는 뜻의 동사이다. 3번에서 의사를 지망하여 공부한다는 표현으로 적절하게 쓰였다.

志す 뜻을 두다, 지망하다, 지향하다 | 言葉 말, 언어 | 旅に出る 여행을 떠나다 | 医者 의사 | 勉強 공부 | 丁寧だ 정중하다, 공손하다

35 **주장, 더할 나위**

1 여행 주장은 오늘까지이다. [申し分 → 申し込み(신청)]

2 **여행에는 더할 나위 없는 날씨이다.**

3 변경 사항이 있는 사람은 주장해 주세요. [申し分して → 申し出て(신고해)]

4 주장만큼 기다려 주시겠습니까? [申し分 → もう少し(조금 더)]

해설 「申(もう)し分(ぶん)」은 '할말, 주장'이라는 뜻이고, 「〜がない」와 함께 쓰여 「申(もう)し分(ぶん)がない」의 형태가 되면 '나무랄 데 없다, 더할 나위 없다'는 뜻이 된다. 2번은 '여행에는 더할 나위 없는 날씨'라는 의미이므로 올바른 표현이다.

申し分 할말, 주장 | 申し分がない 나무랄 데 없다, 더할 나위 없다 | 旅行 여행 | 天気 날씨 | 変更 변경 | 〜てもらう 〜해 받다, 〜해 주다

문제 1   다음 문장의 (   )에 들어갈 가장 알맞은 것을 1·2·3·4에서 하나 고르시오.

1 비록 **바쁘더라도** 그는 올 것이다.

> **해설** 「たとえ」는 '설령, 가령, 비록'이라는 뜻이며 '~라도, ~하여도'라는 의미와 호응하는 부사이다. 「ても」는
> 역접의 조건을 나타내는 표현으로 '~라도, ~지만'의 의미이므로, 2번의 「忙(いそが)しくても」가 정답이다.

たとえ 설령, 가령, 비록 | 忙しい 바쁘다 | だろう ~것이다, ~겠지

정답 ②

2 **혼자서 먹기에는** 너무 많다.

> **해설** 「には」가 동사 기본형의 뒤에 붙으면 '~하기에는, ~하려면'이라는 뜻이 된다. 빈칸 뒤에 너무 많다는 뜻
> 인 「多(おお)すぎる」라는 표현이 왔으므로, '혼자 먹기에는 너무 많다'라는 문장이 되어야 한다. 따라서 「に
> は」가 정답이다.

一人で 혼자서 | ~には ~하기에는, ~하려면 | 多い 많다 | ~すぎる 너무 ~하다 | など 등등, 따위 | ほど 정도, 만큼 |
~より ~보다

정답 ④

3 자세한 것은 이쪽을 **봐** 주십시오.

> **해설** 존경어 문제이다. 문맥상 '봐 주십시오'라는 의미가 되어야 한다. 「見(み)る」의 존경어는 「ごらんになる」
> 다. 존경어로 '~해 주십시오'라는 표현은 「お/ご＋동사ます형/한자어＋ください」이다. '봐 주십시오'라
> 고 할 때는 「ごらんになってください」에서 「になって」를 생략하여 「ごらんください」라고 한다.

詳しい 자세하다, 상세하다 | こちら 이쪽 | ごらんください 봐 주십시오

정답 ①

4 그는 일본은 **물론** 해외에서도 유명한 가수이다.

> **해설** 빈칸 뒤에 '해외에서도'라는 뜻의 「海外(かいがい)でも」가 왔으므로 일본은 물론 해외에서도 유명하다
> 는 의미가 되어야 자연스럽다. 3번의 「もとより」는 '두말할 것도 없이, 물론'이라는 의미를 가진 부사이
> 므로 정답이다.

~はもとより ~는 물론 | 海外 해외 | 有名だ 유명하다 | 歌手 가수 | 比べる 비교하다 | 反面 반면 | ともに 함께, 같이

정답 ③

5 이 게임은 사람이 많으면 **많을수록** 재미있다.

> **해설** 「~ば~ほど」는 '~하면 ~할수록'이라는 표현이다. 빈칸 앞에 「多(おお)ければ」가 왔으므로 '사람이 많
> 으면 많을수록'이라는 문구가 되어야 자연스럽다. 따라서 정답은 4번 「ほど」이다.

ゲーム 게임 | ~ば~ほど ~하면 ~할수록 | おもしろい 재미있다 | ~と ~하면 | ~こそ ~야말로

정답 ④

6 밥을 한창 **짓고 있는** 중에 전화가 걸려 왔다.

> **해설** 빈칸 뒤의 「最中(さいちゅう)」는 '(동작이나 상태가) 한창임, 한창 진행되고 있는 도중'을 의미하는 명사
> 이다. 동사와 함께 쓰일 때는 진행형 「~ている」와 접속하여 「~ている最中(さいちゅう)」라고 쓴다.
> 따라서 2번 「作(つく)っている」가 정답이다.

ご飯 밥 | 作る 만들다, 짓다 | 最中 ~한창임 | 電話がかかってくる 전화가 걸려오다

정답 ②

7 2년 **만에** 일본의 가족을 만났다.

해설 2년 만에 가족을 만났다고 해야 자연스럽다. 3번의 「ぶり」는 시간의 경과를 나타내는 말에 붙어 '~만에'라는 뜻으로 쓰인다. 문제에서 「２年」 뒤 빈칸에 접속할 말을 묻고 있으므로 적절한 답은 「ぶり」다.

~ぶり ~만에 | 家族 가족 | ~に会う ~를 만나다 | 以来 이래, 이후 | ~ばかり ~가량, ~만 | すぎ (~때가) 지남

정답 ③

8 예전에는 강에서 자주 놀고는 했다.

해설 '옛날, 예전'이라는 뜻인 「昔(むかし)」가 처음에 나오면서 과거를 회상하고 있음을 유추할 수 있다. 「もの」는 동사의 과거형과 접속하여 「~たものだ」라고 하면 과거를 회상하며 그리워하는 표현인 '~하고는 했다'가 되므로 빈칸에 적절한 표현은 「もの」이다.

昔 옛날, 예전 | 川 강 | よく 자주, 잘 | 遊ぶ 놀다 | ~たものだ ~하고는 했다 | わけ 뜻, 의 | ~べき ~해야 함

정답 ①

9 오늘은 무슨 요일**이더라**.

해설 「け」는 완료형인 「だ, た」에 붙어 「だっけ, たっけ」의 꼴로 쓰인다. 회상하는 느낌으로 확인하듯 묻거나, 동의를 구하는 느낌으로 '~이었던가?'라는 의미이다. 여기서는 오늘이 무슨 요일이었는지 확인하는 느낌이므로 4번 「だっけ」가 적절하다.

何曜日 무슨 요일 | ~だっけ ~이었던가 | だらけ 투성이 | だけ 뿐, 만

정답 ④

10 언니는 여자**치고는** 키가 크다.

해설 「~にしては」는 '~치고는, ~로서는'라는 의미이므로 빈칸에 접속하면 여자치고는 키가 크다는 뜻이 되어 자연스럽다.

姉 언니, 누나 | 女性 여성 | ~にしては ~치고는, ~로서는 | 背が高い 키가 크다 | ~について ~에 관하여, ~에 대하여(주제) | ~にとって ~에게, ~에 있어서 | ~に対して ~에 대하여(대상)

정답 ③

11 실패해도 울 **필요는 없어**.

해설 「泣(な)く」 뒤에 오는 말을 묻고 있다. 「ことはない」는 동사 기본형에 접속하여 '~할 필요는 없다'로 해석되므로, 접속 형태나 의미상 적합한 표현이다.

失敗 실패 | 泣く 울다 | ~ことはない ~할 필요는 없다 | ~っこない ~할 리가 없다

정답 ③

12 어두워지기 **전에** 돌아오세요.

해설 「うち」는 '안, 속'을 뜻하는 명사인데, 형용사나 동사의 연체형에 접속하여 「~うちに」라고 쓰면 '~하는 동안에'라는 뜻이 되고, ない형과 함께 쓰여 「~ないうちに」라고 하면 '~하기 전에, ~이전에' 라는 뜻이 된다. 빈칸에 들어가면 '어두워지기 전에'라는 뜻이 되어 뒤의 내용에 자연스럽게 연결된다.

暗い 어둡다 | ~ないうちに ~하기 전에 | 帰る 돌아가다 | わりに 비교적 | ~ないように ~하지 않도록

정답 ②

13 일기 예보**대로** 낮부터 비가 내렸다.

해설 「とおり」는 '~대로임, ~같음'을 나타내므로 빈칸에 들어가면 「予報(よほう)のとおり」가 되어 자연스러운 표현이 된다. 참고로 2번의 「まま」는 어떤 동작이나 상태가 유지, 지속됨을 나타내므로 여기에서는 적합하지 않다.

予報 일기 예보 | ~とおり ~대로 | 昼 낮 | 雨が降る 비가 내리다 | くらい 만큼, 정도 | ~まま ~대로

정답 ①

[14]　선생님과는 3년 전에 **만난 이후로 한 번도 만나지** 않았다.

> **해설**　「～た＋きり」는 '～한 채, ～한 이후로'라는 뜻이므로 선택지 중 「会(あ)った」와 「きり」를 묶어서 「会(あ)ったきり」로 나타낼 수 있다. 또한 문장 마지막의 「いない」의 앞에 「会(あ)って」를 접속시키면 「会(あ)っていない」의 형태가 된다. 배열해 보면 「会(あ)った/きり/一度(いちど)も/会(あ)って」의 순서가 되며 '만난 뒤로 한 번도 만나지'의 의미이다.

会う 만나다 | ～たきり ～한 채, ～한 이후로 | 一度も 한 번도

정답 ④ (4321)

[15]　나이를 **먹음에 따라 피로해지기 쉬워**진다.

> **해설**　「年(とし)をとる」는 '나이를 먹다'라는 표현이므로 「年(とし)を」뒤에 연결되는 첫 번째 빈칸에는 「とる」가 와야 한다. 또한 선택지 중에서 「つかれ」와 「やすく」를 묶으면 「つかれやすく(피로해지기 쉽게)」가 되고, 이형용사의 연용형 「く」로 끝났으므로 문장 맨 뒤의 「なる」와 연결 할 수 있다. 즉, 「とる/につれ/つかれ/やすく」의 순이고, '먹음에 따라 피로해지기 쉽게'라는 의미이다. 「～につれ(て)」는 '～함에 따라'라는 뜻으로, 한쪽이 변함과 동시에 다른 쪽도 변하는 것을 의미한다.

年をとる 나이를 먹다 | ～につれ(て) ～함에 따라 | つかれる 지치다, 피로해지다 | ～やすい ～하기 쉽다

정답 ③ (2341)

[16]　밤에도 **자지 못할 만큼 머리가 아프다.**

> **해설**　선택지 중에서 우선 「頭(あたま)が」와 「いたい」를 묶으면 '머리가 아프다'는 뜻의 「頭(あたま)がいたい」가 된다. 「眠(ねむ)れない」와 「ほど」를 '자지 못할 만큼'이라는 뜻인 「眠(ねむ)れないほど」로 묶을 수 있다. 적절하게 배열해 보면 「眠(ねむ)れない/ほど/頭(あたま)が/いたい」이고 '자지 못할 만큼 머리가 아프다'라는 의미가 된다.

夜 밤 | 眠れる 잠들다, 자다 | 頭 머리 | いたい 아프다

정답 ① (4123)

[17]　**파자마를 입은 채 외출해** 버렸다.

> **해설**　「パジャマを」와 「着(き)た」를 '파자마를 입다'로 묶을 수 있고, 「～たまま」는 '～한 채로'라는 뜻이므로 「パジャマを着(き)たまま」와 같이 연결하여 '파자마를 입은 채로'라는 뜻이 된다. 문장 끝의 「しまった」 앞에는 て형인 「出(で)かけて」가 와서 '나가버렸다'라는 뜻인 「出(で)かけてしまった」가 되어야 하므로, 전부 배열해 보면, 「パジャマを/着(き)た/まま/出(で)かけて」이고 '파자마를 입은 채 외출해'라는 의미가 된다.

パジャマ 파자마, 잠옷 | 着る 입다 | 出かける 나가다, 외출하다 | ～てしまう ～해 버리다, ～하고 만다

정답 ② (3421)

[18]　네가 **갈 수 없다고 한다면 내가** 갈 수 밖에 없어.

> **해설**　「동사의 기본형＋しかない」가 되면 '～할 수밖에 없다'의 뜻이 된다. 문장 마지막 부분에 나오는 「行(い)くしかない(갈 수 밖에 없어)」의 앞에 연결되어 자연스러운 선택지는 「私(わたし)が」이다. 나머지 세 개의 선택지를 조합하면 「行(い)けない/と/したら」다. 전부 배열하면 「行(い)けない/と/したら/私(わたし)が」이고 '갈 수 없다고 하면 내가'라는 의미가 된다.

君 너, 자네 | 行く 가다 | ～とする ～라고 하다 | ～しかない ～밖에 없다

정답 ③ (2134)

  다음 글을 읽고 글 전체의 내용을 생각해서 **19** 부터 **23** 안에 들어갈 가장 알맞은 것을 1・2・3・4에서 하나 고르시오.

예전에 **19** 비하여 지금은 해외여행이 아주 가까워졌습니다. 그러나 여행을 갈 때에는 주의해야 할 사항이 있습니다.

예를 들면 일본 **20** 처럼 수돗물을 마실 수 있는 나라는 거의 없습니다. 시내의 레스토랑에서 나오는 물을 마시면 배탈이 날 **21** 우려가 있습니다. 가능하면 물은 구입한 것을 마십시다.

그리고 나라 **22** 에 따라서 언어뿐만 아니라 문화도 다릅니다. 일본에서는 '귀엽네'라고 말하며 아이의 머리를 쓰다듬는 일이 종종 있습니다. 일본에서는 **23** 결코 실례되는 일이 아니지만, 태국이나 인도에서는 머리는 매우 소중한 곳으로 여겨지고 있으므로 타인이 머리를 만지는 것은 바람직한 일이 아닙니다.

이와 같이 여행하는 나라에 대해 미리 공부해 두지 않으면 저도 모르는 사이에 실례를 범하는 경우가 있습니다.

해
설

19 1 반하여 　　　　　2 **비하여**
　　3 따라서 　　　　　4 대신하여

해설 빈칸의 위치로 보아 '예전'이라는 뜻의 「昔(むかし)」와 '지금, 현재'라는 뜻의 「今(いま)」의 관계가 어떠한지 나타내는 표현을 찾아야 한다. 지금은 해외여행이 가까워졌다고 했으므로 '예전에 비하여'라는 뜻인 「昔(むかし)に比(くら)べて」로 표현하는 것이 자연스럽다.

20 1 대로 　　　　　2 작정
　　3 **처럼** 　　　　　4 채로

해설 빈칸 앞에서는 '일본의'라는 뜻인 「日本(にほん)の」와 접속하고 있고, 빈칸 뒤에는 수돗물을 마실 수 있는 나라라고 하고 있으므로 '일본처럼 수돗물을 마실 수 있는 나라'라고 하면 자연스럽다. 따라서 빈칸에는 '~처럼, ~와 같이'라는 의미인 「ように」가 들어간다

21 1 **우려** 　　　　　2 잦음
　　3 덕분 　　　　　4 기색

해설 '배탈이 나다'라는 뜻의 「お腹(なか)をこわす」에 접속하는 표현을 묻고 있으므로, 내용의 흐름상 빈칸에 「おそれ(우려, 염려)」가 오면 배탈이 날 우려가 있다는 의미가 되어 자연스럽다. 참고로 2번의 「がち」는 주로 「がちだ」의 형태로 쓰이고 「がちがある」처럼 쓰는 것은 어색하다.

22 1 가 따라서 　　　　　3 을 따라서
　　3 **에 따라서** 　　　　　4 도 따라서

해설 「よる」는 '의하다, 준거하다, 따르다'라는 뜻의 동사이다. '~에 따라, ~에 의하여' 라는 의미로 쓰기 위해서는 「~によって」의 형태가 되어야 한다. 나머지 선택지는 같이 쓰는 조사가 맞지 않다.

23 1 **결코** 　　　　　2 좀처럼
　　3 반드시 　　　　　4 조금

해설 '일본에서는 실례되는 일이 아니다'라는 문장을 강조하는 부사를 찾는 문제이다. 1번의 「決(けっ)して」는 부정의 말과 호응하여 '결코 (~않다)'라는 뜻이므로 적절하다. 참고로 3번의 「必(かなら)ず」는 '반드시, 꼭'

이라는 뜻인데 부정과 호응하지 않으므로 답이 되지 못한다. 「必(かなら)ずしも」를 사용하면 부정과 호응하여 '반드시 ~인 것은 아니다'라는 의미가 된다. 2번의 「めったに」는 부정과 호응하여 '좀처럼 ~않다'고 해석되어 확률이 희박함을 나타낸다.

昔 옛날, 예전 | 海外旅行 해외여행 | 身近 자기와 가까움, 신변 | 注意 주의 | ~なければならない ~하지 않으면 안 된다, ~해야 한다 | 例えば 예를 들면 | 水道の水 수돗물 | 飲む 마시다 | ほとんど 거의, 대부분 | 町 시내, 번화가 | レストラン 레스토랑, 식당 | 出す 내다 | お腹をこわす 배탈이 나다 | おそれ 위험, 우려 | 言葉 말, 단어 | それから 그리고 | ~によって ~에 따라, ~에 의해서 | ~だけではなく ~뿐만 아니라 | 文化 문화 | 違う 다르다, 틀리다 | かわいい 귀엽다 | ~ながら ~하면서 | なでる 쓰다듬다 | 失礼だ 실례이다 | タイ 태국, 타이 | インド 인도 | 大切だ 중요하다 | 場所 장소 | 他の人 타인 | さわる 닿다, 만지다 | このように 이와 같이, 이처럼 | あらかじめ 미리, 사전에 | ~ておく ~해두다 | 自分 자기, 자신 | 気がつく 생각이 미치다, 정신이 들다 | ~ないうちに ~하기 전에 | とおり ~대로, ~와 같음 | つもり 작정, 생각 | ままに ~한 채로, ~대로 | ~がち ~경향이 많음 | おかげ 덕분 | 決して 결코 | めったに 좀처럼 | 必ず 반드시 | 少し 조금

문제 4　다음 (1)부터 (4)까지 글을 읽고 질문에 답하시오. 1·2·3·4에서 가장 알맞은 것을 하나 고르시오.

> (1) 사람의 몸에는 눈이 두 개 있습니다. 귀도 두 개 있습니다. 콧구멍도 두 개입니다. 두 개라는 데에는 무언가 의미가 있는 것일까요? 눈이 두 개 있는 것은 사물을 가능한 한 정확하게 보기 위해서라고 합니다. 눈 하나로 보는 것보다 양쪽 눈으로 볼 때가 50%나 더 잘 보인다고 합니다. 귀가 두 개 있는 이유도, 귀가 두개 있으면 소리가 어디에서 들리는지 더 알기 쉬워지기 때문입니다. 그리고 콧구멍이 두 개 있는 이유인데, 코는 눈이나 귀와 이어져 있기 때문에 두 개라던가, 인간의 몸은 오른쪽과 왼쪽이 똑같이 만들어져 있기 때문에 두 개라는 사람도 있지만 분명한 이유는 아직 모릅니다.

24　두 개 있는 이유를 알 수 없는 것은 어느 것인가?

1　눈, 귀, 콧구멍　　　　　　2　눈
3　귀　　　　　　　　　　　**4　콧구멍**

> **해설**　콧구멍이 두 개 있는 이유에 대한 설명하는 부분인 본문 맨 끝 부분에 분명한 이유는 아직 모른다고 했으므로 정답은 4번 콧구멍이다.

体 몸, 신체 | 目 눈 | 耳 귀 | 鼻の穴 콧구멍 | 意味 의미 | できるだけ 가능한 한, 되도록 | 正しい 바르다, 곧다 | ~より ~보다 | 両方 양쪽 | 見える 보이다 | ~そうだ ~라고 한다[전문] | 理由 이유 | 音 소리 | 聞こえる 들리다 | わかる 알다 | つながる 이어지다, 연결되다 | 人間 인간 | 右 오른쪽 | 左 왼쪽 | 同じように 같도록, 같게 | はっきり 뚜렷이, 확실히 | まだ 아직

> (2) 50% 이상의 사람이 사용하지 않게 된 휴대전화를 버리지 않고 가지고 있다는 것이 밝혀졌다. 휴대전화의 성능이 좋아져서 휴대전화로써 사용하지 않게 된 후에도 음악 플레이어나 카메라, 시계 등으로 계속 쓰는 사람이 늘고 있는 모양이다. 가장 많은 이유는 '사진이나 메일을 남기기 위해서'였다. 그 밖에도 '어떻게 버리면 될지 몰라서', '소중한 정보가 들어 있기 때문에'라고 대답한 사람도 많았다.

25 가장 많은 사람이 고른 휴대전화를 버리지 않는 이유는 무엇인가?

1 카메라나 시계로 사용할 수 있으므로

2 추억을 남겨 두고 싶으므로

3 버리는 방법을 잘 모르기 때문에

4 다른 사람에게 보이기 싫은 정보가 들어 있기 때문에

해설 뒷부분에서 휴대전화를 버리지 않는 가장 많은 이유로 '사진이나 메일을 남기기 위해서'를 꼽았다. 선택지 중에서는 2번이 가장 비슷한 의미이다.

使う 쓰다, 사용하다 | 携帯電話 휴대전화 | 捨てる 버리다 | ～ずに ～하지 않고 | 持つ 가지다, 들다 | 性能 성능 | 音楽プレー 음악 플레이어 | 時計 시계 | ～続ける 계속 ～하다 | 増える 늘다, 증가하다 | 最も 가장, 제일 | 写真 사진 | メール 메일 | 残す 남기다 | 他 밖, 이외 | 大切だ 중요하다 | 情報 정보 | 入る 들어가다 | 答える 대답하다 | 思い出 추억 | 捨て方 버리는 법

---

(3) 샐러리맨, 오토바이 등은 가타카나로 쓰기 때문에 영어라고 생각하기 쉬운데, 사실 이 말들은 일본에서밖에 통하지 않습니다. 이러한 단어는 가타카나 영어라고 불리며, 친구나 가족과의 대화뿐만 아니라 직장에서도 자주 쓰입니다. 또한 야구에 관한 말에도 가타카나 영어가 많이 쓰입니다. 밤 시합을 나이타라고 하는데, 영어로는 'night game'이라고 말하지 않으면 통하지 않고, 데드볼도 올바른 영어는 'hit by pitch'입니다.

26 이 글을 쓴 사람은 '가타카나 영어'란 어떤 영어라고 말하고 있나?

1 가타카나로 쓰는 영어

2 외국에서는 통하지 않는 영어

3 생활 속에서 자주 쓰는 영어

4 야구에 관한 영어

해설 첫 문장에 '이 말들은 일본에서밖에 통하지 않는다'는 말이 나오며, 이어서 이러한 단어를 가타카나 영어라고 부른다는 문장이 나온다. 따라서 가타카나 영어란 외국에서 통하지 않는 영어를 말한다.

サラリーマン 샐러리맨 | オートバイ 오토바이 | 英語 영어 | 思いがち 생각하기 쉬움 | 実は 실은, 사실은 | ～しか ～밖에 | 通じる 통하다 | 言葉 말, 언어 | 呼ぶ 부르다 | ～だけではなく ～뿐만 아니라 | 会話 대화, 회화 | 仕事の場 일터, 직장 | 野球 야구 | 関する 관하다, 관련하다 | 試合 시합 | ナイター 야간 경기 | デッドボール 데드볼, 사구 | 外国 외국 | 生活 생활

---

(4) 축구는 전 세계에서 사랑받는 스포츠이다. 축구에는 총 17가지의 규칙이 있다. 농구의 경우 규칙은 전부 50개니까, 축구가 매우 알기 쉽고 단순한 스포츠임을 알 수 있을 것이다. 농구는 아이들보다도 성인에게 인기가 있는 데에 비해서, 축구는 알기 쉬운 까닭에 아이부터 성인까지, 또 성별을 불문하고 즐길 수 있는 스포츠가 되었다.

27 축구가 전 세계에서 사랑받고 있는 것은 왜인가?

1 규칙을 알기 쉽게 바꾸어도 괜찮으므로

2 규칙을 그다지 지키지 않아도 좋으므로

3 규칙이 적고 간단하므로

4 규칙이 있어서 안전한 스포츠이므로

サッカー 축구 | 世界中 전 세계 | 愛する 사랑하다 | スポーツ 스포츠 | あわせて 합해서, 총 | ルール 룰, 규칙 | バスケットボール 농구 | 場合 경우 | 全部 전부 | 分かりやすい 알기 쉽다 | シンプルだ 심플하다, 단순하다 | 子ども 아이, 자식 | 大人 어른, 성인 | 人気 인기 | 〜に対して 〜에 대하여 | 性別 성별 | 〜を問わず 〜를 불문하고 | 楽しむ 즐기다 | 変える 바꾸다 | あまり 별로, 그다지 | 守る 지키다 | 簡単だ 간단하다 | 安全だ 안전하다

문제 5 다음 (1)과 (2)의 글을 읽고 질문에 답하시오. 답은 1·2·3·4에서 가장 알맞은 것을 하나 고르시오.

(1) 농가가 지금 새로운 여행지가 되고 있다. 이처럼 농가를 방문하는 여행을 그린 투어리즘이라고도 한다. 여행객을 안내하는 사람은 보통 농가나 그곳에 사는 사람들이다. 안내 방법은 사람에 따라 여러 가지이고 예상하지 못했던 일이 일어나는 경우도 있다. 그러나 그 점이 <u>인간다워서</u> 좋다. 농가의 사람들은 돈이 목적은 아니다. 사람과 만나서 이야기를 하고 자신들의 생활을 소개하는 것이 즐거운 것이다. 그렇기에 정성이 담겨 있다. 또한 초목이나 동물만 상대하던 농가에 여행자가 와 줌으로써 생활에 즐거움이 늘어난다.
　바쁜 도시인에게 아름다운 자연 속에서 지내는 휴일은 마음의 정화가 된다. 관광객은 2~3주 정도 농가에서 생활하면서 느긋하게 시골에서의 생활을 즐긴다. 농가에서의 시간은, 빠름과 편리함은 없지만 지나치게 바쁜 도시 생활을 잊게 해 준다.

28 인간다워서라고 하는데, 무엇이 인간다운 것인가?

1　정중하게 안내해 주는 것
2　안내가 별로 능숙하지 못한 것
3　돈을 안 내고도 안내를 받을 수 있는 것
4　안내하는 사람에 따라 내용이 다른 것

해설 '인간다워서' 앞을 보면 '그 점을'이라고 되어 있으므로, 그 앞 문장에서 답을 찾아 볼 수 있다. '안내 방법은 사람에 따라 여러 가지이고, 예상하지 못했던 일이 일어나는 경우도 있다'고 하였으므로 정답은 4번이다.

29 농가의 사람에게 그린 투어리즘의 좋은 점은 무엇인가?

1　평소 생활이 더욱 즐거워진다.
2　평소 생활을 잊게 해 준다.
3　관광객에게 일에 도움을 받을 수 있다.
4　관광객에게 돈을 받는다.

해설 '초목이나 동물만을 상대하는 농가에는 여행자가 와 줌으로써 생활에 즐거움이 늘어난다'고 했으므로 정답은 1번이다.

해 설

30 이 글의 내용과 일치하는 것은 어느 것인가?

1 농가가 여행하는 것을 그린 투어리즘이라고 한다.
2 그린 투어리즘은 다른 여행보다도 저렴하므로 인기이다.
3 **농가에도 도시인에도 좋은 영향이 있다.**
4 그린 투어리즘에서는 도시의 생활을 농가의 사람에게 소개한다.

> **해설** '농가에 여행자가 와 주는 것으로 인해 생활에 즐거움이 늘어난다'는 부분과 '바쁜 도시인에게 아름다운 자연 속에서 지내는 휴일은 마음의 정화가 된다'는 부분으로 볼 때, 그린 투어리즘은 농가와 도시인 모두에게 좋은 영향을 준다고 볼 수 있다.

農家 농가 | 新しい 새롭다 | 旅行地 여행지 | 訪れる 방문하다 | グリーンツーリズム 그린 투어리즘(농가에 민박하는 여행상품) | 旅行客 여행객 | 案内 안내 | 普通 보통 | 住む 살다, 거주하다 | 人々 사람들 | 仕方 방법, 수단 | 様々だ 다양하다 | 予想 예상 | 起こる 일어나다, 발생하다 | 人間らしい 인간답다 | お金 돈 | 目的 목적 | 紹介 소개 | 心がこもる 마음이 담기다 | 草木 초목 | 動物 동물 | 相手 상대 | ~にとって ~에게, ~에 있어서 | 旅行者 여행자 | 忙しい 바쁘다, 서두르다 | 都会人 도회인, 도시인 | 美しい 아름답다 | 自然 자연 | 過ごす (시간을) 보내다, 지내다 | 休日 휴일 | 洗濯 세탁, 빨래 | 観光客 관광객 | ゆったり 넉넉히, 느긋이 | 田舎 시골 | 速さ 속도, 빠름 | 便利さ 편리함 | 忙しすぎる 너무 바쁘다 | 忘れる 잊다 | 丁寧だ 정중하다, 공손하다 | 違う 다르다 | 手伝う 도와주다, 거들다 | 受け取る 받다, 수취하다 | 影響 영향

---

(2) 스포츠에서도 기본이 중요하듯이 요리에서도 기본이 가장 중요합니다. 조금이라도 빨리, 즐겁게, 쉽게 요리를 하려고 생각한다면 우선은 기본을 배우는 것이 가장 빠른 지름길입니다. 그리고 요리는 해 보지 않으면 능숙해 지지 않습니다. 대부분의 사람은 요리 책을 보는 것부터 시작합니다. 그러나 이런 식으로는 언제까지나 책이 없으면 요리를 하지 못하고 자신감을 키우지도 못합니다. 처음에는 잘 되지 않아도 실패하면서 익혀 나가면 됩니다. 요리에는 정답이 없습니다. 중요한 것은 마음입니다. 해 보는 것이 중요하다는 것을 알고 있더라도 머리 속으로 해 보자고 생각만 해서는 좀처럼 행동으로 옮길 수 없습니다. 무엇을 해 볼 것인가, 언제부터 시작할 것인가, 자세히 정해야 합니다. 그리고 생각했다면 바로 실행합시다. 좀처럼 실행하지 못하는 사람은 요리와 관련된 아르바이트를 해 보는 것도 요리 실력 향상을 위한 한 가지 방법입니다.

31 많은 사람은 요리를 시작할 때 무엇을 하는가?

1 요리를 만들어 본다.
2 **요리의 조리법을 조사한다.**
3 요리의 정답을 찾는다.
4 요리에 대한 자신감을 가진다.

> **해설** '대부분의 사람은 요리 책을 보는 것부터 시작한다'고 하였으므로 요리의 조사법을 조사한다는 2번이 정답이다.

32 요리에 능숙해지지 않는 사람은 어떤 사람인가?

1 지금까지 실패한 적이 없는 사람
2 스포츠를 못하는 사람
3 **자기에 대한 자신이 없는 사람**
4 요리와 관련된 아르바이트를 하는 사람

 요리는 해 보지 않으면 능숙해지지 않는다고 하면서 요리 책을 보면서 요리를 하는 것은 자신감을 키우지 못한다고 했다. 그리고 처음에는 잘 되지 않아도 실패하면서 배우면 되고 요리에는 정답이 없으며 중요한 것은 마음이라고 한 부분에서 요리를 잘 하기 위해 자신감을 강조하고 있음을 알 수 있다.

33 이 글을 쓴 사람의 의견과 일치하는 것은 어느 것인가?

1 요리는 기본을 배우기보다 해 보는 것이 중요하다.
2 요리는 실패하면서 정답을 찾으면 된다.
3 요리는 실제로 해 보지 않으면 능숙해지지 않는다.
4 요리에 관한 일을 하는 것이 가장 좋은 실력 향상 방법이다.

 '요리는 직접 해 보지 않으면 능숙해지지는 않는다'고 했으므로 3번이 정답이다. 참고로 2번은 요리에 정답이 없다고 한 본문 내용과 위배되고, 4번은 본문에 따르면 요리에 관한 일을 하는 것도 하나의 방법이라고 했지 가장 좋은 방법이라고는 하지 않았으므로 정답이 아니다.

スポーツ 스포츠 | 基本 기본 | 大事だ 중요하다 | 料理 요리 | 一番 첫째, 가장 | 大切だ 소중하다, 중요하다 | 少し 조금, 약간 | 早い 빠르다 | 楽しい 즐겁다 | 楽だ 편안하다, 쉽다 | ～なら ～이면, ～라면 | まず 우선 | 学ぶ 배우다 | 近道 지름길 | 上達だ 숙달하다, 기술이 향상되다 | ほとんど 대부분, 거의 | 始める 시작하다 | しかし 그러나 | やり方 하는 방법 | いつまでも 언제까지나 | 自信をつける 자신감을 가지다 | 最初 처음, 시작 | うまい 능숙하다, 잘하다 | 失敗 실패 | ～ながら ～하면서 | 覚える 외우다, 익히다 | 答え 답, 정답 | 重要だ 중요하다 | 頭 머리 | 考える 생각하다, 사고하다 | なかなか 좀처럼 (～않다) | 行動 행동 | 移す 옮기다 | 細かい 잘다, 상세하다 | 決める 정하다 | すぐ 바로, 곧 | 実行 실행 | 関係 관계 | アルバイト 아르바이트 | 方法 방법 | 作り方 만드는 방법 | 調べる 조사하다 | さがす 찾다 | ～に対する ～에 대한 | 自信を持つ 자신감을 갖다 | 苦手だ 서툴다, 못하다 | 見つける 발견하다 | 関する 관련하다, 관계하다 | 最も 가장

문제 6 다음 글을 읽고 질문에 답하시오. 답은 1·2·3·4에서 가장 알맞은 것을 하나 고르시오.

　　무척 사이가 좋은 나무 한 그루와 작은 새 한 마리가 있었습니다. 작은 새는 하루 종일 그 나무 위에서 노래를 부르며 지내고, 나무는 하루 종일 작은 새의 노래를 들었습니다. 그렇지만 추운 겨울이 와서 작은 새는 나무와 헤어져야만 했습니다.
"잘 가요. 내년에 또 노래를 들려 주세요."
라고 나무는 말했습니다. 작은 새는 말했습니다.
"네, 그때까지 기다려주세요."
겨울이 지나고 봄이 왔습니다. ①작은 새는 친한 나무에게로 다시 돌아왔습니다. 그러나 나무는 그곳에 없고 나무 뿌리(注1)만 남아 있었습니다.
"여기에 서 있던 나무는 어디로 가 버렸니?"
작은 새는 뿌리에게 물었습니다. 뿌리는
"어느 날 사람이 와서 나무를 잘라서 공장에 가지고 가버렸어요."
라고 말했습니다.
작은 새는 공장으로 날아 갔습니다. 작은 새는 공장의 문 위에 멈추어 물었습니다.
"문 님, 나의 친한 나무는 어떻게 되었는지 모르세요? "
문은

"나무라면 잘게 잘려서 성냥이 되어 저쪽의 마을로 팔려 갔단다"
라고 말했습니다. 작은 새는 마을로 날아가 램프(注2) 옆에 있던 여자아이에게
"여보세요. ②성냥을 모르시나요?"
라고 물었습니다. 여자아이는
"성냥은 타 버렸어요. 그래도 성냥으로 붙인 불이 아직 이 램프 안에서 타고 있어요."
라고 말했습니다. 작은 새는 램프의 불을 가만히 바라보았습니다.
그리고 작년에 불렀던 노래를 불러 불에게 들려 주었습니다. 불은 흔들흔들 타오르며 진심으로 기뻐하는 듯이 보였습니다. ③노래가 끝나자 작은 새는 다시 가만히 램프의 불을 보았습니다. 그러고 나서 어디론가 날아가 버렸습니다.

(注1) 根(ね)っこ : 뿌리. 나무나 풀의 흙 아랫부분
(注2) 램프 : 램프. 불을 사용하는 전등

34 ①작은 새는 친한 나무에게로 다시 돌아왔습니다라고 하는데 작은 새는 왜 돌아왔는가?

1 나무와 만날 약속을 했으므로
2 나무에게 볼일이 있었으므로
3 집으로 돌아오는 도중에 나무가 있으므로
4 누군가가 노래를 들어주길 바랐으므로

해설 나무가 '잘 가요. 내년에 또 노래를 들려 주세요.'라고 하자 작은 새가 '네, 그때까지 기다려 주세요.'라고 했으므로 둘은 만날 약속을 했음을 알 수 있다.

35 ②성냥을 모르시나요?와 같은 의미인 것은 어느 것인가?

1 성냥을 가지고 계십니까?
2 성냥을 모릅니까?
3 성냥을 보지 않겠습니까?
4 성냥은 필요하지 않으십니까?

해설 「知(し)る」의 존경어는 「ご存(ぞん)じだ」이다. 「ご存(ぞん)じありませんか」라고 하면 '아시는 바 없으십니까?, 모르십니까?'라는 뜻으로, 손윗사람에게 정중히 쓰는 표현이다.

36 ③노래가 끝나자 작은 새는 다시 가만히 램프의 불을 보았습니다라고 하는데, 이때 작은 새의 기분으로 적합하지 않은 것은 어느 것인가?

1 다시 한 번 나무와 만나게 되어 기쁜 기분
2 나무가 불이 되어 버린 것을 믿을 수 없는 기분
3 여자아이가 나무를 태워 버렸다고 하는 노여운 기분
4 이제 나무와는 만나지 못하는 슬픈 기분

해설 나무가 불이 되어 타고 있는 것을 가만히 바라보는 작은 새의 기분은 본문에 직접적으로 언급되어 있지 않다. 그러나 작은 새가 나무를 찾아 다니다 가까스로 만나게 된 상황을 보면 기분을 유추할 수 있다. 나

무를 다시 만난 기쁨과 불이 된 것에 대한 놀라움, 더 이상 보지 못한다는 슬픔은 작은 새의 기분으로 유추할 수 있지만 3번의 여자아이에 대한 노여움은 전혀 드러나 있지 않다.

37 작은 새가 돌아왔을 때 나무는 무엇이 되어 있었습니까?

1 뿌리
2 문
3 여자아이
4 불

해설 나무는 잘려 공장으로 갔고 그곳에서 다시 잘게 잘려 성냥이 되어 마을로 팔려갔다. 마을에서 만난 여자아이는 '성냥은 타 버렸어요. 그래도 성냥으로 붙인 불이 아직 이 램프 안에서 타고 있어요'라고 말했으므로 나무는 결국 불이 되었음을 알 수 있다.

たいへん 매우, 대단히 | 仲 사이, 관계 | ～本 가늘고 긴 물건을 세는 말, 그루, 자루 | 木 나무 | ～羽 새나 토끼를 셀 때 쓰는 말, 마리 | 小鳥 작은 새 | 一日中 하루 종일, 온종일 | 歌 노래 | 歌う 노래 부르다 | けれど 그렇지만, 그러나 | 寒い 춥다 | 冬 겨울 | 別れる 헤어지다, 이별하다 | ～なければならない ～하지 않으면 안 된다, ～해야 한다 | 来年 내년 | 聞かせる 들려주다 | 待つ 기다리다 | 過ぎる 지내다 | 仲良し 사이가 좋음 | 春 봄 | 帰る 돌아가다 | ところが 그러나 | 残る 남다 | 立つ 서다 | ～てしまう ～해 버리다 | ある 어느, 어떤 | 切る 베다, 자르다 | 工場 공장 | 持つ 들다, 가지다 | ほう 방향, 쪽 | 飛ぶ 날다 | 門 문 | とまる 멈추다 | 知る 알다 | 細かい 자세하다, 상세하다 | 切る 자르다, 베다 | マッチ 성냥 | 町 시내, 번화가 | 売る 팔다 | そば 옆, 곁 | もしもし 여보세요 | ご存じ 잘 아심 | 尋ねる 묻다, 질문하다 | 燃える 불타다 | つける 붙이다, 켜다 | 火 불 | まだ 아직 | じっと 가만히, 지그시 | 見つめる 응시하다, 바라보다 | それから 그러고 나서, 그리고 | 去年 작년 | ～てやる (아랫사람에게) ～해 주다 | ゆらゆら 흔들흔들 | 心から 진심으로 | よろこぶ 기뻐하다 | 見える 보이다 | 歌い終わる 노래를 다 부르다 | 草 풀 | 土 흙 | 部分 부분 | 電灯 전등 | 約束 약속 | 用事 볼일, 용무 | 途中 도중 | ～てほしい ～하길 바란다 | いる 필요하다 | 気持ち 기분, 마음 | うれしい 기쁘 | 信じる 믿다 | 怒り 분노, 노여움 | 悲しい 슬프다

문제 7　다음 페이지는 댄스 스쿨의 요금표입니다. 시즈카 씨는 오늘 체험 레슨을 받았습니다. 이것을 읽고 아래 질문에 대답하시오. 답은 1·2·3·4에서 가장 알맞은 것을 하나 고르시오.

NOW 댄스 스쿨

코스	요금
월 2회	5,250엔
월 4회	8,400엔
월 8회	15,750엔
전 클래스 마음대로 수업 받기 (한 달에 몇 번이라도 레슨을 받을 수 있습니다.)	17,800엔

* 입회금 : 5,250엔

체험 레슨을 받고 나서 2주 이내에 입회하시는 경우, 입회금 0엔

* 체험 레슨 : 2,000엔

체험 레슨은 언제든지 실시하고 있습니다. 필요한 것은 실내용 신발과 움직이기 편한 복장뿐입니다. 그 외에 필요한 것은 없습니다. 댄스를 배운 적이 없는 분도 부디 가벼운 마음으로 들러 주세요.

체험 레슨은 한 분당 1회 한정입니다. 예약을 하지 않아도 레슨을 받을 수 있으나 레슨이 휴일일 경우가 있으므로 전화로 예약하시고 오시는 것을 권장합니다.

38 체험 레슨에 대하여 옳바른 것은 어느 것인가?

1 전화로 예약해 둘 필요가 있다.

2 레슨에 가져갈 물건은 특별히 없다.

3 댄스가 처음인 사람은 반드시 체험 레슨을 받아야 한다.

4 **체험 레슨을 몇 번이고 받을 수는 없다.**

해설 체험 레슨은 한 분당 1회 한정이라고 했으므로, 체험 레슨은 몇 번이고 받을 수는 없다고 한 4번이 정답이다.

39 시즈카 씨는 오늘 체험 레슨을 받고 나서 월 4회 코스를 신청하였습니다. 전부 얼마를 지불하면 됩니까?

1 8,400엔

2 **10,400엔**

3 13,650엔

4 15,650엔

해설 체험 레슨이 2,000엔이고 월 4회 코스가 8,400엔이므로 합하면 10,400엔이다.

ダンス 댄스, 춤 | スクール 스쿨 | コース 코스, 과정 | 料金 요금 | 月 월 | 全 전 | クラス 클래스, 반 | 受け放題 원하는 대로 받음 | 入会金 입회금 | 体験 체험 | レッスン 레슨, 수업 | 受ける 받다 | 以内 이내 | 場合 경우 | いつでも 언제든지, 언제라도 | 行う 행하다, 실행하다 | 必要だ 필요하다 | 室内用 실내용 | くつ 신발, 구두 | 動く 움직이다 | 服 옷, 복장 | 以外 이외 | 習う 배우다, 익히다 | 方 분 | ぜひ 꼭, 부디 | 気軽だ 깊이 생각하지 않다, 가볍게 행동하다 | おこし 오심, 왕림 | 限り 한함, 한계 | 予約 예약 | させていただく 하겠다[자신의 의지나 의사를 간접적으로 표현] | おる 있다[いる의 겸양어] | なし 없음 | 休み 쉼, 휴일 | ございます 있습니다[あります의 겸양어] | ～の上 ～한 후 | すすめる 권하다 | いたす 하다[する의 겸양어]

問題 1

問題１では、まず質問を聞いてください。それから話を聞いて、問題用紙の１から４の中から、最もよいものを一つえらんでください。では、練習をしましょう。

れい

男性と女性がデートにどこに行くかを話しています。二人はどこに行くことにしましたか。

M：日曜日、どこ行こうか？行きたいところある？

F：観たい映画があるんだけれど、友だちが面白くないって言ってたからどうだろう。

M：この前、服が欲しいって言ってたし、買い物に行く？

F：今はお金がないから、買えないわ〜。

M：天気もいいし、海に行くのはどう？友だちも一緒にみんなでBBQしようよ。

F：私、日に焼けるの嫌だから去年も行かなかったのよね。

M：日に焼けた女の子もかわいいし、元気に見えるからすごくいいのに。そんなに嫌なら映画に行く？

F：そう？じゃあ、今年は行こうかな。

二人はどこに行くことにしましたか。

1 海
2 映画
3 ＢＢＱ
4 買い物

もっともよいものは１番です。かいとうようしの問題１の例のところを見てください。もっともよいものは１番ですから、答えはこのようにかきます。では、はじめます。

1 ばん

お母さんと子どもが話しています。子どもはこれからまずどこに行きますか。

F：学校に行く前に郵便局行って、これ出してくれない？あと、おばあちゃんにこれ届けてちょうだい。

문제 1

문제1에서는 먼저 질문을 들어 주세요. 그리고 이야기를 듣고 문제 용지의 1에서 4 중에서 가장 알맞은 것을 하나 고르세요.
그럼 연습을 하겠습니다.

예

남성과 여성이 데이트로 어디에 갈지 이야기하고 있습니다. 두 사람은 어디에 가기로 했습니까?

남 : 일요일에 어디 갈까? 가고 싶은 곳 있어?

여 : 보고 싶은 영화가 있는데, 친구가 재미없다고 해서 어떻게 할까?

남 : 요전에 옷이 사고 싶다고 했고 쇼핑하고 갈래?

여 : 지금은 돈이 없으니까 살 수 없어.

남 : 날씨도 좋고 바다에 가는 것은 어때? 친구도 같이 모두 바비큐 파티하자.

여 : 나 햇볕에 타는 것 싫어하니까 작년에도 가지 않았어.

남 : 햇볕에 탄 여자아이도 귀엽고 건강하게 보이니까 굉장히 좋은데. 그렇게 싫으면 영화 보러 갈래?

여 : 그래? 그럼 올해는 갈까?

두 사람은 어디에 가기로 했습니까?

1 바다
2 영화
3 BBQ
4 쇼핑

가장 알맞은 답은 1번입니다. 해답 용지의 문제1의 예 부분을 보세요. 가장 알맞은 답은 1번이니 답은 다음과 같이 씁니다. 그럼 시작하겠습니다.

1번

어머니와 아이가 이야기하고 있습니다. 아이는 이제부터 먼저 어디에 갑니까?

여 : 학교에 가기 전에 우체국에 가서 이것 보내주지 않을래? 할머니한테 이것 전해 줘.

M：今日、学校行く前に友達のとこ行かなきゃいけないから時間ないよ。

F：わかったわ、じゃあ郵便局はいいから、おばあちゃんの家だけ寄って行って。

M：授業終わってからじゃだめ？

F：わかったわ、そうしなさい。忘れずに渡して来てね。

M：うん、わかった。じゃあ、行ってきまぁす。

子どもはこれからまずどこに行きますか。

1　郵便局
2　学校
3　友だちの家
4　おばあさんの家

단어

郵便局 우체국 | 出す 내다. 보내다 | 届ける 전하다 | ～てちょうだい ～해 줘, ～해 주세요 | とこ 곳 | 寄る 들르다 | ～ずに ～하지 않고 | 授業 수업 | 渡す 건네다

2ばん

男の人が電話をしています。男の人はどうすることにしましたか。

M：すみません、東京発ソウル行きのチケットを買いたいんですが。

F：はい、日にちと時間はお決まりでしょうか。

M：スワン航空の３月２４日の夕方の便です。

F：確認いたしますので少々お待ちください。お客様、申し訳ございませんが、こちらの便は満席でございます。ほかの会社の便もこの時間は満席のようですね。

M：同じ日の違う時間なら取れますか。

F：午前９時４５分にご出発の便でしたらお取りできますが。

M：その時間はちょっとな。

F：前の日の夕方の便はいかがですか。あるいは、お値段は上がりますが、ビジネスクラスでしたらご希望の便もご利用いただけますが。

M：仕事の都合があるから、日にちや時間を変えるのは難しいしな。それでお願いします。

F：はい、かしこまりました。３月２４日夕方の便でお間違いないでしょうか。

M：はい。

남 : 오늘 학교에 가기 전에 친구네 집에 가야 해서 시간이 없어.

여 : 알았어, 그럼 우체국은 됐으니까 할머니 댁에만 들렀다 가.

남 : 수업 끝나고 나서 가면 안 돼?

여 : 알았어. 그렇게 해. 잊지 말고 건네고 와.

남 : 응, 알았어. 그럼 다녀올게요.

아이는 이제부터 먼저 어디에 갑니까?

1　우체국
2　학교
3　친구 집
4　할머니 댁

해설

아이는 학교 가기 전에 친구네 집에 들러야 한다고 했고 할머니 댁에는 수업 끝나고 들른다고 했으므로, 아이가 이제부터 갈 곳은 친구네 집이다.

2번

남자가 전화를 하고 있습니다. 남자는 어떻게 하기로 했습니까?

남 : 저기요, 도쿄 출발 서울행 표를 사고 싶은데요.

여 : 네, 날짜와 시간은 정하셨나요?

남 : 스완 항공 3월 24일 저녁 편입니다.

여 : 확인하겠으니 잠시 기다려 주세요. 손님, 죄송하지만 이쪽 편은 만석입니다. 다른 회사 편도 이 시간은 만석인 것 같네요.

남 : 같은 날의 다른 시간이라면 예약할 수 있습니까?

여 : 오전 9시 45분 출발 편이라면 예약할 수 있습니다만.

남 : 그 시간은 좀…….

여 : 전날 저녁 편은 어떠세요? 아니면 가격은 비싸지만 비즈니스 석이라면 희망하시는 편도 이용하실 수 있습니다만.

남 : 일의 사정이 있어서 날짜와 시간을 바꾸는 건 어렵군요. 그것으로 부탁합니다.

여 : 네, 알겠습니다. 3월 24일 저녁 편 맞으시지요?

남 : 네.

男の人はどうすることにしましたか。

1　ちがう会社のチケットをよやくする
2　高いチケットをよやくする
3　時間をかえてよやくする
4　日にちをかえてよやくする

～発 ～발(출발) | ～行き ～행 | チケット 티켓, 표 | 日にち 날짜 | 決まる 정해지다 | 航空 항공 | 夕方 저녁때 | 便 편 | ビジネスクラス 비즈니스 석 | 確認 확인 | 満席 만석 | 取る 예약하다 | 出発 출발 | あるいは 혹은 | 値段 가격 | 上がる 오르다 | 希望 희망 | 利用 이용 | 都合 사정, 형편 | 変える 바꾸다 | かしこまりました 알겠습니다[わかりました의 겸양어] | 間違いない 틀림없다 | よやく 예약

3 ばん

男の人と女の人が話しています。女の人はお父さんに何をあげることにしましたか。

F：明日、父の日ですね。山田さんはプレゼント用意しましたか。
M：僕は毎年お酒をプレゼントすることにしてます。
F：へぇ、お酒ですか。すてきですね。お父さんお酒がお好きなんですか。
M：はい。森田さんは？
F：私はまだ考え中です。
M：お父さんの趣味は何ですか。
F：昔は毎週テニスに行ってましたね。最近はあまり行ってないみたいですけど。
M：だったら、テニスボールもいいんじゃないですか。あとは、ネクタイとか、おいしいケーキとか。
F：ケーキですか。
M：最近はインターネットで日本中のおいしいケーキが簡単に買えるらしいですよ。
F：それもいいですね。どうしようかしら。最近、お父さん、体動かしてないからこれでも渡してまた運動でも始めてもらおうかな。

女の人はお父さんに何をあげることにしましたか。

1　お酒
2　テニスボール
3　ネクタイ
4　ケーキ

남자는 어떻게 하기로 했습니까?

1　다른 회사의 표를 예약한다.
2　비싼 표를 예약한다.
3　시간을 바꿔서 예약한다.
4　날짜를 바꿔서 예약한다.

날짜와 시간을 바꾸는 것은 어렵다고 했으므로 가격이 비싼 비즈니스 석을 예약하기로 했다. 따라서 2번, 비싼 표를 예약하는 것이 정답이다.

3 번

남자와 여자가 이야기하고 있습니다. 여자는 아버지에게 무엇을 주기로 했습니까?

여 : 내일 아버지의 날이군요. 야마다 씨는 선물 준비했어요?
남 : 저는 매년 술을 선물하기로 했어요.
여 : 술이라고요? 멋지군요. 아버님께서 술을 좋아하시나요?
남 : 네, 모리타 씨는요?
여 : 저는 아직 생각 중입니다.
남 : 아버님 취미는 뭔가요?
여 : 예전에는 매주 테니스를 치러 다니셨어요. 요즘은 별로 가지 않는 것 같지만.
남 : 그렇다면 테니스 공도 좋지 않을까요? 또 넥타이라든가 맛있는 케이크라든가.
여 : 케이크요?
남 : 요즘은 인터넷으로 일본 전역의 맛있는 케이크를 간단히 살 수 있는 것 같아요.
여 : 그것도 좋네요. 어떻게 해야 하나? 요즘 아버지, 몸을 움직이지 않으니 이거라도 건네서 다시 운동이라도 시작하시게 할까?

여자는 아버지에게 무엇을 주기로 했습니까?

1　술
2　테니스 공
3　넥타이
4　케이크

プレゼント 선물 | お酒 술 | すてきだ 멋지다 | 考え中 생각하는 중 | 用意 준비 | 趣味 취미 | テニスボール 테니스공 | インターネット 인터넷 | 日本中 일본 전역 | 簡単だ 간단하다 | 動く 움직이다 | 渡す 건네다 | 運動 운동

4 ばん

男の人と女の人が花見の準備について話しています。男の人は何をしますか。

M：金曜日のお花見の準備どうなった？

F：場所と時間は決まったんだけど、あとは料理とゲームを考えなくちゃ。

M：料理は買うの？それとも作るの？

F：作ったほうがお金がかからなくていいと思うけど。

M：じゃあ、僕が作ろうか？

F：え、料理できるの？

M：僕、料理好きだよ。

F：好きと上手は違うのよ。料理は池田さんに頼むから、ゲームお願い。

M：僕、金曜日までのレポートがあって、準備できそうにないよ。

F：今日中にレポートやっちゃえばいいじゃない。

M：まだ、何にもしてないのに無理だよ。

F：じゃあ、もういいわ。準備は何にもしなくていいから、金曜日早めに行って場所だけとっといて。

M：まかせて！

男の人は何をしますか。

1 何もしない
2 料理をつくる
3 ゲームを考える
4 場所をとる

花見 꽃구경 | 準備 준비 | 料理好き 요리를 좋아함 | 場所 장소 | ゲーム 게임 | それとも 그렇지 않으면 | 上手だ 잘한다, 능숙하다 | 頼む 부탁하다 | レポート 리포트, 보고서 | 〜そうにない 〜(할) 것 같지 않다 | 今日中 오늘 중 | 何にも 아무것도 | 早め 약간 이름, 조금 빠름 | まかせる 맡기다

마지막 부분에서 여자가 '아버지가 운동을 다시 시작하도록 할까'라는 말을 했으므로 앞서 언급한 것 중 테니스 공을 주기로 했음을 알 수 있다.

4 번

남자와 여자가 꽃구경 준비에 대해서 이야기하고 있습니다. 남자는 무엇을 합니까?

남 : 금요일 꽃구경 준비는 어떻게 됐어?

여 : 장소와 시간은 정해졌는데, 이제는 요리와 게임을 생각해야 해.

남 : 요리는 살 거야? 아니면 만들 거야?

여 : 만드는 편이 돈이 들지 않아서 좋다고 생각하는데.

남 : 그럼 내가 만들까?

여 : 어? 요리할 수 있어?

남 : 나 요리 좋아해.

여 : 좋아하는 것과 잘하는 것은 다른 거야. 요리는 이케다 씨에게 부탁할 테니까 게임 부탁해.

남 : 나 금요일까지 내야 하는 보고서가 있어서 준비 못할 것 같아.

여 : 오늘 중으로 보고서 해 버리면 되잖아.

남 : 아직 아무것도 하지 않았는데 무리야.

여 : 그럼 됐어. 준비는 아무것도 하지 않아도 되니까 금요일에 좀 일찍 가서 장소만 잡아 둬.

남 : 맡겨 줘.

남자는 무엇을 합니까?

1 아무것도 하지 않는다.
2 요리를 만든다.
3 게임을 생각한다.
4 장소를 잡는다.

여자는 남자에게 준비는 하지 않아도 되니까 금요일에 조금 일찍 가서 장소만 잡아두라고 했다. 남자도 자신에게 맡기라고 했으므로 남자가 하는 일은 장소를 잡는 일이다.

5 ばん

女の人が中国語教室の受付で話しています。この女の人はこのあと何をしますか。

F：授業の申し込みはここですか。

M：はい、申し込みはこちらです。

F：今日10時からのクラスを受けたいんですが、間に合いますか。

M：クラス分けのテストは受けられましたか。

F：いいえ。みんな受けなきゃいけないんですか。

M：はい。あ、初めて中国語を勉強される方は受けなくてもかまいません。

F：中国語は初めてです。

M：でしたら、中国語Aのクラスですね。授業は5分後に始まりますので、急いで301号室の教室にお入りください。

F：教科書は？

M：教科書売り場は2階ですが、今日は使わないと思いますので、今度でも大丈夫ですよ。

F：そうですか。お金も後でかまいませんか。

M：はい、もちろんです。

F：授業が終わったらすぐに来ますので。

M：はい、わかりました。

女の人はこのあと何をしますか。

1　テストを受ける
2　教科書を買う
3　教室に行く
4　お金をはらう

단어

受付 접수처 | 申し込み 신청 | 受ける (수업을) 받다, (시험을) 보다 | 間に合う 시간에 늦지 않게 대다 | ～分け 나눔, 가름 | テスト 테스트, 시험 | 初めて 처음 | 急ぐ 서두르다 | ～号室 ～호실 | 教科書 교과서 | 売り場 매장 | 今度 다음 번, 이번 | はらう 지불하다

6 ばん

女の人と男の人が話しています。二人は何時に会うことにしましたか。

F：明日、14時に集まろうって言ってたけど、15時からにしない？

M：何かあるの？

F：１３時までほかの用事があるんだけど、１４時までに着けるかわからないから。

M：僕はかまわないよ。あ、でも大野さんが１６時までしかだめだって。３０分だけ遅くするのはどう？

F：話し合い１時間じゃ足りないかな。

M：うーん、１時間半はかかると思うよ。

F：そっか、じゃあ最初の時間でいいよ。

M：少しなら遅れても大丈夫だと思うよ。

F：道が混んでなければ１時間で行けると思う。遅れそうだったら連絡するね。

二人は何時に会うことにしましたか。

1　14：00
2　14：30
3　15：00
4　15：30

단어

集まる 모이다 | 用事 볼일, 용무 | 着く 도착하다 | かまわない 상관없다 | ～しか ～밖에 | 遅く 늦게 | 話し合い 의논, 교섭 | 足りない 부족하다 | かかる (시간 등이) 걸리다 | 遅れる 늦다, 지각하다 | 混む 붐비다, 혼잡하다 | 連絡 연락

여 : 13시까지 다른 볼일이 있는데, 14시까지 도착할 수 있을지 몰라서.

남 : 난 상관없어. 아, 근데 오노가 16시까지밖에 안 된대. 30분만 늦게 하는 건 어때?

여 : 의논 1시간이면 부족하려나?

남 : 음, 1시간 반은 걸릴 거라고 생각해.

여 : 그런가, 그럼 처음 시간으로 하자.

남 : 조금이라면 늦어도 괜찮을 거야.

여 : 길이 혼잡하지 않으면 한 시간이면 갈 수 있을 거야. 늦을 것 같으면 연락할게.

두 사람은 몇 시에 만나기로 했습니까?

1　14시
2　14시 30분
3　15시
4　15시 30분

해설

14시에 모이기로 되어 있었는데, 여자가 15시부터 모였으면 한다고 했다. 하지만 의논할 시간이 부족할 것 같아 결국 처음 시간으로 하기로 했으므로 정답은 1번, 14시이다.

問題２

問題２では、まず質問を聞いてください。そのあと、問題用紙を見てください。読む時間があります。それから話を聞いて、問題用紙の１から４の中から、最もよいものを一つえらんでください。

では、練習をしましょう。

れい

男の子とお母さんが話しています。男の子はどうして１位ではなかったのですか。

F：今日のマラソンどうだった？１位になれた？

M：ううん、１位ではなかったんだ。

F：そうなの？練習ではいつも１位だったじゃない。

M：うん、でも練習が足りなかったんだ。

F：毎日一生懸命練習してたのに。何かあった？

M：うん、友だちの太郎君がお腹が痛くて遅くなったんだ。だから。

F：あ、そうだったのね。怪我はなかった？

문제 2

문제2에서는 먼저 질문을 들어 주세요. 그 후 문제 용지를 보세요. 읽는 시간이 있습니다. 그런 다음 이야기를 듣고 문제 용지의 1에 4 중에서 가장 알맞은 것을 하나 고르세요.

그럼 연습을 하겠습니다.

예

남자아이와 엄마가 이야기하고 있습니다. 남자아이는 왜 1위가 아니었습니까?

여 : 오늘 마라톤 어땠어? 1위 될 수 있었어?

남 : 음, 1위는 아니었어.

여 : 그런 거야? 연습에서는 늘 1위였잖아.

남 : 응, 하지만 연습이 부족했어.

여 : 매일 열심히 연습하고 있었는데. 무슨 일 있었어?

남 : 응, 친구 타로가 배가 아파서 늦어졌어. 그래서.

여 : 아, 그랬던 거구나. 다치지는 않았어?

M：うん、太郎君は薬を飲んだから大丈夫だったよ。
太郎君と一緒にゴールしたんだよ！
F：そう、よく頑張ったわね。お母さんの中ではあなたが1位よ。

男の子はどうして1位ではなかったのですか。

1　練習が足りなかったから
2　お腹が痛かったから
3　友だちが怪我をしたから
4　友だちを心配したから

もっともよいものは4番です。かいとうようしの問題2の例のところを見てください。もっともよいものは4番ですから、答えはこのようにかきます。では、はじめます。

1ばん

レストランで女の人が店員と話しています。女の人はどうしてお金を払わなくてもよいのですか。

F：すいません、さっき頼んだピザはまだですか。
M：申し訳ございません、すぐにお持ちいたします。

M：お待たせいたしました。
F：あれ？私たちが頼んだの、これじゃないんですが。
M：大変申し訳ございません。すぐに作り直してお持ちします。
F：時間はどれくらいかかりますか。
M：そうですね。10分ほどでしょうか。
F：あ、もうこれでいいですよ。
M：よろしいですか。では、こちらの代金はけっこうです。

女の人はどうしてお金を払わなくてもよいのですか。

1　長い時間待たされたから
2　頼んだものとちがったから
3　料理がおいしくなかったから
4　店員がていねいではなかったから

단어

払う 지불하다 | さっき 아까 | 頼む 부탁하다 | ピザ 피자 |
持つ 들다 | 作り直す 다시 만들다 | よろしい 좋다, 괜찮다 |
代金 대금, 값 | ていねいだ 공손하다, 정중하다

남 : 응, 타로는 약을 먹고 괜찮았어. 타로와 같이 골인했어!
여 : 그래, 잘했네. 엄마한테는 네가 1위야.

남자아이는 왜 1위가 아니었습니까?

1　연습이 부족했기 때문에
2　배가 아팠기 때문에
3　친구가 다쳤기 때문에
4　친구를 걱정했기 때문에

가장 알맞은 답은 4번입니다. 해답 용지의 문제2의 예 부분을 보세요. 가장 알맞은 답은 4번이니 답은 다음과 같이 씁니다. 그럼 시작하겠습니다.

1번

레스토랑에서 여자가 점원과 이야기하고 있습니다. 여자는 왜 돈을 내지 않아도 되는 것입니까?

여 : 저기요, 아까 부탁한 피자는 아직인가요?
남 : 죄송합니다. 바로 가져다 드리겠습니다.

남 : 기다리셨습니다.
여 : 어? 우리가 부탁한 건 이거 아닌데요.
남 : 대단히 죄송합니다. 바로 다시 만들어서 가지고 오겠습니다.
여 : 시간은 어느 정도 걸리나요?
남 : 글쎄요, 10분 정도 일까요?
여 : 아, 이제 이걸로 됐어요.
남 : 괜찮으십니까? 그럼 이것의 값은 빼 드리겠습니다.

여자는 왜 돈을 내지 않아도 되는 것입니까?

1　오랜 시간 기다렸기 때문에
2　부탁한 것과 달랐기 때문에
3　요리가 맛있지 않았기 때문에
4　점원이 공손하지 않았기 때문에

해설

기다렸던 음식이 나왔지만, 여자는 자신들이 부탁한 것이 아니라고 했고, 결국 점원은 이 음식값은 빼주겠다고 했다. 그러므로 정답은 2번, 음식이 부탁한 것과 달라서이다.

2ばん

日本での生活について学生が話しています。この学生は日本語がうまくなるのに何が一番役に立ったと言っていますか。

M：日本に来た時、私は日本語がほとんどできませんでした。日本語を勉強するためにも、自分のいる国について知るためにも、毎日新聞を読んだり、テレビを見たりしました。もちろん最初はわかる言葉が2つか3つくらいしかありませんでした。出かける時は、できるだけ辞書を持ち歩いて、知らない言葉があれば調べたりもしました。わからないことをそのまま置いておくと、なかなか外国語は上手になりません。そうは言っても、いつでも辞書があるわけではありませんし、辞書にない言葉もたくさんあります。だから、できるだけわからないことは日本の人に聞くようにしました。そうするようにしてから、日本語がだいぶうまくなった気がします。

この学生は日本語がうまくなるのに何が一番役に立ったと言っていますか。

1 日本について知ること
2 いつも辞書を持って出かけること
3 言葉がわからなくてもテレビを見ること
4 **わからないことを日本人に教えてもらうこと**

단어

うまい 잘하다 | 役に立つ 도움이 되다 | ほとんど 거의, 대부분 | できるだけ 가능한 한 | ～しか ～밖에 | 持ち歩く 들고 다니다 | 調べる 조사하다 | そのまま 그대로 | 置く 놓다, 두다 | なかなか 좀처럼 | ～わけではない ～(인) 것은 아니다 | だいぶ 상당히, 꽤 | 気がする 생각이 들다

3ばん

会社の前で男の人と女の人が話しています。自転車通勤の悪い点は何ですか。

F：あれ、自転車ですか。
M：はい、先月から自転車で通ってるんです。
F：ダイエットですか。
M：ダイエットってほどでもないんですけど、運動にもなるし、節約にもなるし。
F：今は秋なので気持ちよさそうですけど、冬は寒そうですね。

2번

일본에서의 생활에 대해서 학생이 이야기하고 있습니다. 이 학생은 일본어를 잘하게 되는 데에 무엇이 가장 도움이 되었다고 말하고 있습니까?

남 : 일본에 왔을 때 저는 일본어를 거의 못했습니다. 일본어를 공부하기 위해서도, 제가 있는 나라에 대해 알기 위해서도 매일 신문을 읽기도 하고 텔레비전을 보기도 했습니다. 물론 처음에는 아는 말이 두세 개 정도밖에 없었습니다. 외출할 때는 가능한 한 사전을 들고 다니면서 모르는 말이 있으면 조사하기도 했습니다. 모르는 것을 그대로 놓아 두면 좀처럼 외국어는 능숙해지지 않습니다. 그렇기는 해도 언제든지 사전을 가지고 있는 있는 것은 아니며 사전에 없는 말도 많습니다. 그래서 가능한 한 모르는 것은 일본 사람에게 물으려고 했습니다. 그렇게 하고 나서 일본어를 상당히 잘하게 되었다는 생각이 듭니다.

이 학생은 일본어를 잘하게 되는 데에 무엇이 가장 도움이 되었다고 말하고 있습니까?

1 일본에 대해서 아는 것
2 늘 사전을 들고 외출하는 것
3 말을 모르더라도 텔레비전을 보는 것
4 **모르는 것을 일본인에게 가르쳐 달라고 하는 것**

해설

가능한 한 모르는 것은 일본인에게 물어보도록 했고 그렇게 하고 나서 일본어를 꽤 잘하게 되었다고 했으므로 정답은 4번이다.

3번

회사 앞에서 남자와 여자가 이야기하고 있습니다. 자전거 통근의 나쁜 점은 무엇입니까?

여 : 어머, 자전거에요?
남 : 네, 지난달부터 자전거로 다니고 있어요.
여 : 다이어트 하세요?
남 : 다이어트라고 할 정도는 아니지만 운동도 되고 절약도 되고.
여 : 지금은 가을이라서 기분 좋을 것 같지만 겨울은 추울 것 같네요.

M：そうですね。でも、5分ほどこいでいれば体が温まりますから大丈夫でしょう。

F：自転車で来ると疲れませんか。

M：そうだね、最初は少し疲れましたね。今は体力がついたみたいで大丈夫ですね。自動車で混んでいる道を運転するほうが疲れる気がしますね。

F：そうですね、私は電車ですが、朝は本当に人が多くて、それだけで疲れてしまいます。私も自転車で通ってみようかしら。気をつけることはありますか。

M：そうですね。自転車用の道路がないので、危ない場所もけっこうあるので注意してくださいね。私も何度か危ないことがあったので。

自転車通勤の悪い点は何ですか。

1　会社に来るまでに疲れること
2　冬は寒いこと
3　行き帰りに道が混むこと
4　**きけんが多いこと**

단어

自転車 자전거 | 通勤 통근 | 悪い 나쁘다 | 通う 다니다 | ダイエット 다이어트 | 節約 절약 | こぐ (자전거 등을 탈 때) 발을 구르다 | 体 몸 | 温まる 따스해지다 | 体力がつく 체력이 붙다 | 混む 붐비다, 혼잡하다 | 気をつける 주의하다, 조심하다 | 道路 도로 | 危ない 위험하다 | けっこう 꽤, 상당히 | 注意 주의 | 行き帰り 갔다 옴, 왕복 | きけん 위험

4ばん

テレビのニュースである住宅地についてインタビューしています。この住宅地はどうして最近注目されていますか。

M：こちらが最近注目を集めている住宅地だそうですが、何か特別な理由があるんですか。

F：そうですね。普通は駅に近い場所には店やレストランが多いですよね。それは交通や生活の面では非常に便利でよいことなのですが、静かな環境ではありませんよね。つまり、駅から近くて静かな場所をさがすのはとても難しいんです。ところが、この地域は駅から歩いて5分ほどですが、公園など、緑の環境が広がり、とても静かです。これが人気の理由ではないでしょうか。

남 : 그렇지요. 하지만 5분 정도 페달을 밟고 있으면 몸이 따뜻해지니까 괜찮아요.

여 : 자전거로 오면 피곤하지 않아요?

남 : 글쎄요, 처음에는 조금 피곤했지요. 지금은 체력이 붙은 듯해서 괜찮아요. 자동차로 혼잡한 길을 운전하는 편이 피곤하지요.

여 : 그렇군요, 저는 전철을 타는데, 아침에는 정말로 사람이 많아서 그것만으로 지쳐 버려요. 나도 자전거로 다녀 볼까? 주의할 점은 있나요?

남 : 글쎄요. 자전거용 도로가 없어서 위험한 장소도 꽤 있으니까 주의하세요. 저도 몇 번인가 위험한 일이 있어서.

자전거 통근의 나쁜 점은 무엇입니까?

1　회사에 올 때까지 피곤한 것
2　겨울은 추운 것
3　갔다오는 데에 길이 혼잡한 것
4　**위험이 많은 것**

해설

여자가 자전거 통근할 때 조심해야 할 것을 묻자, 남자는 자전거용 도로가 없어서 위험한 장소도 꽤 있으니까 주의하라고 했다. 따라서 정답은 4번이다.

4번

텔레비전 뉴스에서 어느 주택지에 대해 인터뷰하고 있습니다. 이 주택지는 왜 요즘 주목 받고 있습니까?

남 : 이쪽이 최근 주목 받고 있는 주택지라고 하는데, 뭔가 특별한 이유가 있는 겁니까?

여 : 글쎄요. 보통은 역에 가까운 곳에는 가게와 레스토랑이 많지요. 그것은 교통과 생활 면에서는 상당히 편리하고 좋은 일이지만 조용한 환경은 아니지요. 즉 역에서 가깝고 조용한 곳을 찾는 것은 아주 어려운 일입니다. 하지만 이 지역은 역에서 걸어서 5분 정도인데, 공원 등 숲이 우거진 환경이 펼쳐져서 아주 조용합니다. 이것이 인기의 이유가 아닐까요?

この住宅地はどうして最近注目されていますか。

1 駅に近くて交通が便利だから
2 駅に近くてにぎやかだから
3 駅に近いが、おちついているから
4 駅からは遠いが、静かだから

ニュース 뉴스 | インタビュー 인터뷰 | 住宅地 주택지 | 注目 주목 | 集める 모으다 | 特別だ 특별하다 | 理由 이유 | 普通 보통 | 交通 교통 | 面 면 | 非常に 상당히 | 環境 환경 | つまり 즉, 요컨대 | 地域 지역 | 緑 녹색, 푸른 빛 | 広がる 퍼지다, 넓어지다 | 人気 인기 | にぎやかだ 번잡하다 | おちつく 안정되다, 차분하다 | 遠い 멀다

5ばん

会社で男の人と女の人が話しています。女の人は男の人にどうするように言っていますか。

M：もう7時？あぁ、今夜も残業かぁ。

F：今日も？

M：うん、なんでこんなに仕事が進まないんだろう。

F：まずは机の上から片付けたほうがいいんじゃない？そんなに散らかってたら資料やデータを探すのも大変でしょう。

M：それはそうだね。

F：それから、時間を決めて、その時間は集中して仕事をすることね。会議の時も時間を決めておかないといつまでも終わらないことが多いじゃない。

M：あ、うん。

F：それから、チームワークを大切にすること。一人で何でもしようとするんじゃなくて、チームで連絡をきっちりしておくの。そうしたら、困ったときに誰かに手伝ってもらえるでしょう。

M：そっか。じゃあ、近藤さん、手伝ってくれる？

F：ごめん、私今日は急いでるから。

M：そんなぁ。

女の人は男の人にどうするように言っていますか。

1 机をいつも整理しておくこと
2 決まった時間だけはたらくこと
3 できるだけ一人で仕事をすること
4 同じチームの人に電話番号を聞いておくこと

이 주택지는 왜 요즘 주목 받고 있습니까?

1 역에 가깝고 교통이 편리하기 때문에
2 역에 가깝고 번잡하기 때문에
3 역에 가깝지만 차분하기 때문에
4 역에서는 멀지만 조용하기 때문에

이 지역은 역에서 걸어서 5분 정도인데, 공원 같이 숲이 우거진 환경이 펼쳐지고 무척 조용한 것이 주목을 받는 이유일 것이라고 말하고 있다. 그러므로 정답은 3번이다.

5번

회사에서 남자와 여자가 이야기하고 있습니다. 여자는 남자에게 어떻게 하도록 말하고 있습니까?

남 : 벌써 7시야? 아, 오늘 밤도 야근인가?

여 : 오늘도?

남 : 응, 왜 이렇게 일이 진행되지 않는 걸까?

여 : 우선은 책상 위부터 정리하는 편이 좋지 않아? 그렇게 널브러져 있으면 자료랑 데이터를 찾는 것도 힘들지.

남 : 그건 그러네.

여 : 그리고 시간을 정해서 그 시간은 집중해서 일을 하는 거야. 회의 때도 시간을 정해 두지 않으면 언제까지나 끝나지 않는 경우가 많잖아.

남 : 아, 응.

여 : 그리고 팀워크를 중요하게 여길 것. 혼자서 뭐든지 하려고 하는 것이 아니라 팀으로 연락을 꼭 해 두는 거야. 그렇게 하면 힘들 때 누군가에게 도움을 받을 수 있겠지.

남 : 그렇구나. 그럼 곤도 씨, 도와줄래?

여 : 미안, 나 오늘은 급하니까.

남 : 그런.

여자는 남자에게 어떻게 하도록 말하고 있습니까?

1 책상을 늘 정리해 두는 것
2 정해진 시간만 일하는 것
3 가능한 한 혼자서 일을 하는 것
4 같은 팀 사람에게 전화번호를 물어 두는 것

今夜 오늘 밤 | 残業 잔업 | なんで 어째서, 왜 | 進む 진행되다, 진척되다 | まず 우선 | 片付ける 정리하다 | 散らかる 널브러지다 | 資料 자료 | データ 데이터 | 集中 집중 | チームワーク 팀워크 | 一人で 혼자서 | 連絡 연락 | きっちり 빈틈없이, 꽉 | 困る 곤란하다 | 手伝う 도와주다, 거들다 | 急ぐ 서두르다 | 整理 정리 | はたらく 일하다

6 ばん

男の人がバレーボール大会について説明しています。Cチームの代表の山本さんは明日何時までに行かなければなりませんか。

M：明日のバレーボール大会について説明します。明日は9時半から開会式で、一試合目は10時スタートです。開会式には全員出なくてもかまいませんが、チームの代表者は必ず出席してください。それから、一試合目に出るAチームとBチームの人は10分前には全員集まっていてくださいね。CチームとDチームの試合は一試合目が終わったらすぐに始めます。何時になるかははっきりとはわかりませんが、一試合2、30分くらいだと思いますので、10時20分ごろには体育館にいるようにしてください。

Cチームの代表の山本さんは明日何時までに行かなければなりませんか。

1　9：30
2　9：50
3　10：00
4　10：20

バレーボール 배구 | 大会 대회 | 開会式 개회식 | 試合 시합 | ～目 ～째 | スタート 스타트, 시작 | 全員 전원 | 代表者 대표자 | 必ず 반드시, 꼭 | 出席 출석 | 集まる 모이다 | はっきり 확실히 | 体育館 체육관

여자는 책상 위부터 정리하는 편이 좋고 시간을 정해 집중해서 일할 것, 그리고 팀워크를 소중히 하라고 남자에게 말하고 있다. 선택지 중 이에 해당하는 것은 1번, 책상을 늘 정리하는 것이다.

6 번

남자가 배구 대회에 대해서 설명하고 있습니다. C팀 대표인 야마모토 씨는 내일 몇 시까지 가야 합니까?

남 : 내일 배구 대회에 대해 설명하겠습니다. 내일은 9시 반부터 개회식이고, 첫 번째 시합은 10시 시작입니다. 개회식에는 전원 다 오지 않아도 상관없지만, 팀 대표자는 반드시 출석해 주세요. 그리고 첫 번째 시합에 나오는 A팀과 B팀인 사람은 10분 전에는 전원 모여 있어 주세요. C팀과 D팀의 시합은 첫 번째 시합이 끝나면 바로 시작합니다. 몇 시가 될지는 확실하게는 모르겠지만, 한 시합이 2~30분 정도일 테니까 10시 20분 쯤에는 체육관에 있도록 해 주세요.

C팀 대표인 야마모토 씨는 내일 몇 시까지 가야 합니까?

1　9시 30분
2　9시 50분
3　10시
4　10시 20분

개회식이 내일 9시 반부터 시작인데 팀 대표자는 반드시 출석해야 한다고 했다. 따라서 C팀 대표인 야마모토 씨는 9시 30분까지 가야 한다.

問題3

問題3では、問題用紙に何もいんさつされていません。この問題は、ぜんたいとしてどんなないようかを聞く問題です。話の前に質問はありません。まず話を聞いてください。それから、質問とせんたくしを聞いて、1から4の中から最もよいものを一つえらんでください。
では、練習をしましょう。

れい

男の人が女の人の家に来て話しています。

M：田中です。

F：あ、はーい。ちょっと待ってくださいね。どうぞ、入ってください。

M：具合大丈夫ですか。

F：はい、もう大丈夫です。

M：これ、昨日頼まれてたノート。

F：ありがとう、遠くまでごめんね。

M：ううん、それよりゆっくり休んでくださいね。

F：時間があるなら、お茶でも飲んでいきませんか。

M：ありがとうごさいます。

男の人はどうして女の人の家に来ましたか。

1　ノートを持ってきた
2　お見舞いにきた
3　謝りにきた
4　お茶を飲みにきた

もっともよいものは1番です。かいとうようしの問題3の例のところを見てください。もっともよいものは1番ですから、答えはこのようにかきます。では、はじめます。

1ばん

男の人と女の人がクリスマスパーティーの計画を立てています。

F：クリスマスパーティーの連絡回してくれた？

M：うん、髙木さんと奥田君は来られないいって。

F：そうなの？残念ね。あ、みんなにレストランも伝えてくれた？

M：大前駅のナポリピザだろ？

F：うん。

문제 3

문제3에서는 문제 용지에 아무것도 인쇄되어 있지 않습니다. 이 문제는 전체 어떤 내용인지를 묻는 문제입니다. 이야기 전에 질문은 없습니다. 먼저 이야기를 들어 주세요. 그런 다음 질문과 선택지를 듣고 1에서 4 중에서 가장 알맞은 것을 하나 고르세요.
그럼 연습을 하겠습니다.

예

남자가 여자의 집에 와서 이야기하고 있습니다.

남 : 다나카입니다.

여 : 아, 네. 잠깐 기다려주세요. 들어오세요.

남 : 상태는 괜찮습니까?

여 : 네, 이제 괜찮아요.

남 : 이것, 어제 부탁 받은 노트요.

여 : 고마워요, 멀리까지 미안해요.

남 : 아니요, 그것보다 푹 쉬세요.

여 : 시간이 있으면 차라도 마시고 가지 않겠어요?

남 : 감사합니다.

남자는 왜 여자의 집에 왔습니까?

1　노트를 가지고 왔다.
2　병문안하러 왔다.
3　사과하러 왔다.
4　차를 마시러 왔다.

가장 알맞은 답은 1번입니다. 해답 용지의 문제3의 예 부분을 보세요. 가장 알맞은 답은 1번이니 답은 다음과 같이 씁니다. 그럼 시작하겠습니다.

1번

남자와 여자가 크리스마스 파티 계획을 세우고 있습니다.

여 : 크리스마스 파티 연락 돌렸어?

남 : 응, 다카기 씨와 오쿠다 군은 못 온대.

여 : 그래? 아쉽네. 아, 모두에게 레스토랑도 전해 줬어?

남 : 오마에 역 나포리 피자랬지?

여 : 응.

M：で、ゲームの準備は予定どおり鈴木さんがしてく
　　れるって。
F：助かるわね。じゃあ、これで準備も終わりね。
M：それで、佐藤さんが６時には間に合わないから遅
　　れて来るって。
F：だったら、鈴木さんも６時まで仕事らしいから７
　　時からにしましょ。
M：そうだね。
F：じゃあ、申し訳ないけど、もう一度電話で連絡回
　　してくれる？
M：わかった。

男の人は電話で何を伝えますか。

1　パーティーの場所
2　パーティーの時間
3　パーティーに来る人
4　パーティーですること

クリスマスパティー 크리스마스 파티 ｜ 計画を立てる 계
획을 세우다 ｜ 回す (차례로) 돌리다 ｜ 残念だ 유감스럽다 ｜
伝える 전달하다 ｜ 予定 예정 ｜ ～どおり ～대로 ｜ 助かる
도움이 되다, 편해지다 ｜ 間に合う 시간에 늦지 않게 대다

２ばん

女の人がとなりの家に来て、話しています。

Ｆ１：すみません、おそくなっちゃって。うちの子う
　　　るさくて大変だったんじゃないですか。
Ｆ２：いえいえ。いい子にしてましたよ。子どもたち
　　　今ビデオ見てるので、見終わるまでお茶でもど
　　　うですか。
Ｆ１：いいんですか。
Ｆ２：どうぞあがってください。あと１５分くらだと
　　　思うので。
Ｆ１：あ、これ、駅前で買ってきたんだけど、どうぞ。
Ｆ２：あら、おいしそうなケーキ。ありがとうござい
　　　ます。じゃあ、お茶と一緒に食べましょう。
Ｆ１：あれ？カーテン変わりました？
Ｆ２：そうなの。古くなったから新しく買ったんです。
Ｆ１：きれいな色ですね。
Ｆ２：ありがとうございます。

남：그리고 게임 준비는 예정대로 스즈키 씨가 해 준대.

여：다행이네. 그럼 이걸로 준비도 끝이네.

남：그래서 사토 씨가 6시에는 못 오고 늦게 온대.

여：그러면 스즈키 씨도 6시까지 일할 것 같으니까 7시부
　　터로 하자.

남：그래.

여：그럼 미안하지만 한 번 더 전화로 연락 돌려 줄래?

남：알겠어.

남자는 전화로 무엇을 전달합니까?

1　파티 장소
2　파티 시간
3　파티에 오는 사람
4　파티에서 하는 것

여자가 시간을 6시에서 7시로 바꾸자고 제안해 그렇게 하
기로 했다. 남자는 변경된 파티 시간을 사람들에게 전화로
알려야 한다.

２번

여자가 옆집에 와서 이야기하고 있습니다.

여1：죄송합니다, 늦어져서. 우리 아이가 시끄러워서 힘
　　　들지 않았나요?

여2：아니요. 착하게 있었어요. 아이들 지금 비디오 보고
　　　있으니까 다 볼 때까지 차라도 어떠세요?

여1：괜찮은가요?

여2：들어오세요. 이제 15분 정도 있으면 끝날 거예요.

여1：아, 이거 역 앞에서 사 왔는데 드세요.

여2：어머, 맛있어 보이는 케이크로군요. 고마워요. 그럼
　　　차와 같이 먹어요.

여1：어머? 커튼 바뀌었네요?

여2：그래요. 낡아서 새로 샀어요.

여1：예쁜 색이네요.

여2：고마워요.

女の人はとなりの家に何をしに来ましたか。

1　ビデオを見に来た
2　ケーキをわたしに来た
3　子どもをむかえに来た
4　新しいカーテンを見に来た

うるさい 시끄럽다 | 大変だ 힘들다 | 見終わる 다 보다 |
あがる 들어오다 | 駅前 역 앞 | カーテン 커튼 | 変わる 바
뀌다, 변하다 | 古い 오래되다, 낡다 | 色 색 | ～に来る ～
(하)러 오다 | わたす 건네다 | むかえる 맞다, 맞이하다

3 ばん

女の人がカメラを買おうとしています。

M：デジタルカメラをお探しですか。
F：はい。
M：いくらぐらいのものをお考えですか。
F：そうですね、とくに考えてませんが、あまり高す
　　ぎるのはちょっと。
M：こちらが今一番売れているカメラです。小さくて
　　とても軽いです。どうぞ持ってみてください。
F：わぁ、ほんと、軽いですね。で、使い方は難しく
　　ないですか。
M：はい、誰でも簡単にきれいな写真がとれますよ。
F：使い方が難しいといつも使わなくなってしまうので。
M：でしたら、このカメラがおすすめですね。子ども
　　からお年寄りまで使えるように考えて作られてい
　　ますから。
F：そうですか、色は何色がありますか。
M：白、黒、水色とピンクの４色です。
F：じゃあ、ピンクにします。

女の人はどんなカメラを探していますか。

1　値段の安いカメラ
2　軽くて持ちやすいカメラ
3　写真がきれいにとれるカメラ
4　使いやすいカメラ

デジタルカメラ 디지털 카메라 | 探す 찾다 | とくに 특별
히 | 高すぎる 너무 비싸다 | 売れる 팔리다 | 軽い 가볍다 |
使い方 사용법 | おすすめ 추천 | お年寄り 노인 | 白 흰색 |
黒 검은색 | 水色 하늘색 | ピンク 분홍색 | ～色 ～색

여자는 옆집에 무엇을 하러 왔습니까?

1　비디오를 보러 왔다.
2　케이크를 건네러 왔다.
3　아이를 데리러 왔다.
4　새 커튼을 보러 왔다.

옆집을 방문한 여자가 자신의 아이가 시끄러워서 힘들지
않았는지 물었고, 다른 여자는 아이들이 비디오를 보고 있
고 이제 15분 정도면 끝난다고 했다. 즉 아이를 맡겨둔 옆
집 여자가 아이를 데리러 온 상황이므로 정답은 3번이다.

3 번

여자가 카메라를 사려고 하고 있습니다.

남：디지털 카메라를 찾으십니까?
여：네.
남：얼마 정도인 것을 생각하십니까?
여：글쎄요, 특별히 생각하고 있지는 않지만 너무 비싼 것
　　은 좀…….
남：이것이 지금 가장 잘 팔리고 있는 카메라입니다. 작고
　　아주 가볍습니다. 들어 보세요.
여：와, 정말 가볍군요. 그런데 사용법은 어렵지 않아요?
남：네, 누구든지 간단히 예쁜 사진을 찍을 수 있어요.
여：사용법이 어려우면 늘 사용하지 않게 되어 버려서요.
남：그러시면 이 카메라를 추천해야겠군요. 아이부터 노인
　　까지 사용할 수 있도록 생각하고 만들어져 있으니까요.
여：그래요? 색은 무슨 색이 있어요?
남：흰색, 검은색, 하늘색, 분홍색 4가지 색입니다.
여：그럼 분홍색으로 하겠습니다.

여자는 어떤 카메라를 찾고 있습니까?

1　가격이 싼 카메라
2　가볍고 들기 쉬운 카메라
3　사진이 예쁘게 찍히는 카메라
4　사용하기 쉬운 카메라

여자는 카메라의 사용법이 어렵지 않은지 물으면서 사용
법이 어려우면 사용하지 않게 된다고 했다. 그러므로 여자
는 사용하기 쉬운 카메라를 찾고 있는 것이다.

問題 4 では、えを見ながら質問を聞いてください。やじるし（➡）の人は何と言いますか。1から3の中から、最もよいものを一つえらんでください。
では、練習をしましょう。

れい

前を歩いている人が何か落としました。何と言いますか。

1 あの、落としましたよ。
2 あの、落ちそうですよ。
3 あの、これは何ですか。

もっともよいものは1番です。かいとうようしの問題4の例のところを見てください。もっともよいものは1番ですから、答えはこのようにかきます。では、はじめます。

1 ばん

学校に来ました。先生がどこにいるか聞きます。何と言いますか。

1 先生はどこにおりますか。
2 先生はどこにいらっしゃいますか。
3 先生はどこにございますか。

단어

おる (사람이) 있다[いる의 겸양어] | いらっしゃる 계시다, 오시다, 가시다[いる, 来る, 行く의 존경어] | ござる 있다[いる의 겸양어]

2 ばん

電話がかかってきました。ほかの人に電話を代わります。何と言いますか。

1 少々お待ちください。
2 少々お待たせください。
3 少々おやすみください。

단어

少々 잠시, 조금 | 電話がかかる 전화가 걸리다 | 代わる 바뀌다, 대신하다 | 待つ 기다리다 | 待たせる 기다리게 하다

문제 4

문제4에서는 그림을 보면서 질문을 들어 주세요. 화살표의 사람은 뭐라고 말합니까? 1에서 3 중에서 가장 알맞은 것을 하나 고르세요.
그럼 연습을 하겠습니다.

예

앞을 걸어가고 있는 사람이 무언가 떨어뜨렸습니다. 뭐라고 말합니까?

1 저, 떨어뜨렸어요.
2 저, 떨어질 것 같아요.
3 저, 이것은 뭡니까?

가장 알맞은 답은 1번입니다. 해답 용지의 문제4의 예 부분을 보세요. 가장 알맞은 답은 1번이니 답은 다음과 같이 씁니다. 그럼 시작하겠습니다.

1 번

학교에 왔습니다. 선생님이 어디에 계신지 묻습니다. 뭐라고 말합니까?

1 선생님은 어디에 있습니까?
2 선생님은 어디에 계십니까?
3 선생님은 어디에 있습니까?

해설

선생님이 어디에 계신지 물어야 한다. 즉 존경어를 사용하여 선생님을 높여야 하므로 「いる」의 존경어 「いらっしゃる」로 물어본 2번이 정답이다.

2 번

전화가 걸려 왔습니다. 다른 사람에게 전화를 바꿉니다. 뭐라고 합니까?

1 잠시 기다려 주세요.
2 잠시 기다리게 해 주세요.
3 잠시 쉬세요

해설

전화가 걸려와서 다른 사람에게 전화를 바꿔주는 상황이다. 그러므로 잠시만 기다려 달라고 한 1번이 자연스럽다.

3 ばん

友達が食堂に行きます。コーヒーを買ってきてほしいです。何と言いますか。

1　コーヒー買ってきてあげられる？
2　コーヒー買ってきていただける？
3　**コーヒー買ってきてくれる？**

食堂 식당 | ～てほしい ～해 주었으면 좋겠다 | ～てあげる (내가 남에게)～해 주다 | ～ていただく ～해 받다 | ～てくれる (남이 나에게) ～해 주다

4 ばん

仕事が終わって会社を出ます。まだ会社に残っている人に何と言いますか。

1　お先に行ってきます。
2　**お先に失礼します。**
3　お先にごめんください。

出る 나가다, 나오다 | 残る 남다 | お先に 먼저 | 失礼 실례

問題 5

問題 5 では、問題用紙に何もいんさつされていません。まず文を聞いてください。それから、そのへんじを聞いて、１から３の中から、最もよいものを一つえらんでください。
では、練習をしましょう。

れい

M：この映画みたことある？
F：1　うん、昨日みるよ。
　　2　**うん、おもしろかったよ。**
　　3　うん、お母さんと帰るよ。

もっともよいものは２番です。かいとうようしの問題５の例のところを見てください。もっともよいものは２番ですから、答えはこのようにかきます。では、はじめます。

---

3 번

친구가 식당에 갑니다. 커피를 사 왔으면 좋겠습니다. 뭐라고 합니까?

1　커피 사 와 줄 수 있어?
2　커피 사 와 받을 수 있어?
3　**커피 사 와 줄래?**

「～てほしい」는 '～해 주었으면 좋겠다'는 뜻이다. 친구가 커피를 사 왔으면 좋겠다는 말이므로 친구에게 커피 사다 주겠는지 물어야 한다. 남이 나에게 어떤 행위를 해 주는 경우는 「～てくれる(～해 주다)」를 써야 하므로 정답은 1번이다.

4 번

일이 끝나서 회사를 나갑니다. 아직 회사에 남아 있는 사람에게 뭐라고 합니까?

1　먼저 갔다 오겠습니다.
2　**먼저 실례하겠습니다.**
3　먼저 실례합니다.

일을 마치고 먼저 퇴근할 때는 남아 있는 사람에게 먼저 실례하겠다고 말하고 간다. 이때 사용하는 표현은 2번이다.

문제 5

문제5에서는 문제 용지에 아무것도 인쇄되어 있지 않습니다. 먼저 문장을 들어 주세요. 그런 다음 그 응답을 듣고 1에서 3 중에서 가장 알맞은 것을 하나 고르세요.
그럼 연습을 하겠습니다.

예

여 : 오랜만이네요.
남 : 1　응, 어제 봐.
　　 2　**응, 재미있었어.**
　　 3　응, 엄마와 돌아갈게.

가장 알맞은 답은 2번입니다. 해답 용지의 문제5의 예 부분을 보세요. 가장 알맞은 답은 2번이니 답은 다음과 같이 씁니다. 그럼 시작하겠습니다.

1 ばん

M：明日の天気知ってる？
F：1 晴れるに決まってるよ。
　　2 晴れるみたいだよ。
　　3 晴れるべきだよ

단어

天気 날씨 | 晴れる 날씨가 개다 | ～に決まっている 반드시 ～(하)게 마련이다 | ～みたいだ ～할 것 같다 | ～べきだ ～(해)야 한다

2 ばん

F：お久しぶりですね。
M：1 はい、おかげさまで。
　　2 はい、1年ぶりですね。
　　3 はい、では明日にしましょう

단어

お久しぶり 오래간만 | おかげさまで (당신) 덕분에 | ～ぶり ～만에

3 ばん

M：週末はどこか行かれますか。
F：1 まだ、決めていません。
　　2 藤原さんもですか。
　　3 大阪に行ってきました。

단어

週末 주말 | 行かれる 가시다[行く의 존경어] | 決める 정하다

4 ばん

M：銀行に行く用事はありませんか。
F：1 さっき行ってきたばかりです。
　　2 銀行ならすぐそこですよ。
　　3 たしか、3時までですよ。

단어

銀行 은행 | 用事 볼일, 용무 | さっき 아까, 조금 전 | ～たばかり 막 ～했음[동작의 완료] | すぐ 곧, 즉시 | たしか 아마

1번

남 : 내일 날씨 알고 있어?
여 : 1 반드시 맑기 마련이야.
　　2 맑을 것 같아.
　　3 맑아야 해.

해설

내일 날씨를 묻고 있으므로 맑을 것 같다고 대답하는 것이 자연스럽다. 「～みたいだ」는 화자의 주관적 추측을 나타내는 표현이므로 2번이 정답이다. 1번은 반드시 그렇게 되기 마련이라는 뜻, 3번은 마땅히 그렇게 되어야 한다는 뜻이다.

2번

여 : 오랜만이네요.
남 : 1 네, 덕분에.
　　2 네, 1년 만이군요.
　　3 네, 그럼 내일로 합시다.

해설

오랜만이라고 했으므로 상대는 수긍하면서 1년 만이라고 말하는 것이 적절하다. 따라서 정답은 2번이다.

3번

남 : 주말에는 어디 가십니까?
여 : 1 아직 정하지 않았습니다.
　　2 후지와라 씨도입니까?
　　3 오사카에 다녀왔습니다.

해설

「どこか(어딘가)」를 사용해 어딘가 가는지를 묻고 있다. 이것은 가는지 안 가는지 여부를 묻는 것이다. 따라서 아직 결정하지 않았다고 말하는 것이 자연스러운 대답이다.

4번

남 : 은행에 갈 볼일은 없습니까?
여 : 1 조금 전에 막 갔다 왔습니다.
　　2 은행이라면 바로 거기에요.
　　3 아마 3시까지에요.

해설

은행에 갈 볼일이 없는지 묻고 있으므로 조금 전에 막 갔다 왔다고 말한 1번이 가장 자연스러운 대답이다. 「동사의 과거형 ～た＋ばかり」는 「막 ～했다」는 동작의 완료 상황을 나타낸다.

M：どうしたの？今日は元気ないね。

F：1 風邪のおかげでのどがいたくて。

　　2 風邪のくせにのどがいたくて。

　　3 風邪気味でのどがいたくて。

단어

元気ない 기운 없다 ｜ 風邪 감기 ｜ 〜おかげで 〜덕분에 ｜ のど 목 ｜ 〜くせに 〜(인) 주제에 ｜ 〜気味 〜기운, 기색

6 ばん

F：今回の映画はあんまりでしたね。

M：1 じゃあ、もう一回見てみますか。

　　2 明日なら大丈夫ですよ。

　　3 見なくてよかったですね。

단어

映画 영화 ｜ あんまり 너무, 지나치게 ｜ 大丈夫だ 괜찮다

7 ばん

F：電車で行きますか。

M：1 時間がないのでタクシーにしましょう。

　　2 では、先に行ってます。

　　3 最近は電車で通っています。

단어

タクシー 택시 ｜ 先に 먼저 ｜ 最近 최근 ｜ 通う 다니다

8 ばん

M：あ、携帯電話買ったんだ。高かった？

F：1 うん、昨日買っちゃったよ。

　　2 うん、4万円もしたよ。

　　3 うん、学校の前の店でね。

단어

携帯電話 휴대전화 ｜ 買う 사다 ｜ 高い 비싸다 ｜ 店 가게

9 ばん

M：新しい会社はどうですか。

F：1 明日行ってみます。

　　2 一緒に行きますか。

　　3 とても忙しいです。

단어

新しい 새롭다, 새것이다 ｜ 一緒 함께, 같이 ｜ 忙しい 바쁘다

5 번

남 : 무슨 일이야? 오늘은 기운이 없네.

여 : 1 감기 덕분에 목이 아파서

　　2 감기 주제에 목이 아파서

　　3 감기 기운 때문에 목이 아파서

해설

오늘따라 기운이 없어 보인다면서 무슨 일이 있는지 묻고 있다. 따라서 감기 기운 때문에 목이 아파서라고 대답한 3번이 정답이다.

6 번

여 : 이번 영화는 너무했어요.

남 : 1 그럼 한 번 더 봐 볼까요?

　　2 내일이라면 괜찮아요.

　　3 보지 않아서 다행이군요.

해설

이번 영화가 너무했다는 것은 영화가 별로였다는 말이다. 그러므로 보지 않아서 다행이라고 한 3번이 적절하다.

7 번

여 : 전철로 갑니까?

남 : 1 시간이 없으니까 택시로 갑시다.

　　2 그럼 먼저 가 있겠습니다.

　　3 요즘은 전철로 다니고 있습니다.

해설

전철을 타고 가는지 묻고 있다. 따라서 시간이 없으니까 택시로 가자고 한 것이 가장 자연스러운 대답이다.

8 번

남 : 아, 휴대전화 샀구나. 비쌌어?

여 : 1 응, 어제 사 버렸어.

　　2 응, 4만 엔이나 했어.

　　3 응, 학교 앞 가게에서.

해설

휴대전화를 산 사람에게 가격이 비쌌는지 묻고 있다. 그러므로 비쌌다는 말에 긍정하면서 가격이 4만 엔이나 했다고 한 2번이 정답이다.

9 번

남 : 새로운 회사는 어떻습니까?

여 : 1 내일 가 보겠습니다.

　　2 함께 가겠습니까?

　　3 아주 바쁩니다.

해설

새로 들어간 회사가 어떤지 묻고 있다. 따라서 3번이 정답니다.

JLPT N3 실전모의고사 2회
정답 및 해설

1교시 언어지식(문자 · 어휘)

問題 1　**1** ③　**2** ①　**3** ②　**4** ②　**5** ①　**6** ④　**7** ③　**8** ④

問題 2　**9** ②　**10** ①　**11** ③　**12** ④　**13** ②　**14** ③

問題 3　**15** ①　**16** ④　**17** ②　**18** ①　**19** ③　**20** ②　**21** ④　**22** ①　**23** ④　**24** ①　**25** ②

問題 4　**26** ③　**27** ②　**28** ④　**29** ①　**30** ③

問題 5　**31** ③　**32** ①　**33** ④　**34** ④　**35** ①

2교시 언어지식(문법) · 독해

問題 1　**1** ④　**2** ③　**3** ③　**4** ①　**5** ②　**6** ④　**7** ①　**8** ③　**9** ②　**10** ①　**11** ④　**12** ①　**13** ②

問題 2　**14** ④　**15** ①　**16** ③　**17** ②　**18** ②

問題 3　**19** ①　**20** ③　**21** ②　**22** ①　**23** ④

問題 4　**24** ②　**25** ①　**26** ③　**27** ③

問題 5　**28** ④　**29** ②　**30** ①　**31** ②　**32** ④　**33** ④

問題 6　**34** ③　**35** ②　**36** ④　**37** ③

問題 7　**38** ①　**39** ④

3교시 청해

問題 1　**1** ③　**2** ③　**3** ②　**4** ④　**5** ①　**6** ①

問題 2　**1** ④　**2** ①　**3** ②　**4** ④　**5** ③　**6** ①

問題 3　**1** ④　**2** ②　**3** ②

問題 4　**1** ②　**2** ①　**3** ②　**4** ①

問題 5　**1** ③　**2** ①　**3** ②　**4** ③　**5** ③　**6** ②　**7** ①　**8** ③　**9** ①

문제 1 ______를 읽는 방법으로 가장 알맞은 것을 1·2·3·4에서 하나 고르시오.

1 나는 대학에서 <u>조교</u>를 하고 있다.

> **해설** 「助」는 음으로 「じょ」, 훈으로는 「助(たす)ける/助(たす)かる」라고 읽는다. 「手」는 음으로 「しゅ」, 훈으로 「て」라고 읽는다. 「助手」는 둘 다 음독하므로 「じょしゅ」라고 읽는다.

大学 대학 | 助手 조수, (대학의) 조교

정답 ③

2 그녀는 그림에 <u>재능</u>이 있다.

> **해설** 「才」는 음으로 「さい」, 「能」은 음으로 「のう」라 읽는다. 따라서 「才能」은 「さいのう」라고 읽는다.

彼女 그녀 | 絵 그림 | 才能 재능

정답 ①

3 어제 탄 버스는 몹시 운전이 <u>거칠었다</u>.

> **해설** 「荒かった」는 「荒い」의 과거형이다. 「荒」은 음독하여 「こう」, 훈독하면 「荒(あら)い/荒(あ)れる/荒(あ)らす」이다. 여기서는 い형용사 「荒(あら)い」를 뜻하므로 「あらかった」라고 읽어야 한다.

昨日 어제 | 乗る (탈것에) 타다 | バス 버스 | とても 매우, 대단히 | 運転 운전 | 荒い 거칠다

정답 ②

4 그는 <u>의외</u>의 취미를 갖고 있다.

> **해설** 「意」는 음으로 「い」, 「外」는 음으로 「がい」, 훈으로 「外(そと)/外(はず)す/外(はず)れる」라 읽는다. 「意外(의외)」는 둘 다 음독하여 「いがい」라 읽어야 한다.

彼 그 | 意外だ 의외다 | 趣味 취미 | 持つ 가지다, 소유하다

정답 ②

5 집 근처에 <u>거대</u>한 수영장이 있다.

> **해설** 「巨」는 음독하여 「きょ」라고 읽으며 「大」는 음으로 「だい/たい」, 훈으로 「大(おお)/大(おお)きい/大(おお)いに」라 읽는다. '거대'라는 뜻인 「巨大」는 둘 다 음으로 읽어서 「きょだい」라 한다.

家 집 | 近く 가까이, 근처 | 巨大だ 거대하다 | プール 수영장

정답 ①

6 <u>새삼스럽게</u> 인사를 할 정도도 아니다.

> **해설** 「改」는 음으로 「かい」, 훈으로 「改(あらた)める/改(あらた)まる」라 읽는다. 「改まって」는 동사 「改(あらた)まる」에서 변한 말이므로 훈독하여 「あらたまって」가 된다.

改まる 새로워지다, 새삼스러워지다 | 挨拶 인사 | ～ほど ～정도, ～만큼

정답 ④

7 새로 산 칼은 아주 잘 <u>든다</u>.

> **해설** 「切」은 음으로 「せつ/さい」라 읽고, 훈으로 「切(き)る/切(き)れる」라 읽는다. 여기서는 동사 「切(き)れる」를 뜻하므로 훈으로 읽어 4번, 「きれる」가 정답이다.

新しい 새롭다 | 買う 사다 | ナイフ 나이프, 칼 | よく 자주, 잘 | 切れる (칼이) 잘 들다

정답 ③

8 오늘의 요리는 어느 것도 **짜다**.

> (해설) 「塩」은 음으로 「えん」, 훈으로 「しお」라고 읽는다. 「辛」은 음으로 「しん」, 훈으로 「辛(から)い」라고 읽는다.
> 따라서 「塩辛い」는 각각 훈으로 읽어 「しおからい」라고 한다.

今日 오늘 | 料理 요리 | どれ 어느 것 | 塩辛い 짜다

정답 ④

문제 2 ＿＿＿＿의 단어를 한자로 쓸 때, 가장 알맞은 것을 1 · 2 · 3 · 4에서 하나 고르시오.

9 그녀는 늘 **창백한** 얼굴을 하고 있다.

> (해설) 「あおじろい」는 푸르스름하고 창백하다는 의미의 い형용사이다. 이것은 파랗다는 의미의 「青」에 하얗다는 의미의 「白」가 연결되어 「青白い」라고 표기한다.

彼女 그녀 | いつも 늘, 항상 | 青白い 푸르스름하다, 창백하다 | 顔 얼굴

정답 ②

10 이 주머니 안에는 10만 엔에 **상당**하는 것이 들어 있다.

> (해설) 10만 엔이라는 금액에 이어진 「そうとう」는 그 금액에 상당한다는 의미로 쓰인 것이다. 즉 「相当」이라 써야 한다.

袋 주머니 | 相当 상당 | 入る 들어가다

정답 ①

11 유명한 건물 앞에서 사진을 **찍는다**.

> (해설) 「写真(しゃしん)を」 뒤에 쓰인 「とる」는 '(사진을) 찍다'라는 의미의 동사를 나타내는 것이다. 이 때는 「撮る」라고 쓴다.

有名だ 유명하다 | 建物 건물 | 前 앞 | 写真を撮る 사진을 찍다

정답 ③

12 어두워졌으니 이제 슬슬 **철수하자**.

> (해설) 「ひきあげる」는 동사 「ひく」와 「あげる」가 만나 이루어진 복합동사이다. 「ひく」는 「引く」, 「あげる」는 「揚げる」이므로 「引き揚げる」라 쓴다.

暗い 어둡다 | そろそろ 이제 슬슬 | 引き揚げる 철수하다, 끌어올리다, 인상하다 | 引き下げる 끌어내리다, 인하하다

정답 ④

13 학교 선생님은 매우 시간에 **엄격한** 사람이다.

> (해설) 「きびしい」는 '엄격하다'는 의미의 い형용사로 여기서는 시간에 엄격한 사람이라고 쓰였다. 한자로는 「厳しい」라고 쓴다.

学校 학교 | 時間 시간 | 厳しい 엄격하다 | 涼しい 서늘하다 | 険しい 험하다 | 激しい 격하다

정답 ②

14 당신의 **목적**은 무엇입니까?

> (해설) 「もくてき」란 '목적'을 뜻하는 명사이고 한자로는 「目的」이라 표기한다.

目的 목적 | 何 무엇

정답 ③

15　줄곧 방 안에 **틀어박혀** 있지 말고 밖에서 놀자.

> **해설**　문맥상 계속 방 안에만 있지 말고 밖에서 놀자고 해야 한다. 따라서 빈칸에는 안에만 틀어박혀 있다는 뜻의 동사「引(ひ)きこもる」를 て형인「引(ひ)きこもって」로 바꾸어 넣어야 한다.

ずっと 줄곧, 계속 | 引きこもる 틀어박히다 | 部屋 방 | 外 밖 | 遊ぶ 놀다 | 引きさがる 물러나다 | 引きはらう 걷어치우고 떠나다, 퇴거하다 | 引きだす 꺼내다, 끌어내다

정답 ①

16　조용히 뒤에서 다가오면 **깜짝 놀란다**.

> **해설**　「来(こ)られる」는「来(く)る」의 수동형으로 누군가가 자신에게 온다는 말이다. 뒤에서 누군가 자신에게 오면 놀라게 되므로 정답은 4번「びっくりする」이다.

静かに 조용히 | 後ろ 뒤 | びっくりする 깜짝 놀라다 | 汚れる 더러워지다 | 歌う 노래하다 | 慣れる 익숙해지다

정답 ④

17　**양동이**에 물을 넣어 와 줄지 않을래?

> **해설**　빈 칸에는 물을 넣을 수 있는 것이 들어가야 한다. 그러므로 양동이라는 뜻인 2번「バケツ」가 정답이다.

バケツ 양동이 | 水 물 | 入れる 넣다 | ～てくれる (남이 나에게) ～해 주다 | パス 패스, 통과 | ビール 맥주 | マスク 마스크

정답 ②

18　방 **스위치**는 입구에 있습니다.

> **해설**　방의 입구에 무엇이 있을지를 찾아야 한다. 의미상 적절한 것은 스위치라는 뜻인 1번「スイッチ」이다.

部屋 방 | スイッチ 스위치 | 入り口 입구 | スープ 수프 | チーズ 치즈 | スクール 스쿨, 학교

정답 ①

19　갑자기 비가 **내리기 시작했**지만 우산을 가지고 있지 않았다.

> **해설**　빈 칸 바로 앞에「雨(あめ)が」가 왔으므로 이것에 연결될 수 있는 것을 찾아야 한다. 따라서 비가 내리기 시작한다는 의미의 동사「降(ふ)り出(だ)す」를 과거형으로 쓴 3번「降(ふ)り出(だ)した」가 정답이다.

急に 갑자기 | 降り出す (비, 눈이) 내리기 시작하다 | 雨 비 | 傘 우산 | 持つ 들다, 가지다 | 見捨てる 내버려 둔 채 돌보지 않다 | 舞い上がる 날아 올라가다 | 吹き飛ぶ 바람에 날리다, 바람에 날아가다

정답 ③

20　여기는 위험하니까 **안전**한 장소로 피해 주세요.

> **해설**　여기는 위험하다고 했으므로 위험하지 않은 곳, 즉 안전한 곳으로 가야 한다. 따라서 2번의「安全(あんぜん)」이 정답이다.

危ない 위험하다 | 安全だ 안전하다 | 場所 장소 | 逃げる 달아나다, 도망치다 | 元気だ 건강하다 | 不便だ 불편하다 | 残念だ 유감이다

정답 ②

21　그는 **한가할** 때는 늘 게임을 하고 있다.

> **해설**　어떨 때 게임을 하는지를 찾아야 한다. 한가할 때 한다고 하는 것이 가장 자연스러우므로 정답은 4번,「暇(ひま)」이다.

暇だ 한가하다 | ～時 ～때 | ゲーム 게임 | 丁寧だ 정중하다, 세심하다 | 身近 신변, 자기와 관계 깊음 | 無理だ 무리하다

정답 ④

22 중요한 일은 잊지 말고 노트에 **기록해** 주세요.

해설 앞에 「ノート(노트)」가 왔으므로 노트에 할 수 있는 행동이 와야 한다. 잊어버리지 않도록 노트에 적으라고 해야 하므로 '기록하다'는 뜻의 동사 「書(か)き留(と)める」를 이용해 「書(か)き留(と)めて」라고 해야 한다.

大事だ 중요하다 | 忘れる 잊다 | ～ずに ～(하)지 않고 | ノート 노트 | 書き留める 적어두다, 기록하다 | 思い出す 생각해내다 | 走り出す 내달리다 | 考え直す 다시 생각하다, 재고하다

정답 ①

23 집에 돌아가는 친구를 **불러 세웠**는데도 할 말을 잊어버리고 말았다.

해설 친구에게 할 말이 있어 불렀는데 할 말을 잊어버렸다는 말이다. 따라서 빈 칸에는 '불러 세우다'라는 뜻의 동사 「呼(よ)び止(と)める」를 과거형으로 바꾼 「呼(よ)び止(と)めた」가 들어와야 한다.

家 집 | 帰る 돌아가다 | 友達 친구 | 忘れる 잊다 | 呼び止める 불러 세우다 | 飛び出す 뛰어나오다, 뛰어나가다 | 払い込む 납부하다 | 取り巻く 둘러싸다, 에워싸다

정답 ④

24 **자유** 시간이 있을 때는 책을 읽고 싶다.

해설 책을 읽고 싶은 때는 자유로운 시간일 때일 것이다. 따라서 정답은 1번 「自由(じゆう)」이다.

時間 시간 | 自由だ 자유롭다 | 読む 읽다 | 甘口 단 맛을 좋아함, 감언 | 異常だ 이상하다 | 台無し 쓸모없는 모양, 망가진 모양

정답 ①

25 초등학교 건물을 보면 옛날이 **생각난다**.

해설 초등학교 건물을 보면 예전 추억이 생각난다고 해야 한다. 그러므로 2번, 「思(おも)い出(だ)す」가 정답이다.

小学校 초등학교 | 建物 건물 | 昔 옛날, 예전 | 思い出す 생각난다, 생각해낸다 | 調べ上げる 철저히 조사하다 | 引き起こす 일으키다, 야기하다 | 引っ掛ける 걸다, 걸치다

정답 ②

문제4 _____에 의미가 가장 가까운 것을 1·2·3·4에서 하나 고르시오.

26 그녀는 매우 **상냥한** 성격이다.

해설 「優(やさ)しい」는 상냥하고 온화하다는 뜻의 い형용사이다. 따라서 비슷한 의미를 갖는 것은 3번「温和(おんわ)な」이다.

彼女 그녀 | とても 매우 | 優しい 상냥하다, 온화하다 | 性格 성격 | 温和だ 온화하다 | かわいい 귀엽다 | ぬくい 따스하다 | 辛口だ 매운 맛을 좋아하다

정답 ③

27 어제 먹은 돈가스가 아주 **맛있었다**.

해설 앞에 음식인 돈가스가 왔으므로 「うまかった」는 맛있었다는 의미로 쓰였음을 알 수 있다. 따라서 「おいしかった」가 정답이다.

トンカツ 돈가스 | うまい 맛있다 | おいしい 맛있다 | 辛い 맵다 | 眠い 졸리다 | 暗い 어둡다

정답 ②

28 **편한** 일이라고 들었지만 실은 그렇지 않았다.

> **해설** 「楽(らく)」는 편안함을 뜻하는 단어이다. 여기서는 편안한 일, 즉 쉬운 일을 말하는 것이다. 그러므로 의미상 통하는 것은 '간단한'이라는 뜻인 4번 「簡単(かんたん)な」이다.

楽だ 편안하다 | 仕事 일 | 聞く 듣다 | 実は 실은 | 簡単だ 간단하다 | 適当だ 적당하다 | 特別だ 특별하다 | 危険だ 위험하다

정답 ④

29 **지인**이 올해 2월에 결혼한다.

> **해설** 「知(し)り合(あ)い」란 아는 사이, 즉 지인을 뜻하는 말이므로 정답은 1번 「知人(ちじん)」이다.

知り合い 아는 사이, 지인 | 今年 올해 | 結婚 결혼 | 知人 지인 | 外国人 외국인 | 中年 중년 | 先輩 선배

정답 ①

30 올해 겨울은 **이상할** 정도로 눈이 내렸다.

> **해설** 「おかしい」는 '이상하다'는 의미의 형용사이다. 즉 이상할 정도로 눈이 많이 왔다는 말이다. 따라서 비슷한 의미의 단어는 3번 「異常(いじょう)な」이다.

今年 올해 | 冬 겨울 | おかしい 이상하다 | くらい 정도 | 雪 눈 | 降る (눈, 비가) 내리다 | 異常だ 이상하다 | 上等だ 뛰어나다, 훌륭하다 | 幸せだ 행복하다 | 平和だ 평화롭다

정답 ③

문제 5　다음 단어의 사용법으로 가장 알맞은 것을 1·2·3·4에서 하나 고르시오.

31 **실로, 참으로**

1　지금 카레를 먹었는데 <u>참으로</u> 피자도 먹다니 놀랐다. [実に → さらに(더욱, 그 위에)]

2　방금 전까지 맑게 갰는데 <u>참으로</u> 비가 내렸다. [実に → いきなり(갑자기)]

3　당신의 설명은 <u>참으로</u> 재미있다.

4　카레 안에 감자를 <u>참으로</u> 넣어 보았다. [実に → たっぷり(듬뿍)]

> **해설** 「実(じつ)に」는 '실로, 참으로'라는 뜻의 부사이다. 따라서 설명이 참으로 재미있다고 표현한 3번이 가장 자연스럽다.

実に 실로, 참으로 | カレー 카레 | ～のに ～했는데 | ピザ 피자 | ～とは ～라니 | 驚き 놀람 | さっき 아까, 조금 전 | 晴れる 날씨가 개다 | 説明 설명 | 面白い 재미있다 | じゃがいも 감자 | 入れる 넣다

32 **던져 넣다**

1　앉은 상태로 쓰레기통에 쓰레기를 <u>던져 넣었다.</u>

2　더워서 발을 이불에서 <u>던져 넣었다.</u> [放り込んだ → 投げ出した(내팽개쳤다)]

3　머리에 무엇이 생겼지만 다음날에는 <u>던져 넣었다.</u> [放り込んだ → 治まった(진정되었다, 가라앉았다)]

4　중요한 내용을 타인의 컴퓨터에서 <u>던져 넣었다.</u> [放り込んだ → 取り込んだ(거두어 들였다)]

> **해설** 「放(ほう)り込(こ)む」는 던져 넣거나 집어넣는다는 뜻이다. 앉은 채로 쓰레기통에 쓰레기를 던져 넣었다고 한 1번이 정답이다.

放り込む 던져 넣다, 집어 넣다 | 座る 앉다 | ～まま ～한 채 | 状態 상태 | ごみ箱 쓰레기통 | ごみ 쓰레기 | 暑い 덥다 |
足 다리, 발 | 布団 이불 | 頭 머리 | 出来る 생기다 | 次の日 다음 날 | 大事だ 중요하다 | 内容 내용 | 他人 타인 | パソコン
컴퓨터

---

33 서투름

1 <u>서툰</u> 분위기의 가게가 아주 좋다. [下手 → 静か(조용함)]

2 이 <u>서툰</u> 시간은 언제까지 계속될 것인가. [下手 → 退屈(지루함)]

3 자신에게 <u>서툰</u> 일은 결코 하지 않도록 한다. [下手 → 不利(불리함)]

4 그림이 <u>서툰</u> 사람이더라도 연습하면 잘하게 될지도 모른다.

해설 「下手(へた)」란 솜씨나 기술 등이 서투름을 뜻하는 단어이다. 그림 솜씨가 서툴다고 한 4번이 가장 적절한 표현이다.

下手だ 서툴다 | 雰囲気 분위기 | お店 상점, 가게 | 大好きだ 매우 좋아하다 | 時間 시간 | いつまで 언제까지 | 続く 이어지다, 계속되다 | 自分 자기, 자신 | 決して 결코 | ～ないようにする ～하지 않도록 하다 | 絵 그림 | 練習 연습 | 上手だ 잘하다, 능숙하다 | ～かもしれない ～일지도 모른다

34 즐겁다

1 사람이 많이 있는 곳에서 <u>즐거운</u> 일은 하지 말아 주세요. [楽しい → 危ない(위험하다)]

2 <u>즐거운</u> 문제를 푸는 데는 시간이 걸린다. [楽しい → 難しい(어렵다)]

3 짐이 <u>즐거워서</u> 들어 주시지 않으시겠습니까? [楽しい → 重い(무겁다)]

4 가족과 함께 있는 시간이 가장 <u>즐거운</u> 시간이다.

해설 「楽(たの)しい」는 '즐겁다'는 의미의 형용사이다.

楽しい 즐겁다 | たくさん 많이 | 所 장소, 곳 | 問題 문제 | 解く 풀다 | 時間 시간 | 荷物 짐 | 持つ 들다, 가지다 | ～てもらう ～해 받다 | 家族 가족 | 一緒に 함께, 같이 | 一番 가장, 제일

35 용기, 그릇

1 남은 채소는 작은 <u>용기</u>에 넣었다.

2 점점 따뜻해져서 봄다운 <u>용기</u>가 되었다. [容器 → 陽気(날씨)]

3 그녀는 <u>용기</u>로 거짓말을 한다. [容器 → 平気(태연함)]

4 방 <u>용기</u>가 나쁘니 창문을 열어도 될까? [容器 → 空気(공기)]

해설 「容器(ようき)」란 '용기', 즉 그릇을 뜻하는 명사이다. 따라서 남은 채소를 작은 용기에 넣었다고 한 1번이 정답이다.

容器 용기, 그릇 | 残る 남다 | 野菜 채소 | 小さな 작은 | だんだん 점점, 차차 | 暖かい 따뜻하다 | 春 봄 | ～らしい ～답다 | うそをつく 거짓말을 하다 | 部屋 방 | 悪い 나쁘다 | 窓 창문 | 開ける 열다

문제 1   다음 문장의 (   )에 들어갈 가장 알맞은 것을 1·2·3·4에서 하나 고르시오.

1 학교를 쉬면 쉴**수록** 수업 내용을 모르게 된다.

해설 빈칸 앞의「休(やす)めば」와 빈칸 뒤의 수업 내용을 모르게 된다는 부분을 통해 '~(하)면 ~(할)수록'이라는 문형, 즉「~ば ~ほど」를 말하는 것임을 알 수 있다. 따라서「休(やす)む」에「ほど(~할수록)」를 연결해「休(やす)めば休(やす)むほど」가 되어야 한다.

学校 학교 | 休む 쉬다 | ~ば ~ほど ~하면 ~할수록 | 授業 수업 | 内容 내용 | わかる 이해하다, 알다 | ~には ~하려면, ~하기 위해서는 | ~ふり ~하는 모습, ~하는 체 | ~に比べて ~에 비해서

정답 ④

2 나는 자동차 이야기에는 **전혀** 흥미가 없다.

해설 문맥상 흥미가 없다는 말과 호응이 되는 부사가 와야 한다. 따라서 빈칸에는 전혀 아니라고 할 때 쓰는「まったく(전혀)」를 넣어야 한다.

車 자동차 | 話 이야기 | まったく 전혀 | 興味 흥미 | ~おかげで ~덕분에 | めったに 좀처럼(뒤에 부정어가 옴) | たとえ 설령

정답 ③

3 그는 살찐 것**에 비해서는** 운동을 잘한다.

해설 빈칸 앞은 살쪘다는 말이고 뒤는 운동을 잘한다는 말이 나온다. 살찐 것에 비해서는 운동을 잘한다고 해야 연결이 자연스러우므로「~わりには(~에 비해서는, ~치고는)」가 들어가야 한다.

太る 살찌다 | ~わりには ~에 비해서는, ~치고는 | スポーツ 스포츠, 운동 | できる 능력이 있다, 잘하다 | ~ばかりで ~할 뿐이고 | ~べき ~해야 하는 | ~とおりに ~(하는) 대로

정답 ③

4 나**에게** 개는 아주 소중한 가족이다.

해설 나에게 개가 아주 소중한 가족이라고 해야 한다. 그러므로 1번「~にとっては(~에게, ~에 있어서는)」를 넣어야 한다.

~にとって ~에게, ~에 있어서는 | 犬 개 | 大切だ 소중하다 | 家族 가족 | ~にかわって ~에 대신하여 | ~につれて ~에 따라 | ~にしては ~치고는

정답 ①

5 겨울인데도 매일 창문을 열고 자면 감기에 걸리는 **것도 당연하다**.

해설 추운 겨울인데 창문을 열고 자면 감기에 걸리는 것도 당연한 일이라고 할 수 있다. 따라서 2번「~のも当然(とうぜん)だ」가 정답이다.

冬 겨울 | 毎日 매일 | 窓 창문 | 開ける 열다 | 風邪を引く 감기에 걸리다 | ~のも当然だ ~(하는) 것도 당연하다 | ~しかない (하기 싫어도) ~할 수 밖에 없다[본인의 선택] | ~ようになる ~(하)게 되다 | ~にすぎない ~에 지나지 않다

정답 ②

6 저 가수는 일본**뿐만 아니라** 세계에서도 유명하다.

해설 빈칸 앞은「日本(にほん)」, 뒤는「世界(せかい)でも」이므로 일본뿐만 아니라 세계에서도 유명하다고 해야 연결이 자연스럽다. 따라서 빈칸에는「~だけでなく(~뿐만 아니라)」를 넣어야 한다.

歌手 가수 | 日本 일본 | ~だけでなく ~뿐만 아니라 | 世界 세계 | 有名だ 유명하다 | ~こそ ~야말로 | ~に比べ ~에 비해 | ~さえ ~조차

정답 ④

7 이 바다는 여름이 끝나면 쓰레기 **투성이**가 된다.

> **[해설]** 쓰레기라는 뜻의 「ごみ」에 연결될 수 있는 단어를 찾아야 한다. 쓰레기가 많은 것을 쓰레기 투성이라고
> 하므로 1번 「だらけ」를 넣는 것이 적절하다.
>
> 海 바다 | 夏 여름 | 終わる 끝나다 | 〜たら 〜하면 | ごみ 쓰레기 | だらけ 투성이 | 〜を込めて 〜을 담아 | 〜らしい
> 〜답다, 〜와 같다 | 〜とか 〜라고 하던데

정답 ①

8 오늘은 버스로 회사까지 **가려고 한다**.

> **[해설]** 버스로 회사까지 가려고 한다는 말이 되어야 한다. 여기서는 그렇게 생각한다는 의미이므로 '〜하려고 생
> 각하다'라는 의미의 말을 넣어야 한다. 즉 「동사 의지형+と思(おも)う」가 되어야 한다. 따라서 동사 「行(い)
> く」의 의지형 「行(い)こう」에 「と思(おも)う」를 연결한 3번이 정답이다.
>
> バス 버스 | 会社 회사 | 〜たものだ 〜하고는 했다 | 〜(よ)うと思う 〜하려고 (생각) 하다

정답 ③

9 시험을 **한창 보는 중에** 배가 아파졌다.

> **[해설]** 시험 보고 있는 중에 배가 아파졌다는 말이다. 2번의 「〜最中(さいちゅう)」가 '한창 〜하는 중에'라는 뜻
> 이므로 이것이 정답이다.
>
> テスト 테스트, 시험 | 〜最中に 한창 〜하는 중에 | お腹 배 | 痛い 아프다 | 〜かわりに 〜대신에 | 〜おきに 〜걸러, 〜
> 간격으로 | 〜くせに 〜주제에

정답 ②

10 나이가 들어감**에 따라** 딱딱한 것을 먹을 수 없게 되었다.

> **[해설]** 나이가 들어가면서 딱딱한 것을 먹지 못하게 되었다는 말이다. 즉 변화를 나타낼 수 있는 말을 찾아야 하
> 므로 1번의 「〜とともに(〜함에 따라)」를 넣어야 한다.
>
> 年を取る 나이가 들다 | 〜とともに 〜와 함께, 〜함에 따라 | 固い 단단하다, 딱딱하다 | 〜なんて 〜하다니 | 〜といっ
> ても 〜라고 해도 | 〜からといって 〜라고 해서

정답 ①

11 선생님 **덕분에** 일본어를 잘하게 되었습니다.

> **[해설]** 일본어를 잘하게 되었다는 것은 좋은 결과이므로 앞에는 선생님 덕분이라고 해야 한다. 따라서 정답은 4번
> 「〜おかげで(〜덕분에)」이다.
>
> 〜おかげで 〜덕분에 | 日本語 일본어 | 上手だ 잘하다, 능숙하다 | 〜ついでに 〜(하)는 김에 | 〜たびに 〜할 때마다

정답 ④

12 그녀는 결혼을 **계기로** 새로운 회사를 만들었다.

> **[해설]** 그녀는 결혼을 하면서 새로운 회사를 만들었다는 말이 와야 한다. 즉 결혼이 계기가 되었다는 말이므로
> 정답은 1번 「〜をきっかけに」이다.
>
> 結婚 결혼 | 〜をきっかけに 〜을 계기로 | 新しい 새롭다 | 会社 회사 | つくる 만들다 | 〜を込めて 〜을 담아 | 〜を
> めぐって 〜을 둘러싸고 | 〜にかわって 〜을 대신하여

정답 ①

13 의사가 말하**는 대로** 약을 먹지 않으면 안 된다.

> **[해설]** 의사가 지시하는 그대로 약을 복용하라고 해야 한다. 즉 빈칸에는 '〜(하)는 대로'라는 의미인 「〜とおりに」
> 를 넣어야 한다.
>
> 医者 의사 | 〜とおりに 〜(하는) 대로 | 薬を飲む 약을 먹다 | 〜なければならない 〜하지 않으면 안 된다, 〜해야 한다 |
> 〜だけでなく 〜뿐만 아니라 | 〜反面 〜(하는) 반면 | 〜ついでに 〜(하)는 김에

정답 ②

14 모르는 **사람이 말하는 것을 간단히** 들어서는 안 된다.

> **해설** 「知(し)らない」에 「人(ひと)の」가 연결되어 모르는 사람이라고 해야 하며, 이어서 「言(い)う/ことを」가 와서 '모르는 사람이 말하는 것을'이 되어야 자연스럽다. 또 들어서는 안 된다며 끝맺고 있으므로 그 앞에는 「簡単(かんたん)に」라는 부사가 와야 한다. 「人(ひと)の/言(い)う/ことを/簡単(かんたん)に」가 되어야 하며 정답은 4번이다.

知る 알다 | 簡単に 간단하게 | 聞く 듣다 | ～てはならない ～(해)서는 안 된다

정답 ④ (3142)

15 할아버지는 늘 **1시간 걸러 화장실에 가도록** 하고 있다.

> **해설** 「～おきに(～걸러)」가 들어간 구문이다. 앞에는 시간을 나타내는 명사가 와야 하므로 「1 時間(いちじかん)/おきに」가 되어야 한다. 또 「行(い)くように」 앞에 「トイレに」가 와서 화장실에 가도록 하고 있다고 해야 자연스럽다. 즉 「1 時間(いちじかん)/おきに/トイレに/行(い)くように」라고 해야 한다.

おじいさん 할아버지 | いつも 늘, 항상 | 時間 시간 | ～おきに ～걸러 | トイレ 화장실 | ～ようにする ～(하)도록 하다

정답 ① (3241)

16 머리가 **좋다고 해서 유명한 회사에** 들어갈 수 있는 것은 아니다.

> **해설** 「～からといって(～라고 해서)」가 들어간 구문이다. 첫 칸은 「頭(あたま)が」에 이어져야 하므로 「良(よ)い」가 들어가야 하고 그 뒤에 「からといって」가 와서 '머리가 좋다고 해서'의 의미가 된다. 그 뒤에 「有名(ゆうめい)な/会社(かいしゃ)に」가 와야 한다. 즉 「良(よ)い/からといって/有名(ゆうめい)な/会社(かいしゃ)に」가 되므로 정답은 3번이다.

頭 머리 | 良い 좋다 | ～からといって ～라고 해서 | 有名だ 유명하다 | 会社 회사 | 入る 들어가다 | ～わけではない ～(인) 것은 아니다

정답 ③ (1342)

17 나는 일본어를 잘 말할 수 없기 **때문에 혼자서는 그녀에게 말하기** 어렵습니다.

> **해설** 빈칸 앞부분에 일본어로 말을 잘할 수 없다는 말이 나온다. 그렇기 때문에 혼자서 그녀에게 말하기 어렵다고 표현해야 자연스럽다. 따라서 이유를 나타내는 말이 첫 칸에 와야 한다. 즉 「ので/1 人(ひとり)では/彼女(かのじょ)に/話(はな)しがたい」의 순서가 되므로 정답은 2번이다.

日本語 일본어 | うまい 잘하다 | 話す 말하다, 이야기하다 | ～がたい ～(하)기 어렵다

정답 ② (1342)

18 잊어버리기 전에 오늘 배운 단어를 노트에 적어 둔다.

> **해설** 「～ないうちに」는 '～하기 전에'라는 의미이므로 「忘(わす)れないうちに」가 되어야 하므로 정답은 2번이다. 또 잊어버리기 전에 오늘 배운 단어를 노트에 적는다고 해야 한다. 즉 「うちに/今日(きょう)/習(なら)った/単語(たんご)を」의 순서가 되어야 한다.

忘れる 잊다, 잊어버리다 | ～ないうちに ～하기 전에 | 習う 배우다 | 単語 단어 | ノート 노트 | 書く 쓰다

정답 ② (2143)

 다음 글을 읽고 글 전체의 내용을 생각해서 19 부터 23 안에 들어갈 가장 알맞은 것을 1 · 2 · 3 · 4에서 하나 고르시오.

최근 바다를 본 것은 언제였던가? (무엇인가를) 배우고 돌아오는 길에 전철에서 보이는 경치를 보면서 문득 그런 생각이 들었다. 최근에는 일에 쫓겨 좀처럼 느긋한 시간을 가지지 못했다. 나는 결코 바다를 19 싫어하는 것은 아니지만 스스로 바다를 보러 가려고 생각해서 간 적은 몇 년이나 없었다. 오랜만에 바다에 가는 것도 나쁘지 않다고 생각했다. 지금부터 혼자서 갈까? 20 하지만 혼자 바다에 있는 모습을 상상(注1)하니 좀 쓸쓸해져, 아사코에게 가자고 제안하자 '좋아'라고 말해 주었다. 21 덧붙여 말하면 아사코도 벌써 몇 년이나 바다에 가지 않았다고 한다. 딱 좋았을지도 모른다.

우리는 전철을 타고 바다에 22 가기로 했다. 전철 안에서는 두 사람 모두 창문에서 보이는 경치를 조용히 바라보았다. 몇 년만의 바다일까? 오랜만에 바다를 보았는데 역시 마음이 안정된다(注2). 그뿐만 아니라 어딘가 그리운(注3) 느낌도 들었다. 우리는 바다를 보면서 서로 이야기를 하기도 하고 모래에서 글씨를 쓰기도 하고 조개를 줍기도 하면서 아이 23 처럼 놀았다.

(注1) 想像 : 상상. 실제로 경험하지 않은 일을 머릿속에 그려보는 일
(注2) 落ち着く : 가라앉다. 상태가 안정되다
(注3) なつかしい : 그립다. 옛날을 떠올리는 듯한 즐거운 기분이 들다

---

19   1   **싫어하는 것은 아니다**   2   좋아하는 것은 아니다
       3   싫어하다   4   좋아한다

해설 빈칸 바로 앞에 결코라는 뜻인 「決(けっ)して」라는 말이 왔고 중간에 「～が」로 연결된 것으로 보아 앞뒤가 역접관계임을 알 수 있다. 또 빈칸 바로 뒤에서 스스로 바다를 보러 가려고 해서 간 적은 몇 년이나 없었다고 했으므로 내용상 결코 바다를 싫어하는 것은 아니지만 바다를 보러 간 적은 없다고 해야 한다. 따라서 정답은 1번이다.

20   1   게다가   2   그러고 나서
       3   **하지만**   4   그래서

해설 앞에는 혼자서 갈까 했고, 뒤에는 혼자 바다에 있는 모습을 상상하면 좀 쓸쓸해진다고 했으므로 역접을 나타내는 접속사인 「しかし(하지만)」가 와야 한다.

21   1   다만   2   **덧붙여 말하면**
       3   및   4   하지만

해설 앞에는 아사코에게 가자고 제안하자 좋다고 말해 주었다고 했고, 뒤에는 아사코도 몇 년이나 바다에 가지 않았다고 했다. 즉 앞 문장에 대한 부가 설명이 온 것이다. 이 둘을 연결할 수 있는 말은 2번 「ちなみに(덧붙여 말하면)」이다.

22   1   **가기로 했다**   2   가는 것도 당연하다
       3   가게 되었다   4   가는데 지나지 않다

해설 전철을 타고 바다에 가기로 결정했다는 말이 나와야 한다. 따라서 '～하기로 하다'라는 뜻의 「～ことにする」를 이용해 1번 「行(い)くことにした」라고 해야 한다.

  1 ~로써   2 ~와 함께
   3 ~에 대해   4 **~처럼**

> **해설** 바다를 보면서 서로의 이야기를 하기도 하고 모래에서 글씨를 쓰기도 하고 조개를 줍기도 하면서 마치 아이처럼 놀았다고 해야 어울린다. 그러므로 정답은 4번「~のように」이다.

最近 최근, 요즘 | 海 바다 | いつ 언제 | 習い事 (무엇인가를) 배우는 일 | 帰り道 돌아가는(오는) 길 | 電車 전철 | 景色 경치 | ~ながら ~하면서 | ふと 문득 | 追う 쫓다 | なかなか 좀처럼 | ゆっくり 천천히, 느긋하게 | 時間 시간 | 決して 결코 | 嫌いだ 싫다 | 久しぶりに 오래간만에 | 姿 모습 | 寂しい 쓸쓸하다 | 誘う 꾀하다, 권유하다 | ちょうど 마침, 딱 | 窓 창문 | 静かに 조용히 | 眺める 바라보다, 조망하다 | ~ぶり ~만 | やはり 역시 | お互い 서로 | 砂 모래 | 拾う 줍다

문제 4   다음 (1)부터 (4)까지 글을 읽고 질문에 답하시오. 1 · 2 · 3 · 4에서 가장 알맞은 것을 하나 고르시오.

> (1) '자신의 쓰레기는 자신이 가지고 돌아갑시다(注1).' 등산하러 갈 때에 이러한 말을 자주 봅니다. 최근에는 산을 오르기 위한 길이 아주 깨끗해졌습니다. 하지만 산속에는 화장실은 없습니다. 있는 것은 화장실 부스(注2)라고 불리는 장소뿐입니다. 산을 오르는 사람은 휴대 화장실(注3)을 들고 그 부스에 들어가 그 안에서 용변을 보는 것입니다. 용변을 본 후에는 산 입구까지 가지고 돌아가 휴대 화장실용 쓰레기통에 버립니다.
>
> (注1) 持ち帰る : 가지고 돌아가다
> (注2) トイレブース : 화장실 부스. 화장실로 쓰기 위해 준비된 공간
> (注3) 携帯トイレ : 휴대 화장실. 운반이 가능한 화장실

24   휴대 화장실의 사용법으로 바른 것은 어느 것인가?

   1 용변을 본 후에는 그대로 해 두고 다음 사람이 사용한다.
   2 **용변을 보면 산 입구까지 가지고 돌아간다.**
   3 용변을 보면 내용물만을 근처 쓰레기통에 버린다.
   4 용변을 보면 그 장소에 버린다.

> **해설** 용변을 본 후에는 산 입구까지 가지고 돌아가 휴대 화장실용 쓰레기통에 버린다고 했으므로 정답은 2번이다.

自分 자신 | ごみ 쓰레기 | 山に登る 산에 오르다, 등산하다 | 言葉 말, 언어 | よく 자주, 잘 | 目にする 보다 | 最近 최근 | 道 길 | きれいだ 깨끗하다 | トイレ 화장실 | 呼ぶ 부르다 | 場所 장소 | 携帯 휴대 | 用を足す 볼일을 보다, 용변을 보다 | 入り口 입구 | ごみ箱 쓰레기통 | 捨てる 버리다 | 中身 내용 | 場 장소

> (2) 카레는 어린아이부터 어른까지 무척 인기 있는 음식 중 하나입니다. 카레를 먹으면 몸이 따뜻해지기도(注) 하고 땀을 흘리기도 하는 사람도 있겠지요. 그 비밀로 카레에는 향신료라고 불리는 맵고 향기 있는 것이 많이 사용됩니다. 향신료에는 여러 가지 좋은 점이 있습니다. 카레는 감기에 잘 걸리지 않게 하고 또 몸이 피곤할 때에는 피로를 풀고 기운이 나게 해 줍니다. 이와 같이 카레는 몸에 좋은 음식 중 하나라고 할 수 있겠지요.
>
> (注) 温まる : 따뜻해지다

 이 글의 내용과 일치하는 것을 골라라.

  1 카레는 몸에 좋은 것으로 기운 나게 해 준다.

  2 카레를 먹으면 감기에 걸리거나 배가 아파지거나 한다.

  3 카레는 아이가 먹기 쉬운 음식이다.

  4 추우면 카레가 먹고 싶어진다.

해설 몸이 지쳐있을 때 피로를 풀고 기운 나게 해 주는 몸에 좋은 음식 중 하나라고 했으므로 정답은 1번이다.

カレー 카레 | 小さな 작은 | 大人 어른 | 人気 인기 | 食べ物 음식 | 体 몸 | 温まる 따뜻해지다 | 汗をかく 땀을 흘리다 | 秘密 비밀 | スパイス 스파이스, 향신료 | 辛い 맵다 | 香り 향기 | 沢山 많이 | 使う 사용하다 | さまざまだ 다양하다 | 点 점 | 風邪を引く 감기에 걸리다 | ～にくい ～(하)기 어렵다 | 疲れる 지치다, 피로해지다 | 疲れを取る 피로를 풀다 | 元気 기운, 건강함 | ～てくれる (남이 나에게) ～해 주다 | お腹 배

---

(3) 사람은 어째서 꿈을 꾸는 것일까? 그것은 학습(注)한 것을 정리하고 기억하기 위해서이다. 재미있는 꿈도 있고 무서운 꿈도 있다. 사람은 잘 때에 매일 10개 정도의 꿈을 꾼다. 하지만 꾼 꿈을 전부 기억하고 있는 사람은 거의 없을 것이다. 꿈을 꾸고 있다고 알아챘을 때에 잠을 깨 노트에라도 적으면 몇 개 꾸었는지 알 수 있지만 그것은 어려운 일이다. 일반적으로 기억하고 있는 꿈은 잠이 얕아지는 아침 동안에 꾸는 꿈이라고 한다.

(注)学習 : 학습. 배우는 일

26 일반적으로 꿈을 꾸었다고 느끼는 것은 언제의 꿈인가?

  1 잠이 들자마자 꾸는 꿈

  2 푹 잔 후에 꾸는 꿈

  3 아침에 일어나기 조금 전에 꾸는 꿈

  4 재미있다고 느낀 꿈

해설 마지막 문장에서 일반적으로 기억하고 있는 꿈은 잠이 얕아지는 아침 동안에 꾸는 꿈이라고 했으므로 정답은 3번이다.

どうして 어째서 | 夢を見る 꿈을 꾸다 | 整理 정리 | 学習 학습 | 記憶 기억 | 面白い 재미있다 | 怖い 무섭다 | 毎日 매일 | ～個 ～개 | ～ぐらい ～정도, ～쯤 | 覚える 외우다, 기억하다 | ほとんど 거의, 대부분 | 気付く 알아채다, 눈치채다 | 目を覚ます 잠을 깨다, 정신차리다 | 書きとめる 적어두다, 기록하다 | 難しい 어렵다 | 一般的 일반적 | ねむり 잠, 수면 | 浅い 얕다 | 朝 아침 | まなぶ 배우다 | 感じる 느끼다 | ぐっすり 푹

---

(4) 찬 바람과 건조한 바람, 그리고 깨끗한 파란 하늘. 최근에는 이런 날씨인 날이 계속되고 있습니다. 하지만 전혀 눈이 내리지 않는 것은 아닙니다. 과거 10년간에 도쿄의 오테마치에서 눈이 내린 날수는 12월이 6일, 3월이 19일이고, 1월은 26일, 2월은 28일로, 1월, 2월은 눈이 내리는 날이 많았습니다. 1월부터 2월에 걸쳐서는 1년 중 가장 추운 시기라고 합니다. 12월은 그만큼 춥지 않고 3월은 눈이 아니라 비가 내리기 쉬워집니다.

27 1, 2월에 눈이 내리는 날이 많은 것은 왜인가?

1   날씨가 좋은 날의 다음 날은 눈이 내리기 쉬우니까

2   눈이 내리기 쉬운 시기이니까

3   가장 추운 시기이니까

4   도쿄는 눈이 내리기 쉬우니까

> **해설**   1,2월은 눈 내리는 날이 많고 1년 중 가장 추운 시기라고 했으므로 정답은 3번이다.

冷たい 차갑다 | 風 바람 | 乾く 마르다, 건조하다 | 青い 파랗다 | 空 하늘 | 最近 최근 | 天気 날씨 | 続く 계속되다 | まったく 완전히, 전혀 | ～わけではない ～(인) 것은 아니다 | 過去 과거 | 日数 일수, 날수 | ～から ～にかけて ～부터 ～에 걸쳐서 | 最も 가장, 제일 | 寒い 춥다 | 時期 시기 | それほど 그만큼, 그다지 | ～やすい ～(하)기 쉽다

문제 5   다음 (1)과 (2)의 글을 읽고 질문에 답하시오. 답은 1 · 2 · 3 · 4에서 가장 알맞은 것을 하나 고르시오.

(1) 자신답게 사는 것이란 어떤 것인가 라고 하면 마음속의 진짜 자신에게 정직하게 사는 것이다. 이것은 후회하지 않는 삶의 방식(注1)이라고도 할 수 있겠지요. 자신다운 삶의 방식이라면 누구에게도 신뢰(注2)받고 자신이 말하고 싶은 것을 말할 수 있고, 가족과 주위 사람들과도 잘 지내는 좋은 삶의 방식을 상상하기 쉽지만 정말로 그런 삶의 방식이 가능한 것일까? 현실(注3)은 자신다운 삶의 방식이 쉽게 생길 만큼 만만하지 않다. 아마 대부분의 경우 자신의 생각대로는 되지 않으며, 또 자신다움을 드러내는 데에 용기(注4)가 필요할 것이다. 그러한 사회에서 자신답게 살기 위해서는 뭐든지 바로 포기하지 말고 때로는 상대에 맞춰 보기도 하고 실패를 두려워하지 말고, 또 타인과 자신을 비교하지 않도록 해야 한다. 그리고 자신다움이란 자연히 몸에 배는 것도 아니고 상대로부터 주어지는 것도 아니다. 무엇이 자신다운 것인지는 스스로 해 보지 않으면 모른다. 해 보고 자신에게 맞는 것을 찾으면 된다.

(注1) 生き方 : 사는 방법
(注2) 信頼 : 신뢰. 믿고 의지하는 것
(注3) 現実 : 현실. 지금 눈 앞에 사실로써 나타나 있는 상태
(注4) 勇気 : 용기. 곤란이나 위험을 두려워하지 않는 마음

28 자신다운 삶의 방식이란 어떠한 삶의 방식인가?

1   뭐든지 전부 상대에게 맞추는 삶의 방식

2   자신과 타인을 비교하는 삶의 방식

3   용기가 필요한 삶의 방식

4   자신에게 거짓말을 하지 않는 올곧은 삶의 방식

> **해설**   첫 번째 문장에서, 자신답게 산다고 하는 것은 마음속의 진짜 자신에게 정직하게 사는 것이라고 했다. 자신에게 정직하게 산다는 것은 자신에게 거짓말을 하지 않는다는 뜻이므로 정답은 4번이다.

29 이 글을 쓴 사람은 무엇이 자신다운 것이라고 말하는가?

1 뭐든지 바로 포기하는 것
2 **스스로 해보고 자신에게 맞는 것**
3 타인과 자신을 비교하는 것
4 자연히 몸에 배는 것

해설 뒷부분에서 무엇이 자신다운지는 스스로 해보지 않으면 알 수 없다고 했다. 해보고 자신에게 맞는 것을 찾는 것이 좋다고 했으므로 정답은 2번이다.

30 이 글의 내용과 일치하는 것을 골라라.

1 **자신다움을 발견하기 위해서는 무엇이 어울리는지 스스로 찾아야 한다.**
2 자신다움을 발견하기 위해서는 제멋대로 하지 말고 상대방을 자신에게 맞춰 볼 필요가 있다.
3 자신다움이란 상대에게 듣고서야 비로소 알아채는 것이다.
4 자신다움은 자기 좋을 대로 하면 얻을 수 있는 것이다.

해설 뒷부분에서 자신다운 것이 무엇인지는 스스로 해보지 않으면 모르며 해보고 자신에게 맞는 것을 발견하면 된다고 했으므로 정답은 1번이다.

~らしい ~답다 | 生きる 살다, 생존하다 | 正直に 정직하게 | 後悔 후회 | 生き方 사는 방법 | 信頼 신뢰 | 家族 가족 | 周り 주변, 주위 | うまくいく 잘 되다 | 想像 상상 | ~がちだ ~하는 경향이 많다 | 現実 현실 | 簡単だ 간단하다 | ~ほど ~만큼, ~정도 | 甘い 달다 | ほとんど 거의, 대부분 | 場合 경우 | 思い通り 생각대로 | 勇気 용기 | いる 필요하다 | 社会 사회 | 諦める 단념하다 | 時には 때로는 | 相手 상대 | 合わせる 맞추다 | 失敗 실패 | おそれる 두려워하다 | 他人 타인 | 比べる 비교하다 | 自然に 자연히, 저절로 | 身につく (지식, 기술 등이) 몸에 배다 | 与える 주다, 부여하다 | 合う 맞다, 일치하다 | 見つける 발견하다, 찾다 | 信じる 믿다 | たよる 의지하다 | 事実 사실 | 現れる 나타나다 | 状態 상태 | 困難 곤란 | 危険 위험 | まっすぐだ 올곧다

(2) 노래방(注)에 갔을 때에 노래하는 곡을 고르는 책은 매월 1,000곡이나 되는 곡이 새롭게 추가된다고 한다. 매월 추가되기 때문에 책이 점점 더 두꺼워져 간다고 생각하는 것이 보통이지만, 언제 봐도 그렇게 달라져 있지 않은 것 같다. 그것은 기분 탓이 아니다. 종이 두께를 바꾸거나 글자를 작게 하거나 외국어 곡뿐인 책은 따로 만들면서 곡수를 바꾸지 않고 책이 두꺼워지지 않도록 이런저런 노력을 하고 있다고 한다. 글자를 작게 한다고 해도 너무 작으면 안 되기 때문에 이것은 몹시 힘든 일이라고 생각한다. 그러나 최근에는 책 이외에 곡을 찾는 기능이 딸려 있는 리모컨을 놓고 있는 가게가 많아지고 있다. 처음에는 사용법을 잘 몰라 책이 편리하다고 느끼는 경우가 많았지만 익숙해지면 곡을 간단히 찾을 수 있어서 매우 편리하다는 것을 알았다. 역시 책에도 한계가 있는 것 같고 언젠가는 이 책이 없어지는 날이 올지도 모른다.

(注) カラオケ : 노래방. 노래를 부르는 장소

31 노래방의 책이 두꺼워지지 않도록 노력하는 일이 아닌 것은 무엇인가?

1 얇은 종이를 사용한다.
2 **리모컨 기능을 사용한다.**
3 글자를 작게 한다.
4 곡의 종류에 따라 책을 나눈다.

 리모컨 기능은 책 이외의 방법으로써 소개하고 있다. 책이 두꺼워지지 않게 하기 위하여 노력하는 것은 아니다.

32 곡을 찾는 기능이 딸려 있는 리모컨의 특징은 무엇인가?

1 곡 이름과 가수의 이름으로 찾을 수 있다.
2 글자의 크기를 바꿀 수 있다.
3 사용법이 간단하여 누구든지 사용할 수 있다.
4 곡을 간단히 찾을 수 있다.

 밑줄 부분 다음 문장에서 익숙해지면 곡을 간단히 찾을 수 있어서 편리하다는 점을 알게 되었다고 했으므로 정답은 4번이다.

33 이 글의 내용과 일치하는 것을 골라라.

1 책도 리모컨도 한계가 있기 때문에 언젠가 새로운 방법이 생길지도 모른다.
2 역시 책이 가장 편리하기 때문에 이제부터도 이 노력은 필요하다.
3 리모컨보다도 책 쪽이 편리하기 때문에 리모컨이 있는 가게는 적다.
4 곡이 늘어도 책이 두꺼워지지 않도록 글자를 작게 하는 노력을 하고 있다.

 책의 곡들이 매월 추가되지만 책의 두께가 그다지 달라지지 않는 것은 종이 두께를 바꾸거나 글자를 작게 하는 등의 노력을 하고 있기 때문이라고 했으므로 정답은 4번이다.

カラオケ 노래방 | 歌う 노래하다 | 曲 곡 | 選ぶ 선택하다, 고르다 | 毎月·毎月 매월 | 追加 추가 | どんどん 척척, 자꾸자꾸 | 厚い 두껍다 | 考える 생각하다 | 普通 보통 | そんなに 그렇게, 그토록 | 変わる 변하다, 바뀌다 | 気のせい 기분 탓 | 紙 종이 | 厚み 두께 | 変える 바꾸다 | 字 글자 | 別にする 따로 하다 | 数 수 | あれこれと 이것저것, 여러 가지 | 努力 노력 | 大変だ 힘들다 | 以外 이외 | 探す 찾다 | 機能 기능 | 置く 두다, 놓다 | 店 가게, 상점 | 始め 처음 | 使い方 사용법 | 便利だ 편리하다 | 感じる 느끼다 | なれる 익숙해지다 | 間単に 간단히 | 限界 한계 | なくなる 없어지다 | ～かもしれない ～일지도 모른다 | 場所 장소 | 色 색 | 減る 줄다 | 名前 이름 | 方法 방법 | 生まれる 생기다 | 一番 가장, 제일 | 増える 늘어나다

문제 6 다음 글을 읽고 질문에 답하시오. 답은 1·2·3·4에서 가장 알맞은 것을 하나 고르시오.

텔레비전은 ①보여 주는 방법에 따라 즐겁게 놀 수 있습니다. 또 즐기면서 보는 것입니다. 그 중에는 아이에게는 텔레비전을 보여주지 않는다는 어머니도 있습니다. 내 경우는 아이에게 텔레비전을 혼자 보여 주는 일은 없고, 같이 보거나, 집안일을 하느라 같이 볼 수 없을 때는 노래를 함께 불러주며 즐겁게 놀게 해 주고 있습니다.

그러나 최근에는 '아이에게 텔레비전을 보여 주지 않으면 다른 아이들에게 따돌림(注)을 당하니까 보여 주고 있다'고 하는 부모도 적지 않습니다. 그런 걱정은 '친구에게 따돌림을 당하는 것은 쓸쓸하고 무섭고 우리 아이가 그런 꼴을 당하게 하고 싶지 않다'고 하는 마음에서 오는 것이지요. 하지만 ②그와 같은 사고방식이야말로 '모두와 다른 사람은 친구에게 따돌림을 당해도 어쩔 수 없다'고 아이에게 생각하게 하는 원인이 되고 있다고 나는 생각합니다. 이것은 '정말로는 텔레비전을 보여 주고 싶지 않았지만, 친구들에게 따돌림 당하지 않도록 참고 보여 주었다. 그러

194

니까 그러한 노력을 해 오지 않은 아이는 따돌림을 당하게 해 줘'라고 말하고 있는 것과 같지 않을까요? 결국에는 부모가 텔레비전을 좋아하니까 아이에게도 텔레비전을 보여 주고 있는 것은 아닐까요? 아이에게 텔레비전을 보여 주고 있는 것은 최종적으로는 부모의 선택인데도, 그것을 '대화에 낄 수 없을까봐 걱정이라서'라고 ③변명을 하면서 보여 주는 것은 좋지 않다고 생각합니다. 텔레비전뿐만 아니라 게임 따위에서도 아이가 따돌림을 당할까봐 걱정이라는 이유로 아이에게 게임기를 주는 부모도 적지 않다고 생각합니다. 그것은 조금 틀렸다고 나는 생각합니다.

(注) 仲間はずれ : 따돌림. 동료들에게서 제외되는 것.

34 ①보여 주는 방법에 따라라고 하는데, 어떠한 방법이 있는가?

1 아이가 친구들에게 따돌림 당하지 않도록 친구와 같은 방송 프로그램을 보여 준다.
2 아이 혼자서 좋아하는 방송 프로그램을 본다.
3 아이와 같이 텔레비전을 보거나 노래를 부르거나 한다.
4 아이와 같이 집안일을 하면서 본다.

해설 텔레비전을 보여 주는 방식의 예를 들어, 자신의 경우는 혼자 보여 주는 일은 없고 함께 보거나 하고 같이 보지 못할 때는 노래를 함께 불러 주어서 즐겁게 놀게 해 준다고 했으므로 정답은 3번이다.

35 ②그와 같은 사고방식이라고 하는데, 어떠한 사고방식인가?

1 모두와 달라도 어쩔 수 없다고 하는 사고방식
2 모두와 똑같지 않으면 안 된다는 사고방식
3 친구들에게 따돌림을 당하게 해 주고 싶다는 사고방식
4 친구들을 따돌림을 당하게 해 주라는 사고방식

해설 최근에는 아이에게 텔레비전을 보여 주지 않으면 다른 아이들에게 따돌림 당하니까 보여 주고 있다는 부모가 많다고 말하고 있다. 자신의 아이가 따돌림을 당하게 하고 싶지 않다는 것이다. 따라서 '그와 같은 사고방식'이란 자신의 아이가 따돌림을 당하지 않게 다른 아이들과 같아야 한다는 사고방식을 뜻한다.

36 ③변명을 하면서 보여 준다라고 하는데, 그것은 왜인가?

1 어릴 때부터 텔레비전을 보면 눈이 나빠지기 때문에
2 부모가 텔레비전을 좋아하는 것을 알게 되면 아이도 계속 텔레비전을 봐 버리기 때문에
3 텔레비전을 보고 싶지 않은데도 아이가 보고 싶어하기 때문에
4 정말로는 텔레비전을 보여 주고 싶지 않지만 자신의 아이가 따돌림을 당하게 되는 것은 싫기 때문에

해설 보여 주고 싶지 않지만 따돌림을 당하지 않게 참고 보여 주었다는 말은 즉 부모가 텔레비전을 좋아하니까 아이에게도 보여 준 것이며 결국 최종적으로는 부모의 선택이라고 했다. 그런데도 변명을 한다는 것은 부모가 보여 주고 싶지 않지만 따돌림 당할지 몰라 보여 주었다고 말하는 것을 뜻한다.

37 이 글의 내용과 일치하는 것을 골라라.

1 친구들에게 따돌림을 당하지 않도록 하는 것이 아니라 아이가 보고 싶은 텔레비전을 보여 주는 편이 좋다.

2 부모가 텔레비전을 좋아하면 아이도 텔레비전을 좋아하게 되고 만다.

3 텔레비전은 어쩔 수 없이 보여 주는 것이 아니라 함께 즐기면서 보는 것이다.

4 부모는 아이가 친구들에게 따돌림을 당하지 않도록 참으면서 텔레비전을 보여 주는 편이 좋다.

해설 필자는 첫 단락에서 텔레비전은 보여 주는 방식에 따라 즐겁게 즐길 수 있다고 하면서 아이와 함께 보는 것에 대해 말하고 있다. 그리고 두 번째 단락에서, 아이가 따돌림을 당하지 않게 하기 위한 이유로 텔레비전을 보여 주는 부모에 대해 비판적인 시각으로 말하고 있다. 따라서 필자는 텔레비전은 따돌림 당하지 않게 하기 위해 부모가 어쩔 수 없이 보여 주는 것이 아니라 부모와 아이가 함께 보는 것으로 생각하고 있는 것이다.

見せる 보여주다 | ～しだい ～에 따라 (결정됨) | 楽しい 즐겁다 | 遊ぶ 놀다 | 楽しむ 즐기다 | 一緒に 함께 | 場合 경우 | 家事 가사, 집안일 | 歌 노래 | 親 부모 | 心配 걱정 | 寂しい 쓸쓸하다 | 怖い 무섭다 | わが子 우리 아이 | 目にあう 꼴을 당하다 | 気持ち 기분, 심정 | 考え方 사고방식 | ～こそ ～야말로 | 違う 다르다, 틀리다 | 仕方ない 어쩔 수 없다 | 原因 원인 | 我慢 인내, 참음 | 結局 결국 | 最終的 최종적 | 選択 선택 | 言い訳 변명, 해명 | ～に限らず ～에 한하지 않고, ～뿐만 아니라 | ゲーム機 게임기 | 与える 주다, 부여하다 | 少し 조금 | 仲間 동료 | はずれる 제외하다 | 番組 프로그램 | みんな 모두 | ずっと 쭉

문제 7 오른쪽 페이지는 시라카와 수영장 이용 요금 안내이다. 다음 글을 읽고 아래의 질문에 답하시오. 답은 1 · 2 · 3 · 4에서 가장 알맞은 것을 하나 고르시오.

대학생인 사토코 씨는 여동생인 미호 씨와 둘이서 7월 24일(일)과 10월 5일(수)에 시라카와 수영장에 갈 예정입니다. 여동생은 고등학교 2학년입니다. 여동생은 학교 친구와 세 명이서 8월 중 평일에 앞으로 3회 갈 예정입니다. 사토코 씨는 대학 친구와 8월 6일(토)에 여섯 명이서 이용합니다.

○ **수영장 이용 요금 · 여름 이외**

	여름 이외(7월 · 8월 이외)	
	토/일/경축일	평일
일반	300엔	150엔
중 · 고교생	200엔	100엔
초등학생	100엔	50엔

※ 단체의 경우는 20% 할인이 됩니다.

○ **수영장 이용 요금 · 여름 (7월 · 8월)**

	여름(7월 · 8월)	
	토/일/경축일	평일
일반	150엔	75엔
중 · 고교생	70엔	35엔
초등학생	50엔	25엔

※ 단체의 경우는 20% 할인이 됩니다.

○ **수영장 이용 · 회수권(12회)**

★ 10회 금액으로 12회 사용할 수 있는 유리한 권입니다.

	금액
일반	1500엔
중 · 고교생	700엔
초등학생	500엔

※ 단체는 이용할 수 없습니다.

※ 평일은 이용할 수 없습니다.

★ 이용 안내

1. 단체요금은 8명 이상에서 이용할 수 있습니다.
2. 회수권은 7월 · 8월만 사용할 수 있습니다.
3. 3세 이상부터 초등학생 요금이 됩니다.
4. 오후 2시부터 10분간은 약을 다시 넣습니다. 그동안은 사용하지 못합니다.
   (2시부터 사용하는 경우는 4시 10분까지 사용 가능)

38 사토코 씨와 여동생 몫뿐이라면 전부 얼마가 되는가?

1 725엔

2 475엔

3 1,035엔

4 1,245엔

> **해설** 사토코 씨와 여동생 둘이 같이 가는 경우부터 계산해 보자. 7월 24일 일요일은 두 번째 표로 가면 150엔 + 70엔 = 220엔, 10월 5일 수요일은 150엔 + 100엔 = 250엔이다. 그리고 여동생은 친구와 8월 평일에 앞으로 3번 갈 예정이라고 했으므로 35엔으로 3번이므로 105엔이고, 사토코 씨도 8월 토요일에 친구와 이용한다고 했으므로 150엔이다. 220엔 + 250엔 + 105엔 + 150엔 = 725엔이 된다. 따라서 정답은 1번이다.

39 사토코 씨가 친구와 회수권을 산 경우, 앞으로 몇 회 사용할 수 있는가?

1 앞으로 1회 사용할 수 있다

2 앞으로 3회 사용할 수 있다

3 앞으로 4회 사용할 수 있다

4 앞으로 6회 사용할 수 있다

> **해설** 회수권은 12회 이용할 수 있으며 평일에는 이용할 수 없다. 사토코는 친구들과 6명이서 놀았고, 회수권 6회를 사용한 셈이므로 앞으로 남은 것은 6회이다.

プール 풀, 수영장 | 利用 이용 | 料金 요금 | 案内 안내 | 予定 예정 | 高校 고교, 고등학교 | 友達 친구 | 平日 평일 | 妹 여동생 | ～分 ～분, ~몫 | 全部で 전부 | いくら 얼마 | 回数券 회수권 | 買う 사다 | 場合 경우 | 何回 몇 회 | 使う 사용하다 | 一般 일반 | 団体 단체 | 割引 할인 | 金額 금액 | お得だ 유리하다, 득이 되다 | あと 앞으로 | 使用 사용 | 以外 이외 | ～のみ ～만, ～뿐 | 午後 오후 | 薬 약 | 入れ替える 교체하다, 바꾸어 넣다 | 間 동안, 사이 | 可能だ 가능하다

問題 1

問題 1 では、まず質問を聞いてください。それから話を聞いて、問題用紙の 1 から 4 の中から、最もよいものを一つえらんでください。
では、練習をしましょう。

れい

男性と女性がデートにどこに行くかを話しています。二人はどこに行くことにしましたか。

M：日曜日どこ行こうか？行きたいところある？
F：観たい映画があるんだけれど、友だちが面白くないって言ってたからどうだろう。
M：この前、服が欲しいって言ってたし、買い物に行く？
F：今はお金がないから、買えないわ～。
M：天気もいいし、海に行くのはどう？友だちも一緒にみんなでBBQしようよ。
F：私、日に焼けるの嫌だから去年も行かなかったのよね。
M：日に焼けた女の子もかわいいし、元気に見えるからすごくいいのに。そんなに嫌なら映画に行く？
F：そう？じゃあ、今年は行こうかな。

二人はどこに行くことにしましたか。

1　海
2　映画
3　BBQ
4　買い物

もっともよいものは 1 番です。かいとうようしの問題 1 の例のところを見てください。もっともよいものは 1 番ですから、答えはこのようにかきます。では、はじめます。

1 ばん

男の人と女の人がお弁当について話しています。女の人はこのあとどうしますか。

F：お弁当買ってきたよ。からあげ弁当が二つと焼き魚弁当一つとコロッケだったよね。
M：あれ、坂本さん、コロッケがないけど、どこにあるのかな。

문제 1

문제1에서는 먼저 질문을 들어 주세요. 그리고 이야기를 듣고 문제 용지의 1에서 4 중에서 가장 알맞은 것을 하나 고르세요.
그럼 연습을 하겠습니다.

예

남성과 여성이 데이트로 어디에 갈지 이야기하고 있습니다. 두 사람은 어디에 가기로 했습니까?

남 : 일요일에 어디 갈까? 가고 싶은 곳 있어?
여 : 보고 싶은 영화가 있는데, 친구가 재미없다고 해서 어떻게 할까?
남 : 요전에 옷이 사고 싶다고 했고 쇼핑하고 갈래?
여 : 지금은 돈이 없으니까 살 수 없어.
남 : 날씨도 좋고 바다에 가는 것은 어때? 친구도 같이 모두 바비큐 파티하자.
여 : 나 햇볕에 타는 것 싫어하니까 작년에도 가지 않았어.
남 : 햇볕에 탄 여자아이도 귀엽고 건강하게 보이니까 굉장히 좋은데. 그렇게 싫으면 영화 보러 갈래?
여 : 그래? 그럼 올해는 갈까?

두 사람은 어디에 가기로 했습니까?

1　바다
2　영화
3　BBQ
4　쇼핑

가장 알맞은 답은 1번입니다. 해답 용지의 문제1의 예 부분을 보세요. 가장 알맞은 답은 1번이니 답은 다음과 같이 씁니다. 그럼 시작하겠습니다.

1번

남자와 여자가 도시락에 대해 이야기하고 있습니다. 여자는 이후 어떻게 합니까?

여 : 도시락 사 왔어. 튀김 도시락 두 개와 구운 생선 도시락 한 개와 크로켓이었지?
남 : 어, 사카모토 씨, 크로켓이 없는데 어디에 있는 걸까?

F：え？一緒の袋に入ってなかった？

M：入ってないよ。コロッケのお金は払った？

F：もちろん払ったよ。ほんとうに入ってないわね。私、もう一度お店に行ってくるよ。

M：ご飯食べる時間がなくなるから別にいいよ～。それか一度電話してみてはどう？

F：電話してもいいけど…。それに、電話して持って来てもらうほどでもないしね。

M：休み時間、あと３０分しかないから先にお弁当を食べてからにしようよ。

F：大丈夫よ。お店近いし、すぐだから行って話してくるよ。でも、あと３０分しかないから今から作ってもらったら間に合わないかもしれないわね～。コロッケのお金だけ返してもらおうかな。

M：それがいいかもね。

女の人はこのあとどうしますか。

1　弁当を食べる
2　お店に行ってコロッケを作ってもらう
3　お店に行ってコロッケのお金を返してもらう
4　お店に電話してみる

（단어）

お弁当 도시락 | 買う 사다 | からあげ 튀김 옷을 입히지 않고 튀긴 음식 | 焼き魚 구운 생선 | コロッケ 크로켓 | 一緒 함께 어울림. 같이 섞임 | 袋 주머니, 봉지 | 払う 지불하다 | もちろん 물론 | ほんとうに 정말로 | 別に 별로, 특별히 | それか 또는, 아니면 | 一度 한 번 | 電話 전화 | ～ほど ～정도, ～만큼 | 先に 먼저 | ～てから ～(하)고 나서 | 近い 가깝다 | 作る 만들다 | 間に合う 시간에 늦지 않게 대다 | ～かもしれない ～(일)지도 모른다 | 返す 돌려주다 | ～てもらう ～해 받다

2ばん

女の人が電話で料理教室の先生と話しています。このあと女の人は何をしますか。

M：はい、ＭＭＣ料理教室でございます。

F：あの～ホームページにある１回だけのレッスンを申し込みたいと思っているんですが、まだ空いてますか。

M：え、少しお待ちいただけますか。調べてみます。

F：はい。

M：もしもし、まだ空きはありますよ。１回だけのレッスンはケーキ教室とチョコレート教室がございますが、どちらにされますか。

여 : 어? 같은 봉지에 들어 있지 않아?

남 : 들어 있지 않아. 크로켓 돈은 지불했어?

여 : 물론 지불했어. 정말로 안 들어 있군. 나, 한 번 더 가게에 갔다 올게.

남 : 밥 먹을 시간이 없어지니까 그냥 됐어. 아니면 한 번 더 전화해 보면 어때?

여 : 전화해도 되지만, 게다가 전화해서 들고 와 달라고 할 정도도 아니고.

남 : 쉬는 시간 이제 30분밖에 없으니까 먼저 도시락을 먹고 나서 하자.

여 : 괜찮아. 가게가 가깝고 금방이니까 가서 이야기하고 올게. 하지만 이제 30분밖에 없으니까 지금부터 만들어 달라고 하면 시간에 못 맞출지도 몰라. 크로켓 돈만 돌려받을까?

남 : 그게 좋을지도 몰라.

여자는 이후 어떻게 합니까?

1　도시락을 먹는다
2　가게에 가서 크로켓을 만들어 달라고 한다.
3　가게에 가서 크로켓의 돈을 돌려받는다.
4　가게에 전화해 본다.

（해설）

여자는 시간이 별로 없어서 지금부터 만들어 달라고 하면 시간에 못 맞출 것 같다며 돈만 돌려달라고 해야겠다고 말했다. 남자도 그게 좋을지도 모른다고 대답했다. 따라서 여자는 이제 가게에 가서 돈만 돌려받을 것이다.

2번

여자가 전화로 요리 교실의 선생님과 이야기하고 있습니다. 이후에 여자는 무엇을 합니까?

남 : MMC요리 교실입니다.

여 : 저… 홈페이지에 있는 1회뿐인 레슨을 신청하고 싶은데요, 아직 비어 있습니까?

남 : 잠시 기다려 주실 수 있을까요? 조사해 보겠습니다.

여 : 네.

남 : 여보세요, 아직 빈 자리는 있어요. 1회뿐인 레슨은 케이크 교실과 초콜릿 교실이 있습니다만, 어느 쪽으로 하시겠습니까?

F：チョコレート教室のほうです。それと、教室に何か持っていくものはありますか。

M：エプロンとスリッパとタオル、それとチョコレートを入れる物が必要です。

F：あーそうなんですね。エプロンは普段使わないから買いに行かないといけないわ。

M：忘れてもお貸しすることはできますが、お金がかかりますので持ってこられたほうがいいと思います。

F：それなら自分で用意したほうがいいですね。

M：はい。今から予約はされますか。このままお電話でも予約はできますが、今ならホームページからされますと５％お安くなりますよ。また、教室が終わったあとはチョコレートの作り方を書いた紙をお渡ししますので家でも作ることができます。

F：そうなんですか。いいですね。じゃ、安くなるほうで申し込みます。

M：はい、ありがとうございます。

このあと女の人は何をしますか。

1　エプロンを買いに行く
2　電話から予約をする
3　ホームページから予約をする
4　チョコレートの作り方のメモをもらう

단어

料理教室 요리 교실 | **～でございます** ～입니다[です의 겸양어] | **ホームページ** 홈페이지 | **レッスン** 레슨 | **申し込む** 신청하다 | **空く** (공간, 시간이) 비다, 나다 | **調べる** 조사하다 | **空き** 빈자리 | **エプロン** 앞치마 | **スリッパ** 슬리퍼 | **タオル** 타올, 수건 | **チョコレート** 초콜릿 | **入れる** 넣다 | **必要だ** 필요하다 | **普段** 평소 | **貸す** 빌려 주다 | **用意** 준비 | **予約** 예약 | **終わる** 끝나다 | **作り方** 만드는 방법 | **紙** 종이 | **渡す** 건네다 | **メモ** 메모

3ばん

校長先生と女子生徒がトイレについて話しています。校長先生は何が必要だと感じましたか。

M：今度、学校のトイレを新しくきれいにしようと思っているんだけれど、鈴木さんは学校のトイレについて何か意見はありますか。

F：はい、校長先生。私が学校のトイレで一番気になるのはにおいです。掃除の時間に一生懸命掃除をしてもなかなかにおいがとれません。何故ですか。

여：초콜릿 교실이요. 그리고 교실에 무언가 가지고 갈 것은 있습니까?

남：앞치마와 슬리퍼와 수건, 그리고 초콜릿을 넣을 것이 필요합니다.

여：아, 그렇군요. 앞치마는 평소에 사용하지 않으니까 사러 가야겠네.

남：잊으셔도 빌려 드릴 수는 있지만, 돈이 들기 때문에 가지고 오시는 편이 좋다고 생각합니다.

여：그렇다면 스스로 준비하는 편이 좋겠군요.

남：네. 지금부터 예약은 하시겠습니까? 이대로 전화로도 예약은 가능하지만, 지금이라면 홈페이지에서 하시면 5% 싸집니다. 또 교실이 끝난 후는 초콜릿 만드는 방법을 쓴 종이를 건네 드릴 테니까 집에서도 만들 수 있습니다.

여：그렇습니까? 좋네요. 그럼 저렴해지는 쪽으로 신청하겠습니다.

남：네, 감사합니다.

이후에 여자는 무엇을 합니까?

1　앞치마를 사러 간다.
2　전화로 예약을 한다.
3　홈페이지에서 예약을 한다.
4　초콜릿 만드는 방법의 메모를 받는다.

해설

지금 홈페이지로 예약하면 5% 저렴하다는 남자의 말에 여자는 싸게 할 수 있는 쪽으로 신청하겠다고 했다. 따라서 여자는 이후 홈페이지에서 예약을 할 것이다.

3번

교장 선생님과 여학생이 화장실에 대해 이야기하고 있습니다. 교장 선생님은 무엇이 필요하다고 느꼈습니까?

남：이번에 학교 화장실을 새로 깨끗하게 하려고 하는데, 스즈키 씨는 학교의 화장실에 대해 무언가 의견은 있습니까?

여：네, 교장 선생님. 제가 학교 화장실에서 가장 신경 쓰이는 것은 냄새예요. 청소 시간에 열심히 청소를 해도 좀처럼 냄새가 없어지지 않아요. 왜지요?

M：この学校のトイレを新しくしたのが５０年前だか
　　ら、綺麗に掃除をしてもにおいはとれないのかも
　　しれませんね。鈴木さんは学校のトイレがどんな
　　風に変わったらいいと思いますか。
F：そうですね、女子トイレは全体的に女の子らしい
　　ピンク色になればうれしいです。それと全身が映
　　る鏡がほしいです。あとは、水道が自動で出ると
　　水を使いすぎなくていいと思います。
M：いい意見ですね。　水のむだをなくすにはちょうど
　　いいです。お金があれば作りましょう。
F：それから、体をけがしている人のために少し広め
　　のトイレを一つ作ってください。クラスの女の子
　　がけがをしているのでいつも手伝っていますが、
　　大変なんです。
M：それは知らなかったです。これは必ず作りましょ
　　う。いい意見をありがとう。
F：はい。新しいトイレが出来るのが楽しみです。

校長先生は何が必要だと感じましたか。

1　全身が映る鏡
2　少し広めのトイレ
3　におい消し香水
4　女の子らしいトイレ

단어

校長 교장 | 生徒 학생 | トイレ 화장실 | 感じる 느끼다 | 今
度 이번 | 新しい 새롭다, 새것이다 | きれいにする 깨끗이
하다 | 〜について 〜에 대해서 | 意見 의견 | におい 냄새 |
掃除 청소 | 一生懸命 열심히 | なかなか 좀처럼 | とる 없
애다, 제거하다 | 何故 왜 | 〜風 〜식, 〜풍 | 全体的 전체적 |
ピンク色 핑크색, 분홍색 | うれしい 기쁘다 | 全身 전신 |
映る 비치다, 나타나다 | 鏡 거울 | ほしい 원하다, 갖고 싶다 |
水道 수도 | 自動 자동 | むだ 낭비 | なくす 없애다 | ちょ
うど 마침, 딱 | けがする 다치다 | 広め 넓음 | クラス 반 |
手伝う 돕다, 거들다 | 大変だ 힘들다 | 必ず 반드시, 꼭 | 出
来る (새로) 생기다 | 楽しみ 기대, 즐거움

4 ばん

**男の人と女の人が話しています。男の人は何をプレゼン
トしますか。**

M：この前のバレンタインデーのお返し、何がいい？
　　高いものは買えないけど。

남：이 학교의 화장실을 새로 고친 것이 50년 전이니까 깨
　끗하게 청소를 해도 냄새는 없어지지 않는 건지도 몰
　라요. 스즈키 씨는 학교 화장실이 어떤 식으로 바뀌면
　좋겠다고 생각하나요?
여：글쎄요, 여자 화장실은 전체적으로 여자아이다운 분홍
　색이면 좋겠어요. 그것과 전신이 비치는 거울이 있었
　으면 좋겠어요. 그리고는 수도가 자동으로 나오면 물
　을 너무 많이 사용하지 않아도 된다고 생각해요.
남：좋은 의견이군요. 물의 낭비를 없애기 위해서는 딱 좋
　아요. 돈이 있으면 만듭시다.
여：그리고 몸을 다친 사람을 위해 조금 넓은 화장실을 하
　나 만들어 주세요. 학급의 여자아이가 다쳐서 늘 도와
　주고 있는데 힘들어요.
남：그건 몰랐어요. 이것은 반드시 만듭시다. 좋은 의견 고
　마워요.
여：네, 새 화장실이 생기는 것이 기대됩니다.

교장 선생님은 무엇이 필요하다고 느꼈습니까?

1　전신이 비치는 거울
2　조금 넓은 화장실
3　냄새 없애는 향수
4　여자아이다운 화장실

해설

여학생은 다친 사람을 위해 조금 넓은 화장실을 하나 만들
어 달라고 했다. 이 말에 교장 선생님이 이건 반드시 만들
겠다고 했으므로 교장 선생님이 필요하다고 느낀 것은 2번,
조금 넓은 화장실이다.

4 번

남자와 여자가 이야기하고 있습니다. 남자는 무엇을 선물합니까?

남：얼마 전 발렌타인 데이의 답례품으로 뭐가 좋아? 비싼
　것은 못 사지만.

F：女の子が欲しいものって言ったらやっぱり指輪でしょ。あっ、でも服も欲しいな。どうしようかな～。

M：お前はいつも欲しいものがいっぱいあって幸せだな～。でも、この前は、かばんか財布が欲しいって言ってなかったっけ？

F：かばんも良かったんだけど、かばんだったら自分でも買えるしね。財布はお正月に買ったのが気に入ってて。

M：そっかー。あっ、そういえば、今年はまだ海外旅行に行ってないね～。

F：そういえばそうね。じゃ、それでもいいわよ。それなら一緒に楽しめるしね。

M：じゃ、そうするよ。

男の人は何をプレゼントしますか。

1　かばん
2　指輪
3　財布
4　**旅行**

단어

プレゼント 선물 | バレンタインデー 발렌타인 데이 | この前 일전, 요전 | お返し 답례품 | 欲しい 갖고 싶다, 원하다 | やっぱり 역시 | 指輪 반지 | 服 옷 | いっぱい 가득 | 幸せだ 행복하다 | かばん 가방 | 財布 지갑 | 正月 정월, 설날 | 気に入る 마음에 들다 | そういえば 그러고 보니 | 今年 올해 | 海外旅行 해외여행 | 楽しむ 즐기다

5 ばん

女の人二人が旅行について話しています。二人はこのあと何をしますか。

F1：今度、京都に行ってみようと思ってるんだけど、一緒にどう？京都の本も図書館で借りたし。

F2：いいね。でもいつ行く予定なの？

F1：今月は仕事が忙しくなるから4月はどうかな？1泊2日で行こうと思うんだけど……。

F2：うん。大丈夫だよ～。楽しみだね～。私は美術館とお寺に行きたいな。お土産に京都のお菓子を買って帰らないとね。

F1：そうだね～。私も美術館に行きたいと思ってるからぜひ行こう。

F2：じゃ、まずはホテルを予約しないといけないんじゃない？それに電車の切符も……。

여 : 여자아이가 갖고 싶은 것이라고 하면 역시 반지겠지. 아, 근데 옷도 갖고 싶다. 어떻게 하지.

남 : 너는 늘 갖고 싶은 것이 많이 있어서 행복하겠구나. 하지만 얼마 전에는 가방인가 지갑이 갖고 싶다고 하지 않았어?

여 : 가방도 좋지만, 가방이라면 스스로도 살 수 있고. 지갑은 설날에 산 것이 마음에 들어서.

남 : 그런가. 아, 그러고 보니까 올해는 아직 해외여행 안 갔구나.

여 : 그러고 보니 그렇네. 그럼 그것도 좋아. 그것이라면 같이 즐길 수 있고.

남 : 그럼 그렇게 할게.

남자는 무엇을 선물합니까?

1　가방
2　반지
3　지갑
4　**여행**

해설

남자가 여자에게 줄 선물을 생각하다가 올해는 해외여행을 안 갔다고 하자, 여자가 해외여행이라면 같이 즐길 수 있으므로 그것도 좋다고 하여 여행을 선물하기로 한다. 즉 남자가 선물할 것은 여행이다.

5 번

두 여자가 여행에 대해 이야기하고 있습니다. 두 사람은 이후에 무엇을 합니까?

여1 : 이번에 교토에 가 보려고 하는데, 함께 가는 것 어때? 교토에 관한 책도 도서관에서 빌렸고.

여2 : 좋아. 근데 언제 갈 예정이야?

여1 : 이번 달은 일이 바빠지니까 4월은 어떨까? 1박 2일로 가려고 하는데…….

여2 : 응. 괜찮아. 기대된다. 나는 미술관과 절에 가고 싶어. 토산품으로 교토 과자를 사서 돌아와야지.

여1 : 그렇구나. 나도 미술관에 가고 싶으니까 꼭 가자.

여2 : 그럼 우선은 호텔을 예약해야 하는 거 아냐? 게다가 전철 표도…….

F１：それなら旅行会社に行ってみる？ホテルと電車
　　　の切符がセットになってるのがあると思うよ。
F２：そうね。近いし行ってみよう。あっ、それか
　　　ら、京都の地図も必要だね。私、京都はよく知
　　　らないんだけど。
F１：私も。でも、行って申し込みすればもらえるか
　　　もしれないわよ。
F２：そうだね。

二人はこのあと何をしますか。
1　旅行会社に行く
2　ホテルを予約する
3　地図を買いに行く
4　図書館で京都の本を借りる

単語

図書館 도서관 | 借りる 빌리다 | 予定 예정 | 今月 이번 달 |
忙しい 바쁘다 | 1泊2日 1박 2일 | 美術館 미술관 | お寺
절 | お土産 기념품, 토산품 | お菓子 과자 | ぜひ 꼭 | 予約
예약 | 切符 표 | 旅行会社 여행사 | ホテル 호텔 | セット
세트 | 地図 지도 | よく 잘, 자주 | 申し込む 신청하다

6ばん

男の学生と女の学生が話しています。男の学生はこの
あと何をしますか。
　F：橋本君はどの授業を選択する予定？
　M：え？俺まだ学校を申し込んでないんだけど……。
　F：え〜そうなの？早くしないと。申し込みは明日ま
　　　でだよ。
　M：そうだっけ？明後日までだとばかり思ってたよ。
　F：しっかりしてよ〜。学校を申し込んだら、そのあ
　　　とはお金を払わないといけないし、授業の選択や
　　　教科書も買わないといけないよ。
　M：することがいっぱいだね。でも、学校の申し込み
　　　が明日までなら明日でいいや。
　F：大丈夫なの？橋本君、明日から来週まで毎日、午
　　　後からバイトがあるって言ってなかったっけ？バ
　　　イトしてたら銀行に行く時間がないと思うんだけ
　　　ど。
　M：あっ、バイトのこともすっかり忘れていたよ〜。
　　　でもバイトは午後からだから全部明日で大丈夫だ
　　　よ。え〜っと、授業の選択も申し込みと一緒にす
　　　るんだったよね？

여1 : 그러면 여행사에 가 볼래? 호텔과 전철 표가 세트로
　　　되어있는 것이 있을 거야.
여2 : 그래, 가까우니 가 보자. 아, 그리고 교토 지도도 필
　　　요해. 나, 교토는 잘 모르는데.
여1 : 나도. 하지만 가서 신청하면 받을 수 있을지도 몰라.
여2 : 그래.

두 사람은 이후에 무엇을 합니까?

1　여행사에 간다.
2　호텔을 예약한다.
3　지도를 사러 간다.
4　도서관에서 교토에 관한 책을 빌린다.

해설

호텔 예약과 전철 표에 대해 이야기하다가 여행사에 가 보
겠냐는 제안에 가 보자고 했으므로 두 사람은 이제 여행사
에 갈 것이다.

6번

남학생과 여학생이 이야기하고 있습니다. 남학생은 이후에 무엇
을 합니까?

여 : 하시모토 군은 어느 수업을 선택할 예정이야?
남 : 어? 나 아직 학교를 신청하지 않았는데…….
여 : 어, 그런 거야? 빨리 해야 해. 신청은 내일까지야.
남 : 그랬나? 내일모레까지라고만 생각하고 있었어.
여 : 정신 차려. 학교를 신청하면 그 후는 돈을 지불해야 하
　　 고, 수업 선택과 교과서도 사야 해.
남 : 할 것이 잔뜩 있네. 하지만 학교 신청이 내일까지라면
　　 내일 하면 되네.
여 : 괜찮은 거야? 하시모토 군, 내일부터 다음 주까지 매
　　 일 오후부터 아르바이트가 있다고 하지 않았어? 아르
　　 바이트 하고 있으면 은행에 갈 시간이 없을 것 같은데.
남 : 아, 아르바이트도 완전히 잊어버리고 있었어. 하지만
　　 아르바이트는 오후부터니까 전부 내일 해도 괜찮아.
　　 그리고 수업 선택도 신청이랑 같이 하는 거였지?

F：も～しっかりしてよ～。選択は学校が始まる3日
　前までで、教科書は授業が始まるまでに買えばい
　いよ。それと、明日は申し込む人で受付が混むか
　もしれないから早くしておいたほうがいいよ。

M：そっか。じゃ今からするよ。

男の学生はこのあと何をしますか。

1　学校を申し込む
2　授業のお金を払う
3　授業を選び、教科書を買う
4　今日は何もしない

授業 수업 | 選択 선택 | 早く 일찍, 빨리 | 申し込み 신청 |
明日 내일 | 明後日 모레 | しっかりする 정신 차리다. 확실
히 하다 | 払う 지불하다 | 教科書 교과서 | バイト 아르바이
트 | 来週 다음 주 | 銀行 은행 | すっかり 완전히, 모두 | 全部
전부 | 始まる 시작되다 | 受付 접수 | 混む 붐비다. 혼잡하다

問題2

問題2では、まず質問を聞いてください。その
あと、問題用紙を見てください。読む時間があ
ります。それから話を聞いて、問題用紙の1か
ら4の中から、最もよいものを一つえらんでく
ださい。

では、練習をしましょう。

れい

男の子とお母さんが話しています。男の子はどうして
1位ではなかったのですか。

F：今日のマラソンどうだった？1位になれた？

M：ううん、1位ではなかったんだ。

F：そうなの？練習ではいつも1位だったじゃない。

M：うん、でも練習が足りなかったんだ。

F：毎日一生懸命練習してたのに。何かあった？

M：うん、友だちの太郎君がお腹が痛くて遅くなった
んだ。だから。

F：あ、そうだったのね。怪我はなかった？

M：うん、太郎君は薬を飲んだから大丈夫だったよ。
　太郎君と一緒にゴールしたんだよ！

F：そう、よく頑張ったわね。お母さんの中ではあな
　たが1位よ。

여 : 정말 정신 차려. 선택은 학교가 시작되는 3일 전까지
　　이고 교과서는 수업이 시작될 때까지 사면 되는 거야.
　　그것과, 내일은 신청하는 사람으로 접수처가 혼잡할지
　　도 모르니까 빨리 해 두는 편이 좋아.

남 : 그런가. 그럼 지금부터 할게.

남학생은 이후에 무엇을 합니까?

1　학교를 신청한다.
2　수업료를 지불한다.
3　수업을 선택하고 교과서를 산다.
4　오늘은 아무것도 하지 않는다.

학교 신청이 내일까지이다. 내일은 신청하는 사람이 많아
접수처가 혼잡할지도 모르니 빨리 하는 편이 좋다는 여학
생의 말을 듣고 지금부터 한다고 했으므로 남학생은 이제
학교 신청을 할 것이다.

문제 2

문제2에서는 먼저 질문을 들어 주세요. 그 후 문제 용
지를 보세요. 읽는 시간이 있습니다. 그런 다음 이야
기를 듣고 문제 용지의 1에 4 중에서 가장 알맞은 것
을 하나 고르세요.
그럼 연습을 하겠습니다.

예

남자아이와 엄마가 이야기하고 있습니다. 남자아이는 왜 1위가
아니었습니까?

여 : 오늘 마라톤 어땠어? 1위 될 수 있었어?

남 : 음, 1위는 아니었어.

여 : 그런 거야? 연습에서는 늘 1위였잖아.

남 : 응, 하지만 연습이 부족했어.

여 : 매일 열심히 연습하고 있었는데. 무슨 일 있었어?

남 : 응, 친구 타로가 배가 아파서 늦어졌어. 그래서.

여 : 아, 그랬던 거구나. 다치지는 않았어?

남 : 응, 타로는 약을 먹고 괜찮았어. 타로와 같이 골인했어!

여 : 그래, 잘했네. 엄마한테는 네가 1위야.

男の子はどうして１位ではなかったのですか。

1 練習が足りなかったから
2 お腹が痛かったから
3 友だちが怪我をしたから
4 友だちを心配したから

もっともよいものは４番です。かいとうようしの問題２の例のところを見てください。もっともよいものは４番ですから、答えはこのようにかきます。では、はじめます。

1 ばん

男の人と女の人が話しています。女の人はなぜ一人で帰りたいと言いましたか。

F：聡、今日は私１人で帰ろうと思うんだけど、駄目かな？
M：え～なんでだよ。俺と一緒に帰るのは嫌なの？それとも友達と会う約束してるの？
F：友だちと会うのは明日だよ。
M：え～やっぱり俺のことが嫌いになったんだ。
F：そうじゃないわよ～。ちょっと帰りに買って帰りたいものがあるのよ～。
M：買い物？何で１人で買い物するの？買い物だったら一緒にいけばいいじゃん。
F：そうだけど……。買い物するといつも見てるテレビの時間に間に合わなくなるから、バスの中で見ようと思って。
M：だったら買い物せずに一緒に帰ったら間に合うんじゃない？
F：そうだけど……。今日は１人でテレビを見たいんだ。

女の人はなぜ一人で帰りたいと言いましたか。

1 友だちと会う約束をしているから
2 彼のことが嫌いになったから
3 買い物をしたいから
4 見たいテレビがあるから

단어

駄目だ 안 되다 | 俺 나 | 嫌だ 싫다 | 約束 약속 | 帰り 돌아감, 돌아갈 때 | 買い物 쇼핑, 장보기 | テレビ 텔레비전 | 間に合う 시간에 늦지 않게 대다 | ～ずに ～하지 않고

남자아이는 왜 1위가 아니었습니까?

1 연습이 부족했기 때문에
2 배가 아팠기 때문에
3 친구가 다쳤기 때문에
4 친구를 걱정했기 때문에

가장 알맞은 답은 4번입니다. 해답 용지의 문제2의 예 부분을 보세요. 가장 알맞은 답은 4번이니 답은 다음과 같이 씁니다. 그럼 시작하겠습니다.

1번

남자와 여자가 이야기하고 있습니다. 여자는 왜 혼자 돌아가고 싶다고 말했습니까?

여 : 사토시, 오늘은 나 혼자 돌아가려고 하는데 안 될까?
남 : 어, 왜? 나랑 같이 돌아가기 싫은 거야? 아니면 친구와 만날 약속했어?
여 : 친구와 만나는 건 내일이야.
남 : 어, 역시 내가 싫어졌구나.
여 : 그런 거 아니야. 좀 돌아가는 길에 사고 싶은 것이 있어.
남 : 쇼핑? 왜 혼자서 쇼핑하는 거야? 쇼핑이라면 같이 가면 되잖아.
여 : 그렇지만……. 쇼핑하면 늘 보는 텔레비전 시간에 맞추지 못하게 되니까 버스 안에서 보려고.
남 : 그러면 쇼핑하지 말고 같이 돌아가면 시간에 맞는 것 아니야?
여 : 그렇지만……. 오늘은 혼자 텔레비전 보고 싶어.

여자는 왜 혼자 돌아가고 싶다고 말했습니까?

1 친구와 만날 약속을 하고 있으니까
2 그가 싫어졌으니까
3 쇼핑을 하고 싶으니까
4 보고 싶은 텔레비전이 있으니까

해설

혼자 돌아가고 싶다는 여자에게 남자는 그 이유를 물었다. 여자는 쇼핑하면 늘 보는 텔레비전 시간에 맞추지 못해서 버스 안에서 보려고 한다며, 오늘은 혼자 텔레비전을 보고 싶다고 했다. 따라서 정답은 4번이다.

2 ばん

おんなのひとがひだりききについてはなしています。おんなのひとはなにがいちばんふべんだといっていますか。

F：にほんじんのやく1わりはひだりききだといわれています。ひだりききのがくせいに「ひだりききでふべんなことはなにか」ときいたところ、「はさみなどのどうぐがつかいにくい」がいちばんおおく、つづいて「しゅうじなどみぎをつかうのがとうぜんなもの」、「えきできっぷなどをいれるところがみぎにある」といういけんがおおかったです。わたしは、かいしゃのつくえのひきだしがかならずみぎについていたので、ものをとるときもかならずみぎのてをつかわなければいけないのがいちばんふべんでした。

おんなのひとはなにがいちばんふべんだといっていますか。

1　つくえのひきだしがみぎにあること
2　はさみなどのどうぐがつかいにくいこと
3　しゅうじなどみぎをつかうのがとうぜんなもの
4　きっぷなどをいれるところがみぎにあること

단어

左利き 왼손잡이 ｜ 不便だ 불편하다 ｜ 約 약 ｜ ～割 ～할 ｜ ～たところ ～했더니 ｜ はさみ 가위 ｜ 道具 도구 ｜ ～にくい ～(하)기 힘들다 ｜ 続く 이어지다, 계속되다 ｜ 習字 습자 ｜ 右 오른쪽 ｜ 当然 당연함 ｜ 切符 표 ｜ 意見 의견 ｜ 机 책상 ｜ 引き出し 서랍 ｜ 必ず 반드시 ｜ 付く 달리다, 붙다

3 ばん

おっととつまがはなしています。つまがひっこしをしたいりゆうはなんですか。

F：さいきん、れいぞうこのちょうしがあまりよくないのよね。やっぱり10ねんもつかうとそろそろあたらしいのをかわないといけないのかしら～。

M：そっかー。ここにすんでもう10ねんになるのか～。だったらそろそろこわれてもおかしくないな。

F：うん。つぎにかうならもうすこしおおきいのがいいわ。でもこのいえじゃおおきいれいぞうこだとせまいわね。

M：そうだなー。じゃ、ひっこししてもうすこしひろいところにすもうか。ひろしももうすぐしょうがくせいになるからへやがあるほうがいいだろうし。

F：そうね。わたし、つぎはせんたくきがへやのなかにおけるところがいいわ。

M：ここはなかにおけないからな。でもせんたくきはそとにあるほうがしずかでいいとおもうんだけど。

F：あなたはつかわないからわからないかもしれないけど、ふゆはさむいのよ。

2 번

여자가 왼손잡이에 대해 이야기하고 있습니다. 여자는 무엇이 가장 불편하다고 말하고 있습니까?

여 : 일본인의 약 10%는 왼손잡이라고 합니다. 왼손잡이인 학생에게 왼손잡이라서 불편한 점은 무엇인가라고 물었더니 '가위 등의 도구가 사용하기 어렵다'가 가장 많고, 이어서 '습자 등 오른쪽을 사용하는 것이 당연한 것', '역에서 표 등을 넣는 곳이 오른쪽에 있다'고 하는 의견이 많았습니다. 저는 회사의 책상 서랍이 꼭 오른쪽에 달려 있어서 물건을 집을 때도 꼭 오른손을 사용해야 하는 것이 가장 불편했습니다.

여자는 무엇이 가장 불편하다고 말하고 있습니까?

1　책상 서랍이 오른쪽에 있는 것
2　가위 등의 도구가 사용하기 힘든 것
3　습자 등 오른쪽을 사용하는 것이 당연한 것
4　표 등을 넣는 곳이 오른쪽에 있는 것

해설

마지막 문장에서, 회사 책상 서랍이 꼭 오른쪽에 달려 있어서 물건을 집을 때도 반드시 오른손을 사용해야 하는 것이 가장 불편하다고 했다. 따라서 정답은 1번, 책상 서랍이 오른쪽에 있는 것이다.

3 번

남편과 아내가 이야기하고 있습니다. 아내가 이사를 하고 싶은 이유는 무엇입니까?

여 : 최근 냉장고 상태가 별로 안 좋아. 역시 10년이나 사용했으니 이제 슬슬 새 것을 사야 하나.

남 : 그런가. 여기에 산지 벌써 10년이 되나. 그러면 이제 슬슬 고장 나도 이상하지 않네.

여 : 응, 다음에 사면 조금 더 큰 것이 좋아. 하지만 이 집에서 큰 냉장고면 좁아.

남 : 그렇구나. 그럼 이사해서 조금 더 넓은 곳에 살까? 히로시도 이제 곧 초등학생이 되니까 방이 있는 편이 좋을 테고.

여 : 그래. 나, 다음에는 세탁기를 방 안에 둘 수 있는 곳이 좋아.

남 : 여기는 안에 놓을 수 없으니까. 하지만 세탁기는 밖에 있는 편이 조용해서 좋다고 생각하는데.

여 : 당신은 사용하지 않아서 모를지도 모르지만 겨울은 추워.

妻が引越しをしたい理由は何ですか。
1 今の冷蔵庫が壊れたから
2 洗濯機が部屋の中に置けないから
3 息子がもうすぐ小学生になるから
4 新しい冷蔵庫を買いたいから

夫 남편 | 妻 아내 | 理由 이유 | 引越し 이사 | 冷蔵庫 냉장고 | 調子 상태 | あまり〜ない 그다지 〜않다 | 使う 사용하다 | そろそろ 이제 슬슬 | 住む 살다, 거주하다 | 壊れる 고장 나다, 망가지다 | おかしい 이상하다 | 次 다음 | 大きい 크다 | 狭い 좁다 | 広い 넓다 | もうすぐ 이제 곧 | 洗濯機 세탁기 | 置く 두다, 놓다 | 外 밖 | 静かだ 조용하다 | 〜かもしれない 〜(일)지도 모른다 | 冬 겨울 | 寒い 춥다 | 息子 아들

4 ばん

男の人が「テレビを見る時間」について話しています。小学3年生では一日に何時間テレビを見る人が多いと言っていますか。

M：小学生全員に「平日に一日何時間テレビを見るか」というアンケートを行ったところ、小学3年生では「1～2時間」という回答が一番多く、続いて「1時間以内」、「2～3時間」という回答が多かった。また、休日の場合でも「1～2時間」という回答が一番多かったが、平日との違いは「1時間以内」と答えた人が一番少なかったことである。さらにこのアンケートで、学年が上がるにつれてテレビを見る時間が長くなっていることが分かり、小学6年生では平日、休日ともに「3時間以上」と答えた人が一番多いことが分かった。

小学3年生では一日に何時間テレビを見る人が多いと言っていますか。

1 3時間以上
2 2～3時間
3 1時間以内
4 1～2時間

全員 전원 | 平日 평일 | アンケート 앙케트, 설문 조사 | 行う 행하다, 실행하다 | 回答 회답, 대답 | 以内 이내 | 休日 휴일 | 違い 차이 | 答える 대답하다 | さらに 더욱, 게다가 | 学年が上がる 학년이 오르다 | 〜につれて 〜함에 따라 | ともに 모두, 함께 | 以上 이상

아내가 이사를 하고 싶은 이유는 무엇입니까?
1 지금의 냉장고가 고장 났기 때문에
2 세탁기를 방 안에 놓을 수 없기 때문에
3 아들이 이제 곧 초등학생이 되기 때문에
4 새로운 냉장고를 사고 싶기 때문에

아내는 이 집에 큰 냉장고를 놓으면 좁고 세탁기를 방 안에 놓을 수 있는 곳이 좋다고 했다. 이에 남자가 세탁기는 밖에 두는 편이 조용해서 좋다고 하자 밖은 춥다고 했으므로 결국 세탁기를 방 안에 놓을 수 없어서이다.

4 번

남자가 '텔레비전을 보는 시간'에 대해 이야기하고 있습니다. 초등학교 3학년에서는 하루에 텔레비전을 몇 시간 보는 사람이 많다고 말하고 있습니까?

남 : 초등학생 전원에게 '평일에 하루 몇 시간 텔레비전을 보는가?'라고 하는 앙케트를 했더니, 초등학교 3학년에서는 '1~2시간'이라는 대답이 가장 많았고, 이어서 '1시간 이내', '2~3시간'이라는 대답이 많았다. 또 휴일의 경우더라도 '1~2시간'이라는 대답이 가장 많았지만, 평일과의 차이는 '1시간 이내'라고 대답한 사람이 가장 적었던 것이다. 더욱이 이 앙케트에서 학년이 올라감에 따라 텔레비전을 보는 시간이 길어지고 있음을 알 수 있고, 초등학교 6학년에서는 평일, 휴일 모두 3시간 이상이라고 대답한 사람이 가장 많은 점이 밝혀졌다.

초등학교 3학년 학생 중에는 하루에 텔레비전을 몇 시간 보는 사람이 많다고 말하고 있습니까?
1 3시간 이상
2 2~3시간
3 1시간 이내
4 1~2시간

평일에 하루 몇 시간씩 텔레비전을 보는지에 대한 앙케트 결과 평일에는 1~2시간이라는 대답이 가장 많았다고 했고, 휴일 역시 1~2시간이라는 대답이 가장 많았다고 했으므로 정답은 4번이다.

5 ばん

母と娘が話しています。母はなぜ、遅くなったと言いましたか。

F 1 ：のりこ、ご飯できたわよ。

F 2 ：あれ？今日の晩もまたおでんなの？何か最近手抜きじゃない？

F 1 ：そんなことないわよ。お母さん、今日は忙しくて帰る時間が遅くなったから、晩ご飯作れなかったのよ。

F 2 ：忙しいって何してたの？また近所の人とおしゃべりしてたんでしょ？それとも買い物？

F 1 ：今日は病院に行ってたのよ。

F 2 ：あ〜、今日はおばあちゃんの病院の日だからか。

F 1 ：うん。それもあるけど、病院に行ったついでにお母さんも風邪気味だからみてもらってたの。

F 2 ：それで遅くなったんだ。

F 1 ：そうよ〜。

母はなぜ、遅くなったと言いましたか。

1　近所の人とおしゃべりしてたから
2　おばあちゃんの病院の日だったから
3　お母さんも病院でみてもらったから
4　買い物してたから

単어

娘 딸 | 遅い 늦다 | できる 되다, 이루어지다 | 晩 저녁 | おでん 두부, 어묵, 무 등을 넣고 끓인 냄비 요리 | 何か 무언가 | 手抜き 해야 할 수고(절차)를 생략함 | 忙しい 바쁘다 | 晩ご飯 저녁밥 | 作る 만들다 | 近所 근처, 이웃 | おしゃべり 잡담, 수다 | それとも 그렇지 않으면 | 買い物 쇼핑, 장보기 | 病院 병원 | 〜ついでに 〜(하)는 김에 | 風邪気味 감기 기운 | みる 진찰하다 | 〜てもらう 〜해 받다

6 ばん

女の人が字を綺麗に書く方法について話しています。字をきれいに書くには何が一番大切だと言っていますか。

F ：字をきれいに書く方法にはいくつかの方法があります。ひたすら練習するという声をよく聞きますが、ただ書くだけではきれいになりません。まずはペンの選び方です。試し書きして書き味や持ったときの持ちやすさなどを考えながら買うといいです。簡単なことですが、これが一番大事です。

5 번

어머니와 딸이 이야기하고 있습니다. 어머니는 왜 늦어졌다고 말했습니까?

여1 : 노리코, 밥 됐어.

여2 : 어머? 오늘 저녁도 또 냄비 요리야? 뭔가 요즘 대충하는 거 아냐?

여1 : 그런 거 아니야. 엄마가 오늘은 바빠서 돌아오는 시간이 늦어져서 저녁밥을 만들 수 없었어.

여2 : 바쁘다고 하고 뭐하고 있었어? 또 이웃 사람이랑 수다 떨고 있었지? 아니면 쇼핑?

여1 : 오늘은 병원에 갔었어.

여2 : 아, 오늘은 할머니 병원가시는 날이라서인가.

여1 : 응. 그것도 있지만, 병원에 간 김에 엄마도 감기 기운이라 진찰받았어.

여2 : 그래서 늦어졌구나.

여1 : 그래.

어머니는 왜 늦어졌다고 말했습니까?

1　이웃 사람과 수다 떨고 있었기 때문에
2　할머니가 병원 가는 날이었기 때문에
3　어머니도 병원에서 진찰을 받았기 때문에
4　쇼핑을 하고 있었기 때문에

해설

오늘은 할머니 병원 가는 날이라 병원에 간 김에 엄마도 감기 기운이 있어서 진찰을 받다가 늦었다고 했으므로 정답은 3번이다.

6 번

여자가 글씨를 예쁘게 쓰는 방법에 대해 이야기하고 있습니다. 글씨를 예쁘게 쓰기 위해서는 무엇이 가장 중요하다고 말하고 있습니까?

여 : 글씨를 예쁘게 쓰는 방법에는 몇 개인가의 방법이 있습니다. 오로지 연습이라고 하는 말을 자주 듣습니다만, 단지 쓰는 것만으로는 예뻐지지 않습니다. 우선은 펜 고르는 방법입니다. 시험 삼아 써 보고 쓸 때의 감촉과 들었을 때의 들기 편함 등을 생각하면서 사면 됩니다. 간단한 일이지만, 이것이 가장 중요합니다.

また、字を書くときはイメージしながら書くといいです。そうすることで字全体がバランスよく書けるようになります。また、字を練習するときは必ず紙の下に敷くものを用意してから練習しましょう。

字をきれいに書くには何が一番大切だと言っていますか。

1　ペンの選び方
2　紙の下に敷くものを用意すること
3　字をイメージしながら書くこと
4　ひたすら練習すること

단어

字 글자, 글씨 | きれいに 예쁘게, 깨끗하게 | 方法 방법 | 大切だ 소중하다, 중요하다 | いくつか 몇 개인가 | ひたすら 오로지, 오직 | 練習 연습 | 声 목소리, 말, 의견 | ただ〜だけ 단지 〜뿐 | まず 우선 | ペン 펜 | 選ぶ 선택하다, 고르다 | 試し書き 시험 삼아 써 봄 | 書き味 글씨 쓸 때 펜에서 느껴지는 감촉 | 持つ 들다, 가지다 | 考える 생각하다 | 買う 사다 | 簡単だ 간단하다 | 大事だ 중요하다 | イメージする 이미지하다, 마음속에 그려 보다 | 全体 전체 | バランス 균형 | 必ず 반드시, 꼭 | 紙 종이 | 下 아래 | 敷く 깔다, 펴다 | 用意 준비

또 글씨를 쓸 때는 마음속에 그려보면서 쓰면 됩니다. 그렇게 하는 것으로 글씨 전체를 균형 좋게 쓸 수 있게 됩니다. 또 글씨를 연습할 때는 반드시 종이 아래에 깔 것을 준비하고 나서 연습합시다.

글씨를 예쁘게 쓰기 위해서는 무엇이 가장 중요하다고 말하고 있습니까?

1　펜 고르는 법
2　종이 밑에 깔 것을 준비하는 것
3　글씨를 마음속에 그려보면서 쓰는 것
4　오로지 연습하는 것

해설

쓸 때의 감촉과 들었을 때의 들기 편함 등 펜 고르는 법에 대해 이야기하면서, 간단한 일이지만 이것이 가장 중요하다고 말했다. 정답은 1번이다.

해설

問題 3

問題 3 では、問題用紙に何もいんさつされていません。この問題は、ぜんたいとしてどんないようかを聞く問題です。話の前に質問はありません。まず話を聞いてください。それから、質問とせんたくしを聞いて、1から4の中から最もよいものを一つえらんでください。
では、練習をしましょう。

れい

男の人が女の人の家に来て話しています。

M：田中です。
F：あ、はーい。ちょっと待ってくださいね。どうぞ、入ってください。
M：具合大丈夫ですか。
F：はい、もう大丈夫です。
M：これ、昨日頼まれてたノート。
F：ありがとう、遠くまでごめんね。
M：ううん、それよりゆっくり休んでくださいね。
F：時間があるならお茶でも飲んでいきませんか。
M：ありがとうございます。

문제 3

문제3에서는 문제 용지에 아무것도 인쇄되어 있지 않습니다. 이 문제는 전체 어떤 내용인지를 묻는 문제입니다. 이야기 전에 질문은 없습니다. 먼저 이야기를 들어 주세요. 그런 다음 질문과 선택지를 듣고 1에서 4 중에서 가장 알맞은 것을 하나 고르세요.
그럼 연습을 하겠습니다.

예

남자가 여자의 집에 와서 이야기하고 있습니다.

남 : 다나카입니다.
여 : 아, 네. 잠깐 기다려주세요. 들어오세요.
남 : 상태는 괜찮습니까?
여 : 네, 이제 괜찮아요.
남 : 이것, 어제 부탁 받은 노트요.
여 : 고마워요, 멀리까지 미안해요.
남 : 아니요, 그것보다 푹 쉬세요.
여 : 시간이 있으면 차라도 마시고 가지 않겠어요?
남 : 감사합니다.

男の人はどうして女の人の家に来ましたか。

1　ノートを持ってきた
2　お見舞いにきた
3　謝りにきた
4　お茶を飲みにきた

もっともよいものは1番です。かいとうようしの問題3の例のところを見てください。もっともよいものは1番ですから、答えはこのようにかきます。では、はじめます。

1ばん

妻と夫が話しています。

F：ねぇ、あなた。東京にカップうどんが食べられるお店があるらしいわよ。来月、東京に行った時に行ってみない？

M：カップうどんってあのスーパーとかでも売ってるお湯を入れて食べるやつだろ。家で食べればいいじゃないか。

F：まぁそうだけど、このサイトを読んでいると、おいしそうで。

M：普通のカップうどんと何が違うんだ？味？それとも外で食べるからおいしいとか？

F：味は同じだけどね〜。

M：それだったら、スーパーで買って食べればいいじゃん。俺は興味がないからいいよ。

F：近所のスーパーだとここの地域のものしか売ってないじゃない。このお店は全国の味のものが置いてあるって書いてあるわよ。ちょっとみてみてよ。

M：はいはい。え〜っと、関西風、関東風、北海道限定。おっ、この地方限定のカップうどんは食べたことがないな。おいしそう〜。写真見てると何だかお腹が空いてきたよ。

F：でしょ〜。これは近くのスーパーにはないから、今度行ってみましょうよ。

M：そうだな。

妻はなぜカップうどんを食べたいと言いましたか。

1　普通のカップうどんと味が違うから
2　外で食べるとおいしいから
3　料理するのが面倒だから
4　全国の味のものが置いてあるから

남자는 왜 여자의 집에 왔습니까?

1　노트를 가지고 왔다.
2　병문안하러 왔다.
3　사과하러 왔다.
4　차를 마시러 왔다.

가장 알맞은 답은 1번입니다. 해답 용지의 문제3의 예 부분을 보세요. 가장 알맞은 답은 1번이니 답은 다음과 같이 씁니다. 그럼 시작하겠습니다.

1번

아내와 남편이 이야기하고 있습니다.

여 : 있잖아, 당신. 도쿄에 컵 우동을 먹을 수 있는 가게가 있다고 해. 다음 달에 도쿄에 갔을 때에 가 보지 않을래?

남 : 컵 우동이라면 그 슈퍼 같은 데서도 파는 뜨거운 물 넣어서 먹는 거겠지. 집에서 먹으면 되잖아.

여 : 뭐 그렇지만 이 사이트를 읽고 있다가 맛있어 보여서.

남 : 보통의 컵 우동과 뭐가 다른 거야? 맛? 아니면 밖에서 먹으니까 맛있다든가?

여 : 맛은 똑같지만.

남 : 그렇다면 슈퍼에서 사 먹으면 되잖아. 난 흥미가 없으니까 됐어.

여 : 근처 슈퍼라면 이 지역 것밖에 안 팔고 있잖아. 이 가게는 전국의 맛들이 놓여 있다고 써 있어. 좀 봐봐.

남 : 응응. 음, 간사이풍, 간토풍, 홋카이도 한정. 어, 이 지역 한정의 컵 우동은 먹은 적이 없네. 맛있겠다. 사진 보고 있었더니 뭔가 배가 고파졌어.

여 : 그렇지? 이것은 근처 슈퍼에는 없으니까 이번에 가 봐요.

남 : 그럴까.

아내는 왜 컵 우동을 먹고 싶다고 말했습니까?

1　보통의 컵 우동과 맛이 다르니까
2　밖에서 먹으면 맛있으니까
3　요리하는 것이 귀찮으니까
4　전국의 맛들이 놓여 있으니까

カップうどん 컵 우동 | ～らしい ～인 듯하다 | 売る 팔다 | お湯 끓인 물, 뜨거운 물 | 普通 보통 | 違う 다르다 | 味 맛 | それとも 그렇지 않으면 | 外 밖 | 同じだ 같다 | 興味 흥미 | 近所 근처, 이웃 | 地域 지역 | 全国 전국 | 置く 두다, 놓다 | ～風 ～풍, ～식 | 関西 간사이 (지방) | 関東 간토 (지방) | 北海道 홋카이도 | 限定 한정 | 地方 지방 | 写真 사진 | 何だか 무언지 어쩐지 | お腹が空く 배가 고프다 | 近く 근처, 가까이 | 今度 이번, 이 다음 | 料理 요리 | 面倒だ 번거롭다

2ばん

女の人二人が話しています。

F1：この間のシーロンホテルは予約がとれないってさ。それで探してみたんだけど、このミントホテルはどうかな？駅からも近いし、朝ごはんもついてて値段も予算内だし。

F2：いいわね。泊まった人のコメントは何て書いてある？

F1：ん～、部屋が少し狭いけどきれいだって書いてあるわよ。あっ、でも、ごはんがあまりおいしくないみたい。

F2：ごはんがおいしくないのはちょっとね。あと、部屋が狭いと荷物が出しにくいかもしれないわね。

F1：じゃあ、このスター観光ホテルかリーフホテルはどうかな。どっちも評判いいみたいだよ。

F2：どっちがいいかな。ちょっと本見せて。え～と、スター観光ホテルは少し高いけど朝ごはんがついててておいしいらしいわよ。リーフホテルは安くていいけど、部屋の写真が良くないわね。

F1：じゃあ、少し高いけどこの朝食がついてるところにしましょ。

二人はどのホテルに決めましたか。

1　シーロンホテル
2　**スター観光ホテル**
3　リーフホテル
4　ミントホテル

この間 지난번, 요전 | 予約をとる 예약을 하다 | 探す 찾다 | 駅 역 | 近い 가깝다 | つく 덧붙다 | 値段 가격 | 予算 예산 | ～内 ～내, ～안 | 泊まる 묵다, 머물다 | コメント 코멘트, 설명, 견해 | 狭い 좁다 | 荷物 짐 | ～にくい ～(하)기 힘들다 | ～かもしれない ～(일)지도 모른다 | 観光 관광 | 評判 평판 | 写真 사진 | 朝食 조식, 아침밥 | 決める 결정하다

아내는 이 가게에 전국의 맛들이 모여 있다고 하였고, 이 것을 본 남편은 지역 한정 컵 우동은 먹은 적이 없다며 흥미를 보였다. 따라서 정답은 4번이다.

2번

두 여자가 이야기하고 있습니다.

여1 : 요전의 시론 호텔은 예약을 못한다는데. 그래서 찾아봤는데 이 민트 호텔은 어떨까? 역에서 가깝고 아침도 나오고 가격도 예산 내이고.

여2 : 좋네. 묵은 사람의 평은 뭐라고 써 있어?

여1 : 음, 방이 조금 좁지만 깨끗하다고 써 있어. 아, 하지만 밥이 별로 맛있지 않은 것 같아.

여2 : 밥이 맛있지 않은 것은 좀 그렇네. 그리고 방이 좁으면 짐 꺼내기 힘들지도 몰라.

여1 : 그럼, 이 스타 관광 호텔이나 리프 호텔은 어떨까? 어느 쪽도 평판이 좋은 것 같아.

여2 : 어느 쪽이 좋을까? 잠깐 책 좀 보여줘. 스타 관광 호텔은 좀 비싸지만 아침밥이 나오고 맛있는 것 같아. 리프 호텔은 싸서 좋지만 방 사진이 좋지 않네.

여1 : 그럼 좀 비싸지만 이 아침밥이 나오는 곳으로 하자.

두 사람은 어느 호텔로 결정했습니까?

1　시론 호텔
2　**스타 관광 호텔**
3　리프 호텔
4　민트 호텔

스타 관광 호텔은 조금 비싸지만 아침밥이 나오고 맛있다고 했고, 리프 호텔은 싸서 좋지만 방 사진이 좋지 않다고 했다. 조금 비싸더라도 아침밥이 나오는 곳으로 하자고 했으므로 정답은 2번 스타 관광 호텔이다.

3 ばん

会社で男の人と女の人が話しています。

M：あれ？水田くんは？今日も休み？

F：今日は体調がよくないみたいで、今週はずっと休むそうよ。さっき電話がかかってきたわよ。

M：え〜、どうしよう。今日までにしなきゃいけない仕事があるんだけど。

F：私でよかったら手伝おうか。

M：でも、外に出て街を歩く人に聞かないといけない仕事なんだけど、大丈夫？

F：この表を作らなければいけないから、その後なら大丈夫だよ。

M：そっかー。僕は5時から会議で1時間ぐらいで終わるから、それからにしようか。

F：でもそれだと遅くなるんじゃない？私の仕事はあと1時間ぐらいで終わるから、それまでに用意しておいてくれたらすぐに行けるよ。今何時だっけ？

M：今10時半だよ。

男の人の仕事は何時から手伝いますか。

1　10時半から

2　11時半から

3　2時から

4　6時から

단어

休み 휴일, 휴가 | 体調 몸 상태 | 今週 이번 주 | ずっと 계속, 줄곧 | 休む 쉬다 | 〜みたいだ 〜인 것 같다 | 〜らしい 〜라고 한다 | さっき 아까, 조금 전 | かかる (전화 등이) 걸리다 | 手伝う 돕다, 거들다 | 街 거리 | 歩く 걷다 | 大丈夫だ 괜찮다 | 表 표 | 作る 만들다 | 会議 회의 | 遅い 늦다 | 終わる 끝나다 | 用意 준비 | すぐ 바로, 곧

問題 4

問題4では、えを見ながら質問を聞いてください。やじるし（➡）の人は何と言いますか。1から3の中から、最もよいものを一つえらんでください。

では、練習をしましょう。

---

3 번

회사에서 남자와 여자가 이야기하고 있습니다.

남 : 어머? 미즈타 군은? 오늘도 쉬는 날?

여 : 오늘은 몸 상태가 안 좋은 것 같고 이번 주는 계속 쉰다고 해. 아까 전화가 걸려 왔어.

남 : 어, 어떻게 하지. 오늘까지 해야 하는 일이 있는데.

여 : 내가 해도 괜찮으면 도와줄까?

남 : 하지만 밖에 나가서 길 걸어가는 사람에게 물어봐야 하는 일인데, 괜찮아?

여 : 이 표를 만들어야 하니까 그 후라면 괜찮아.

남 : 그런가. 난 5시부터 회의라서 한 시간 정도면 끝나니까 그러고 나서 할까?

여 : 하지만 그러면 늦어지는 거 아니야? 내 일은 앞으로 한 시간 정도면 끝나니까 그 때까지 준비해 둬 주면 바로 갈 수 있어. 지금 몇 시지?

남 : 지금 10시 반이야.

남자의 일은 몇 시부터 도와줍니까?

1　10시 반부터

2　11시 반부터

3　2시부터

4　6시부터

해설

여자가 남자의 일을 도와준다고 했다. 여자는 자신의 일이 이제 한 시간 정도면 끝나니 그 때까지 준비해 주면 바로 갈 수 있다고 말했다. 지금이 10시 반이므로 한 시간 후면 11시 반이다.

문제 4

문제4에서는 그림을 보면서 질문을 들어 주세요. 화살표의 사람은 뭐라고 말합니까? 1에서 3 중에서 가장 알맞은 것을 하나 고르세요.

그럼 연습을 하겠습니다.

れい

前を歩いている人が何か落としました。何と言いますか。

1 あの、落としましたよ。
2 あの、落ちそうですよ。
3 あの、これは何ですか。

もっともよいものは１番です。かいとうようしの問題４の例のところを見てください。もっともよいものは１番ですから、答えはこのようにかきます。では、はじめます。

1 ばん

たばこを吸おうと思いましたがライターがありません。何と言いますか。

1 ライターを返してくださいませんか。
2 ライターを貸してもらえませんか。
3 ライターをお貸ししましょうか。

단어

たばこを吸う 담배를 피우다 | ライター 라이터 | 返す 돌려주다 | 貸す 빌려주다 | お+동사 ます형+する 〜해 드리다[겸양어]

2 ばん

電車でおばあさんが大きな荷物を持って座っています。何と言いますか。

1 荷物を棚にあげましょうか。
2 荷物を持ってあげましょうか。
3 荷物を私にくださいませんか。

단어

大きな 큰, 커다란 | 荷物 짐 | 座る 앉다 | 棚 선반 | あげる 올리다 | 〜てあげる (내가 남에게) 〜해 주다 | くださる (윗사람이 나에게) 주시다[くれる의 겸양어]

3 ばん

交番がどこにあるか聞かれました。何と言いますか。

1 あの角を右に曲がらないでください。
2 あの角を右に曲がるとあります。
3 あの角を右に曲がるまで見えません。

예

앞을 걸어가고 있는 사람이 무언가 떨어뜨렸습니다. 뭐라고 말합니까?

1 저, 떨어뜨렸어요.
2 저, 떨어질 것 같아요.
3 저, 이것은 뭡니까?

가장 알맞은 답은 1번입니다. 해답 용지의 문제4의 예 부분을 보세요. 가장 알맞은 답은 1번이니 답은 다음과 같이 씁니다. 그럼 시작하겠습니다.

1번

담배를 피우려고 생각했지만 라이터가 없습니다. 뭐라고 말합니까?

1 라이터를 돌려주지 않겠습니까?
2 라이터를 빌려 주시지 않겠습니까?
3 라이터를 빌려 드릴까요?

해설

담배를 피우려는데 라이터가 없다면 빌려 달라고 해야 할 것이다. 「〜てもらえませんか(〜해 받을 수 없겠습니까?)」는 상대에게 어떤 행동을 해 주실 수 있는지 묻는 표현이므로 2번과 같이 동사「貸(か)す」에 연결하여 빌려 주실 수 있는지 물어야 한다. 3번은 자신이 빌려 주려 할 때 쓰는 표현이다.

2번

전철에서 할머니가 큰 짐을 들고 앉아 있습니다. 뭐라고 말합니까?

1 짐을 선반에 올릴까요?
2 짐을 들어 줄까요?
3 짐을 나에게 주시지 않겠습니까?

해설

남자가 큰 짐을 들고 앉아 있는 할머니에게 짐을 선반에 올려 주겠다고 하므로 정답은 1번 '짐을 선반에 올릴까요?'이다.

3번

파출소가 어디에 있는지 질문을 받았습니다. 뭐라고 말합니까?

1 저 모퉁이를 오른쪽으로 돌지 마세요.
2 저 모퉁이를 오른쪽으로 돌면 있습니다.
3 저 모퉁이를 오른쪽으로 돌 때까지 보이지 않습니다.

交番 파출소 | 聞く 묻다 | 角 모퉁이 | 右 오른쪽 | 曲がる
돌다 | ～ないでください ～하지 마세요 | 見える 보이다

4 ばん

電話中にお客様が来られました。何と言いますか。

1 少しお待ちください。

2 少しお待たせしました。

3 少しお待たせします。

電話中 전화 중 | お客様 손님 | 少し 조금, 잠시 | 待つ 기
다리다 | 待たせる 기다리게 하다[待つ의 사역형]

問題 5

問題5では、問題用紙に何もいんさつされてい
ません。まず文を聞いてください。それから、
そのへんじを聞いて、1から3の中から、最も
よいものを一つえらんでください。
では、練習をしましょう。

れい

M：この映画みたことある？

F：1 うん、昨日みるよ。

　　2 うん、おもしろかったよ。

　　3 うん、お母さんと帰るよ。

もっともよいものは2番です。かいとうようし
の問題5の例のところを見てください。もっと
もよいものは2番ですから、答えはこのように
かきます。では、はじめます。

1 ばん

M：もうすぐお昼の時間だね。今日は何食べる？

F：1 昨日の夜はトンカツを食べたよ。

　　2 今日の夜は焼肉が食べたいな。

　　3 今日はピザが食べたいな。

もうすぐ 이제 곧 | お昼 낮, 점심 | 時間 시간 | 昨日 어제 |
夜 밤 | トンカツ 돈가스 | 焼肉 불고기 | ピザ 피자

파출소가 어딘지 누가 물어보면, 길을 찾아갈 수 있도록
대답해 줘야 할 것이다. 따라서 저 모퉁이를 돌면 있다고
대답한 2번이 정답이다.

4 번

전화 중에 손님이 오셨습니다. 뭐라고 말합니까?

1 잠시 기다려 주세요.

2 잠시 기다리게 했습니다.

3 잠시 기다리게 하겠습니다.

전화를 하는 중에 손님이 찾아왔다면 조금만 기다려 달라
고 말해야 할 것이다. 따라서 정답은 1번이다.

문제 5

문제5에서는 문제 용지에 아무것도 인쇄되어 있지 않
습니다. 먼저 문장을 들어 주세요. 그런 다음 그 응답
을 듣고 1에서 3 중에서 가장 알맞은 것을 하나 고르
세요.
그럼 연습을 하겠습니다.

예

여：오랜만이네요.

남：1 응, 어제 봐.

　　2 응, 재미있었어.

　　3 응, 엄마와 돌아갈게.

가장 알맞은 답은 2번입니다. 해답 용지의 문제5의 예
부분을 보세요. 가장 알맞은 답은 2번이니 답은 다음
과 같이 씁니다. 그럼 시작하겠습니다.

1 번

남：이제 곧 점심시간이네. 오늘은 뭐 먹어?

여：1 어젯밤은 돈가스를 먹었어.

　　2 오늘밤은 불고기가 먹고 싶구나.

　　3 오늘은 피자가 먹고 싶구나.

점심에 뭐 먹을지에 대한 대답이 와야 한다. 1번은 어젯밤,
2번은 오늘밤이므로 안되고 오늘은 피자가 먹고 싶다고
대답한 3번이 정답이다.

2 ばん

M：ちょっと手をふくものを貸してくれない？

F：1　いいよ。はい、どうぞ。
　　2　ありがとう。助かったよ。
　　3　頭に巻いてるじゃない。

단어

手をふく 손을 닦다 | 貸す 빌려 주다 | 助かる 도움이 되다 |
頭 머리 | 巻く 감다, 두르다

3 ばん

F：今日の宿題ってプリント何枚？

M：1　3個だよ。
　　2　5枚だよ。
　　3　8本だよ。

단어

宿題 숙제 | プリント 프린트 | 何枚 몇 장 | ～個 ～개 | ～
本 ～자루[가늘고 긴 것을 세는 단위]

4 ばん

M：この辞書、ありがとう。とても役に立ったよ。

F：1　何も知らないんだね。
　　2　役に立たない辞書なんてないよ。
　　3　どういたしまして。

단어

辞書 사전 | 役に立つ 도움이 되다, 쓸모 있다 | 知る 알다 |
どういたしまして 천만에요

5 ばん

F：鈴木さん、このプリントは何部コピーしておけば
　　いいですか。

M：1　3人です。
　　2　野球部です。
　　3　5部です。

단어

何部 몇 부 | コピー 복사 | ～ておく ～해 두다 | 野球部 야
구부

2 번

남 : 잠깐 손 닦을 것을 빌려주지 않을래?

여 : 1　좋아. 여기 받아.
　　2　고마워. 도움이 됐어.
　　3　머리에 감고 있잖아.

해설

손 닦을 것을 빌려달라고 했으므로 닦을 것을 건네주며 하
는 말, 1번이 자연스럽다.

3 번

여 : 오늘 숙제는 프린트 몇 장이야?

남 : 1　3개야.
　　2　5장이야.
　　3　8자루야.

해설

숙제가 프린트 몇 장인지 물었으므로 대답도 이것에 어울
리게 대답해야 한다. 따라서 정답은 5장이라고 대답한 2번
이다.

4 번

남 : 이 사전, 고마워. 무척 도움이 되었어.

여 : 1　아무것도 모르는구나.
　　2　도움이 되지 않는 사전 같은 건 없어.
　　3　천만에.

해설

사전 빌려 준 것에 대한 고마움을 전하고 있다. 고맙다는
말에 어울리는 대답을 찾으면 3번이다.

5 번

여 : 스즈키 씨, 이 프린트는 몇 부 복사해 두면 됩니까?

남 : 1　세 명입니다.
　　2　야구부입니다.
　　3　5부입니다.

해설

프린트를 몇 부 복사해 두면 되는지를 묻고 있다. 이것에
대한 대답으로 적당한 것은 3번 5부라고 대답한 것이다.

6 ばん

M：ごみは分けて捨ててって言ったじゃない。

F：1　はい、次からは気をつかいます。

　　2　はい、次からは気をつけます。

　　3　はい、次からは気疲れします。

단어

ごみ 쓰레기 | 分ける 나누다 | 捨てる 버리다 | 次 다음 |
気をつける 신경 쓰다, 주의하다 | 気疲れ 정신적 피로

7 ばん

F：試験の結果どうだった？

M：1　まあまあだったよ。

　　2　よかったじゃない。

　　3　そんな時もあるよ。

단어

試験 시험 | 結果 결과 | どう 어떻게 | まあまあ 그저 그런
정도임

8 ばん

M：あそこに座ってる男の子、ハンサムだよね。

F：1　誰か知らないんだけど。

　　2　趣味は旅行だって。

　　3　本当だね、かっこいいね。

단어

あそこ 저기 | 座る 앉다 | 男の子 남자아이 | ハンサムだ
잘생기다 | 趣味 취미 | 旅行 여행 | 本当 정말 | かっこいい
멋지다

9 ばん

F：これ、九州に行った時のお土産です。

M：1　ありがとうございます。

　　2　ごちそうさまでした。

　　3　ごめんください。

단어

九州 규슈 | ～時 ～때 | お土産 토산품, 선물 | ごちそうさ
までした 잘 먹었습니다 | ごめんください 실례합니다

6 번

남：쓰레기는 나눠서 버리라고 했잖아.

여：1　네, 다음부터는 신경 쓰겠습니다.

　　2　네, 다음부터는 주의하겠습니다.

　　3　네, 다음부터는 피로해집니다.

해설

쓰레기를 나눠서 버리라고 하지 않았냐고 하면서 핀잔을
주고 있다. 「気(き)をつける」가 '조심하다, 주의하다'라는
뜻이므로 다음부터는 조심하겠다고 말한 2번이 가장 자연
스럽다.

7 번

여：시험 결과 어땠어?

남：1　그저 그랬어.

　　2　잘 되었구만.

　　3　그런 때도 있어.

해설

시험 결과에 대해 묻고 있다. 따라서 그저 그랬다고 대답
한 1번이 자연스럽다.

8 번

남：저기에 앉아 있는 남자아이 잘생겼지?

여：1　누군지 모르지만.

　　2　취미는 여행이래.

　　3　정말이네, 멋있다.

해설

잘생겼다는 의견에 동조하거나 반대하는 말이 와야 한다.
따라서 동조하고 있는 3번이 가장 자연스럽다.

9 번

여：이거, 규슈에 갔을 때 사 온 선물입니다.

남：1　감사합니다.

　　2　잘 먹었습니다.

　　3　실례합니다.

해설

규슈에 갔다 오면서 사 온 선물이라고 했으므로, 선물에
대한 감사의 말이 와야 한다. 따라서 정답은 1번이다.

1교시 언어지식(문자 · 어휘)

問題 1　1 ②　2 ④　3 ①　4 ③　5 ①　6 ②　7 ③　8 ④

問題 2　9 ②　10 ③　11 ④　12 ①　13 ②　14 ③

問題 3　15 ③　16 ④　17 ①　18 ④　19 ①　20 ③　21 ②　22 ①　23 ③　24 ④　25 ①

問題 4　26 ①　27 ②　28 ④　29 ③　30 ②

問題 5　31 ③　32 ④　33 ②　34 ①　35 ③

2교시 언어지식(문법) · 독해

問題 1　1 ④　2 ②　3 ①　4 ④　5 ③　6 ①　7 ③　8 ①　9 ④　10 ②　11 ③
　　　　12 ③　13 ①

問題 2　14 ③　15 ①　16 ②　17 ④　18 ③

問題 3　19 ③　20 ④　21 ②　22 ①　23 ②

問題 4　24 ③　25 ①　26 ④　27 ①

問題 5　28 ②　29 ①　30 ③　31 ③　32 ①　33 ④

問題 6　34 ②　35 ④　36 ③　37 ①

問題 7　38 ②　39 ③

3교시 청해

問題 1　1 ③　2 ③　3 ②　4 ④　5 ③　6 ④

問題 2　1 ②　2 ①　3 ③　4 ②　5 ②　6 ②

問題 3　1 ①　2 ④　3 ③

問題 4　1 ①　2 ②　3 ③　4 ①

問題 5　1 ②　2 ①　3 ①　4 ③　5 ②　6 ③　7 ①　8 ②　9 ③

문제 1 ＿＿＿＿의 단어를 읽는 방법으로 가장 알맞은 것을 1·2·3·4에서 하나 고르시오.

1 그렇게 급하게 먹으면 **소화**에 나쁘니까 잘 씹어서 먹으세요.

> **해설** 「消」는 음으로「しょう」, 훈으로「消(き)える」혹은「消(け)す」라고 읽는다. 「化」는 음으로「か」라고 읽는다. '소화'라는 뜻의 단어는 둘 다 음독하여「しょうか(소화)」이다.

そんなに 그렇게 | 急ぐ 서두르다 | 消化 소화 | 悪い 나쁘다 | よく 잘, 자주 | 噛む 씹다, 물다

정답 ②

2 케이크를 사 왔으니까 지금 여기 있는 사람끼리 **등분**해서 먹자.

> **해설** 「等」은 음으로「とう」, 훈으로「等(ひと)しい」라고 읽는다. 「分」은 음으로「ぶん/ふん/ぶ」, 훈으로「分(わ)ける/分(わ)かれる/分(わ)かる」라고 읽는다. 「等分」은 둘 다 음독하여「とうぶん」이라고 읽는다.

ケーキ 케이크 | 買う 사다 | 今 지금 | 等分 등분

정답 ④

3 어떤 것도 자신은 **서툴다**고 생각하면 실패할 가능성이 높아진다.

> **해설** 「苦」는 음으로「く」, 훈으로「苦(くる)しい」나「苦(にが)い」라고 읽는다. 또「手」는 음으로「しゅ」, 훈으로「て」라고 읽는다. 「苦手」는 서툴다는 뜻이며 훈으로「にがて」라고 읽는다.

どんな 어떤 | 自分 자신 | 苦手だ 서툴다 | 〜と思う 〜라고 생각하다 | 失敗 실패 | 可能性 가능성 | 高い 높다

정답 ①

4 신학기가 시작되어 학교에 **활기**가 돌아왔다.

> **해설** 「活」은 음으로「かつ」, 「気」는 음으로「き」나「け」라고 읽는다. 활기라는 뜻인「活気」는「かつ」와「き」로 읽는데, 이때「かつ」의「つ」가 촉음화하기 때문에「かっき」라고 읽어야 한다.

新学期 신학기 | 始まる 시작되다 | 学校 학교 | 活気 활기 | 戻る 되돌아오다

정답 ③

5 무리한 **요구**를 하다.

> **해설** 「要」는 음으로「よう」, 훈으로「要(い)る」라고 읽는다. 「求」는 음으로「きゅう」, 훈으로「求(もと)める」라고 읽는다. 「要求」는 '요구'라는 뜻이며 각각 음으로「ようきゅう」라고 읽는다.

無理だ 무리하다 | 要求 요구

정답 ①

6 사 온 식품을 **냉동**하다.

> **해설** 「冷」은 음으로「れい」, 훈으로「冷(つめ)たい/冷(ひ)える/冷(ひ)やす/冷(さ)める/冷(さ)ます」라고 읽는다. 또「凍」은 음으로「とう」, 훈으로「凍(こお)る」라 읽는다. 「冷凍」는 '냉동'이라는 뜻이며 각각 음으로「れいとう」라고 읽는다.

買う 사다 | 食品 식품 | 冷凍 냉동

정답 ②

7 **충치**가 생기지 않도록 매일 반드시 이를 닦는다.

> **해설** 「虫」은 음으로「ちゅう」, 훈으로「むし」라고 읽는다. 「歯」는 음으로「し」, 훈으로「は」라고 읽는다. '충치'라는 뜻인 이 한자는 둘 다 훈독하여「むしは」라 읽는데, 둘이 만나면서「は」가 탁음화하여「ば」가 되므로「むしば」라고 읽어야 한다.

虫歯 충치 | ～ないように ～하지 않도록 | 毎日 매일 | 必ず 반드시 | 歯を磨く 이를 닦다

정답 ③

⑧ 짠 것을 너무 많이 먹는 것은 **혈압**이 높아지는 원인이 되므로 주의가 필요하다.

> **해설** 「血」은 음으로 「けつ」, 훈으로 「ち」라고 읽는다. 또 「圧」은 음으로 「あつ」라고 읽는다. 「血圧」는 '혈압'이라는 뜻이며 둘 다 음으로 「けつあつ」라고 읽는다.

塩辛い 짜다 | 食べ過ぎ 과식 | 血圧 혈압 | 高い 높다 | 原因 원인 | 注意 주의 | 必要だ 필요하다

정답 ④

문제 2 _______의 단어를 한자로 쓸 때, 가장 알맞은 것을 1·2·3·4에서 하나 고르시오.

⑨ 아무리 시험 성적이 좋아도 10일 이상 **결석**한 경우 다음 급으로는 올라갈 수 없습니다.

> **해설** 앞뒤 문맥을 통해 「けっせき」란 '결석'이라는 뜻임을 알 수 있다. 한자로는 「欠席」라고 쓴다.

いくら～ても 아무리 ～하더라도 | テスト 테스트, 시험 | 成績 성적 | 以上 이상 | 欠席 결석 | 場合 경우 | 次 다음 | 級 급 | 上がる 오르다

정답 ②

⑩ 새로 문을 연 그 호텔은 **거대**한 배와 같은 모양을 하고 있다.

> **해설** 「きょだい」란 '거대'라는 뜻이다. 한자로는 「巨大」라고 쓴다.

新しい 새롭다 | オープン 오픈, 문을 엶 | ホテル 호텔 | 巨大だ 거대하다 | 船 배 | 形 모양, 형태

정답 ③

⑩ 오늘은 일본 **열도** 각지에서 35도 이상을 기록하여 이번 여름 중 가장 더운 날이었다.

> **해설** 「日本(にほん)れっとう」는 '일본 열도'라는 뜻이다. 따라서 보기 중에 열도를 뜻하는 한자를 찾으면 된다. 따라서 4번 「列島」가 정답이다.

今日 오늘 | 日本 일본 | 列島 열도 | 各地 각지 | ～度 ～도 | 記録 기록 | 夏 여름 | 一番 가장, 제일 | 暑さ 더위

정답 ④

⑫ 지금까지 명사, 동사에 대해 공부해 왔습니다. 오늘부터 **부사**를 배우겠습니다.

> **해설** 지금까지 명사와 동사에 대해 공부했다고 했으므로, 「ふくし」도 품사 중 하나라고 추측할 수 있다. 「ふくし」는 부사라는 뜻이며, 한자로는 「副詞」라고 쓴다.

これまで 지금까지 | 名詞 명사 | 動詞 동사 | ～について ～에 대해 | 勉強 공부 | 副詞 부사 | 学ぶ 배우다

정답 ①

⑬ 이번 유럽 여행에서는 독일·프랑스·영국 3개국을 **방문**했다.

> **해설** 「ほうもん」은 '방문'이라는 뜻이다. 한자로는 「訪問」이라고 쓴다.

今回 이번 | ヨーロッパ 유럽 | 旅行 여행 | ドイツ 독일 | フランス 프랑스 | イギリス 영국 | ～ヶ国 ～개국 | 訪問 방문

정답 ②

⑭ 다음 글을 읽고 **필자**의 주장이 가장 강하게 써 있는 부분을 20자 이내로 골라내시오.

> **해설** 「ひっしゃ」란 글을 쓴 사람, 즉 '필자'라는 뜻이다. 한자는 「筆者」라고 쓰므로 정답은 3번이다.

次 다음 | 文章 글, 문장 | 読む 읽다 | 筆者 필자 | 主張 주장 | 一番 가장, 제일 | 強い 강하다 | 書く 쓰다 | 部分 부분 | ～字 ～자, ～글자 | 以内 이내 | 抜き出す 골라내다

정답 ③

15 앞으로 한 달만 있으면 고등학교 졸업을 하다니 **실감**이 안 난다.

> **해설** 한 달 후면 졸업한다는 것이 실감이 나지 않는다고 해야 할 것이다. 따라서 3번 「実感(じっかん)」이 정답이다.

あと 앞으로 | 高校 고등학교 | 卒業 졸업 | ～なんて ～라니, ～하다니 | 実感 실감 | 神経 신경 | 観念 관념 | 心理 심리

정답 ③

16 그것은 나중에 내가 할 테니까 **그대로** 놔 둬 줄래?

> **해설** 자신이 나중에 하겠다고 했으니까 그냥 이 상태로 놔두라고 해야 자연스러운 문장이 된다. 따라서 '그대로'라는 뜻인「そのまま」가 어울린다.

後で 나중에 | やる 하다 | そのまま 그대로 | ～ておく ～해 두다 | ～てくれる (남이 나에게) ～해 주다 | きっと 꼭, 반드시 | それほど 그만큼, 그다지 | けっこう 훌륭함, 좋음, 꽤, 상당히

정답 ④

17 이번 영화는 초등학생이 관객의 대부분을 **차지하고** 있습니다.

> **해설** 초등학생이 관객의 대부분을 차지한다고 해야 자연스러운 문장이 된다. 따라서 '차지하다, 점유하다'라는 의미의 동사인「占(し)める」를「占(し)めて」의 형태로 넣어야 한다.

今回 이번 | 映画 영화 | 小学生 초등학생 | 観客 관객 | 大部分 대부분 | 占める 차지하다 | 背負う 짊어지다, 떠맡다 | 座る 앉다 | 持つ 들다, 가지다

정답 ①

18 그 스타의 사인이 들어간 CD는 2,000달러 **상당**의 값이 매겨졌다.

> **해설** 스타의 사인이 들어간 CD가 2,000달러의 가격이 매겨졌다는 말이 되어야 하므로, 일정한 액수에 해당한다는 의미인「相当(そうとう)」가 들어가야 자연스럽다.

スター 스타 | サイン 사인, 서명 | ドル 달러 | 相当 상당 | ～入り ～들어감 | 値がつく 값이 매겨지다 | 応用 응용 | 価格 가격 | 以外 이외

정답 ④

19 그 젊은이가 장래 대작가로서 역사에 이름을 **새기게** 되다니 누가 예측할 수 있었을까?

> **해설** 대작가로 역사에 이름을 남긴다는 의미가 되어야 자연스럽다. 같은 뜻인 '이름을 새긴다'는「名(な)を刻(きざ)む」라고 한다.

若者 젊은이 | 後々 장래 | 大作家 대작가 | ～として ～로써 | 歴史 역사 | 名を刻む 이름을 새기다, 이름을 남기다 | 誰 누구 | 予測 예측 | 立てる 세우다 | 売る 팔다 | 相続する 상속하다

정답 ①

20 오래간만의 해외여행인데도 계속 비가 왔**다니** 너도 운이 없구나.

> **해설** 의미상 오래간만에 한 해외여행인데도 비가 오다니 운이 없다는 말이 되어야 자연스럽다. 따라서 빈칸에는 '～하다니'라는 의미를 가진「～なんて」가 들어가야 한다.

久々 오랜만 | 海外旅行 해외여행 | ずっと 계속, 줄곧 | 運が悪い 운이 나쁘다 | ところで 그런데, 그건 그렇고 | ～たまま ～한 채 | だから 따라서

정답 ③

21 저 사람과 만난 적은 없지만 **어쩐지** 좋아지지 않는다.

> **해설** 만난 적은 없는 사람이지만 무슨 이유인지 모르게 좋아지지 않는다고 해야 자연스럽다. 따라서 2번의「なんとなく(어쩐지)」가 적당하다.

会う 만나다 | 好きだ 좋아하다 | より 보다 더 | なんとなく 어쩐지, 왠지 | なんとか 어떻게든 | 別に 별로, 특별히

정답 ②

22 | 내가 어렸을 때 엄마는 내 **좋아하는 것만 먹는 습관**을 없애기 위해 여러 가지 요리 방법으로 고심해서 만들었다고 한다.

> **해설** 엄마가 여러 가지 요리 방법으로 고심해서 만든 이유는 '나'가 어렸을 때 편식이 심했기 때문일 것이다. 즉 좋아하는 것만 취한다는 뜻인 「好(す)き嫌(きら)い」가 정답이다.
>
> 小さい 작다, 어리다 | ～頃 ～때 | 好き嫌い 좋아함과 싫어함, 호불호, 편식 | なくす 없애다 | 料理 요리 | 方法 방법 | 苦心 고심 | 作る 만들다 | ～そうだ ～라고 한다
>
> 정답 ①

23 | 주민의 **상호** 지탱에 의한 마을 만들기를 지향합니다.

> **해설** 빈칸 뒤에 서로 지탱한다는 뜻인 「支(ささ)え合(あ)い」가 나오는 것으로 보아 빈칸에는 서로 간, 즉 '상호'를 나타내는 「相互(そうご)」를 넣어야 함을 알 수 있다.
>
> 住民 주민 | 相互 상호 | 支え合い 서로 지탱함 | ～による ～에 의하다 | 町づくり 마을 조성 | 目指す 지향하다 | 無数 무수 | 当然だ 당연하다 | 確実だ 확실하다
>
> 정답 ③

24 | 무슨 이유인지 나는 거리를 걷고 있으면 외국인이 **가는 길**을 묻는 일이 정말 많다.

> **해설** 거리를 걸을 때 외국인이 주로 물어보는 것은 '길'이다. 따라서 어떤 곳까지 가는 순서나 절차를 나타내는 단어인 「道順(みちじゅん)」이 가장 잘 어울린다.
>
> 訳 이유 | 街 거리 | 歩く 걷다 | 外国人 외국인 | 道順 (어떤 곳까지) 가는 순서, 절차 | 聞く 묻다, 듣다 | 本当に 정말로 | 多い 많다 | 要点 요점 | 道路 도로 | 例外 예외
>
> 정답 ④

25 | 돈을 **빌려 주고** 빌리는 일은 부모 형제조차 관계가 깨지는 경우가 있다.

> **해설** 빈칸 앞에는 '돈'이라는 뜻인 「金(かね)」가 있고 빈칸 뒤에 '빌림'이라는 뜻인 「借(か)り」가 왔으므로 돈의 빌려 줌과 빌림, 즉 대차를 말한다는 것을 알 수 있다. 따라서 빈칸에는 빌려 줌을 뜻하는 「貸(か)し」가 들어가야 한다.
>
> 金 돈 | 貸し借り 대차(돈을 빌려 주고 빌림) | 親兄弟 부모 형제 | ～でさえ ～조차 | 関係 관계 | 壊れる 부서지다, 깨지다 | 肩 어깨 | 無し 없음 | 知人 지인
>
> 정답 ①

문제4 _____의 단어에 의미가 가장 가까운 것을 1·2·3·4에서 하나 고르시오.

26 | 그건 그렇고, 이쯤에서 여러분에게 멋진 **소식**이 있습니다.

> **해설** 「知(し)らせ」는 '알림, 통지'를 나타내는 말이다. 따라서 의미상 통하는 것은 1번의 '안내', 「案内(あんない)」이다.
>
> さて 그건 그렇고 | 皆さん 여러분 | 素敵だ 멋지다 | お知らせ 알림 | 案内 안내 | 広告 광고 | 予報 예보 | 手紙 편지
>
> 정답 ①

27 | 나는 지금 대학에 **다니고** 있고 심리학을 공부하고 있습니다.

> **해설** 「通(かよ)って」는 동사 「通(かよ)う」에서 온 형태로 '다니다'는 뜻이다. 따라서 학교에 다니고 있다는 뜻인 「在学(ざいがく)して」가 비슷한 의미다.
>
> 大学 대학 | 通う 다니다, 오가다 | 心理学 심리학 | 勉強 공부 | 在学 재학 | 入学 입학 | 出入り 출입 | 通行 통행
>
> 정답 ②

28 교토역 **주변**의 호텔을 인터넷으로 찾다.

> **해설** 「周辺(しゅうへん)」은 '주변'이라는 뜻이다. 선택지에서 비슷한 의미를 갖는 단어는 '부근'이라는 뜻인 4번 「付近(ふきん)」이다.

周辺 주변 | インターネット 인터넷 | 探す 찾다 | 区分 구분 | 方面 방면 | 向こう 맞은편, 상대편 | 付近 부근

정답 ④

29 대표적인 일본 요리라고 하면 **대부분**의 사람은 초밥이라고 대답할 것이다.

> **해설** 「大部分(だいぶぶん)」은 '대부분'이라는 뜻이다. 의미상 가까운 것은 3번 「たいてい(대부분, 대개)」이다.

代表的 대표적 | 日本料理 일본 요리 | ～と言えば ～라고 하면 | 大部分 대부분 | 寿司 초밥 | 答える 대답하다 | たいてい 대개, 대부분 | 平均 평균 | 多少 다소 | 各自 각자

정답 ③

30 그의 이름이 잊혀져도 그가 만들어낸 다수의 명곡은 **영원히** 잊히지 않을 것이다.

> **해설** 「永遠(えいえん)に」는 '영원히', 즉 계속된다는 의미이다. 따라서 비슷한 뜻인 단어는 2번 「ずっと」이다.

名 이름 | 忘れる 잊다 | 生み出す 만들어내다 | 名曲 명곡 | 数々 다수 | 永遠に 영원히 | ずっと 줄곧, 계속 | ほとんど 거의, 대부분 | ちっとも 조금도 (뒤에 부정어가 옴) | すぐに 바로

정답 ②

문제 5 다음 단어의 사용법으로 가장 알맞은 것을 1·2·3·4에서 하나 고르시오.

31 강력

1 항상 나 혼자서 청소를 하니까 때로는 강력해 주어도 좋지 않아? [強力 → 協力(협력)]

2 지금까지 열심히 해 온 이상에는 남은 일정도 강력으로 할 작정이다. [強力 → 全力(전력)]

3 이번 축구 시합에는 강력한 멤버가 모여 있다.

4 스포츠 세계에서 위를 목표로 삼는다면 체력도 중요하지만 남보다 갑절의 강력도 있어야 한다. [強力 → 努力(노력)]

> **해설** 「強力(きょうりょく)」는 '강력'하다는 뜻이므로 '강력한 멤버'인 「強力(きょうりょく)なメンバー」라고 표현한 것이 가장 잘 어울린다.

強力 강력 | いつも 늘, 항상 | 掃除 청소 | たまには 가끔은 | ～てくれる (남이 나에게) ～해 주다 | 一生懸命 열심히 | ～からには ～한 이상에는 | 残り 나머지 | 日程 일정 | ～つもりだ ～예정(작정)이다 | ～てはならない ～해서는 안 된다 | サッカー 축구 | 試合 시합 | メンバー 멤버 | 集める 모으다 | スポーツ 스포츠 | 世界 세계 | 目指す 지향하다 | 体力 체력 | 重要だ 중요하다 | 人一倍 남보다 갑절

32 초보

1 만약 당신이 정말로 초보가 없다고 한다면 그래서 당신은 꿈을 버릴 셈입니까? [初歩 → 自身(자신)]

2 꽃은 작년보다도 아름답게 피었지만 사진 쪽은 전혀 초보가 보이지 않는 것이 안타깝다. [初歩 → 進歩(진보)]

3 화면에 '이 사이트는 컴퓨터에 초보를 줄 가능성이 있습니다'라고 표시되었다. [初歩 → 被害(피해)]

4 올해부터 채소를 재배하기 시작했지만 아직 초보라서 책을 읽거나 아버지께 배우거나 하고 있다.

> **해설** 「初歩(しょほ)」는 '초보', 즉 어떤 일의 첫 단계라는 의미다. 따라서 올해부터 채소를 재배하기 시작한 초보라서 책을 읽거나 아버지께 배운다고 한 4번이 가장 자연스럽다.

初歩 초보 | もし〜としたら 만일 〜라고 하면 | 本当に 정말로 | 夢 꿈 | 捨てる 버리다 | 花 꽃 | 去年 작년 | 美しい 아름답다 | 咲く (꽃이) 피다 | 〜けれども 〜지만 | 写真 사진 | 方 쪽 | まったく 완전히, 전혀 | 残念だ 유감이다 | 画面 화면 | コンピュータ 컴퓨터 | 与える 주다 | 可能性 가능성 | 表示 표시 | 今年 올해 | 野菜 야채 | 作り始める 만들기(재배하기) 시작하다 | 父親 아버지 | 教わる 배우다

33 독신

1 이와 같은 <u>독신</u>은 가능한 한 내 몸에 일어나지 않도록 기도한다. [独身 → 問題(문제)]

2 조사에서 '<u>독신</u> 생활에 유리함이 있다'고 생각하는 사람의 비율이 85%를 차지하는 결과가 나왔다.

3 친구 이상 <u>독신</u> 미만인 사람이라면 주변에 몇 명 있습니다. [独身 → 恋人(연인)]

4 대응했던 가게의 여성 <u>독신</u>을 사랑하게 되었다. [独身 → 店員(점원)]

[해설] 「独身(どくしん)」은 '독신', 즉 혼자 사는 사람을 뜻한다. 2번의 '독신 생활'이 가장 적절하게 쓰였다.

独身 독신 | なるべく 가능한 한 | 身 몸 | 起こる 일어나다, 발생하다 | 願う 바라다 | 調査 조사 | 生活 생활 | 有利性 유리함 | 考える 생각하다 | 割合 비율 | 占める 차지하다 | 結果 결과 | 友達 친구 | 以上 이상 | 未満 미만 | 周り 주위 | 何人 몇 명 | 応対 응대 | お店 가게 | 女性 여성 | 恋 사랑

34 뛰어나오다

1 상자를 열자 안에서 새끼 고양이가 <u>뛰어나왔다</u>.

2 엄마를 발견한 아이가 엄마의 가슴에 <u>뛰어나와</u> 갔다. [飛び出して → 飛びついて(달려들어)]

3 모두의 앞에서 말을 타고 강을 <u>뛰어나와</u> 보이겠다. [飛び出して → 渡って(건너)]

4 지각이라고 생각했지만 온 전철에 <u>뛰어나와</u> 어떻게든 시간에 맞게 갔다. [飛び出して → 飛び込んで(뛰어들어)]

[해설]

飛び出す 뛰어나오다 | 箱 상자 | 開ける 열다 | 子猫 새끼 고양이 | 母親 어머니 | 見つける 발견하다 | 胸 가슴 | 皆 모두 | 馬 말 | 乗る 타다 | 川 강 | 〜てみせる 〜해 보이다 | 遅刻 지각 | なんとか 어떻게든 | 間に合う 시간에 늦지 않게 대다

35 견해

1 테이블과 의자는 이런 <u>견해</u>에 놓아 주세요. [見方 → 風(〜식, 〜풍)]

2 시합에 져서 무거운 <u>견해</u>를 바꾸기 위하여 친구와 노래방에 갔다. [見方 → 雰囲気(분위기)]

3 전체적으로 불평은 없지만 엄격한 <u>견해</u>로 보자면 그저 보통의 호텔이었다.

4 제대로 수업에 출석하고 시험도 치면 그는 이대로 졸업 가능한 <u>견해</u>다. [見方 → 見通し(전망)]

[해설] 「見方(みかた)」는 '견해, 관점'이라는 뜻의 명사다. 따라서 엄격한 관점, 엄격한 견해로 보면 단순한 보통 호텔이라고 한 3번이 가장 적절한 표현이다.

見方 견해 | テーブル 테이블, 탁자 | 椅子 의자 | おく 두다, 놓다 | 試合 시합 | 負ける 지다 | 重い 무겁다 | 変える 바꾸다 | カラオケ 노래방 | 全体的 전체적 | 不平 불평 | 厳しい 엄격하다 | ただ 단지, 겨우 | 普通 보통 | きちんと 정확히, 규칙적으로 | 授業 수업 | 出席 출석 | 受ける (시험을) 치르다 | このまま 이대로 | 試験 시험 | 卒業 졸업 | 〜風 〜식, 〜풍 | 雰囲気 분위기 | 見通し 전망

문제 1   다음 문장의 (   )에 들어갈 가장 알맞은 것을 1·2·3·4에서 하나 고르시오.

1 그 아이는 그 노래를 상당히 좋아하는 **듯** 벌써 한 시간이나 같은 노래를 부르고 있다.

> **해설** 한 시간이나 똑같은 노래를 부르고 있으므로 그 노래를 상당히 좋아하는 것 같다고 말할 수 있다. 따라서 주관적인 추측을 나타내는「～ようだ(～와 같다, ～하는 듯하다)」를 넣어야 한다. 앞에「好き」라는 な형용사가 왔고 문장의 중간에 쓰였으므로 4번「なようで」의 형태가 되어야 한다.

子 아이 | 歌 노래 | かなり 상당히, 꽤 | 好きだ 좋아하다 | ～ようだ ～와 같다, ～하는 듯하다 | もう 벌써 | 歌う 노래하다 | ～のに ～(인)데도 | ～にしては ～치고는 | ～わりに ～에 비해

정답 ④

2 그는 영화가 시작**되자마자** 자 버렸다.

> **해설** 영화가 시작되고 바로 자 버렸다는 표현이 자연스럽다. 따라서「동사 과거형 た+とたん(～하자마자)」를 넣어 영화가 시작되자마자 잤다고 해야 한다.

映画 영화 | 始まる 시작되다 | ～たとたん ～하자마자 | 寝る 자다 | ～とすれば ～라고 하면 | ～最中に 한창 ～하는 중에 | ～というのは ～라고 하는 것은

정답 ②

3 저만큼 많은 비싼 재료를 사용한 요리라면 맛있**게 마련이야**.

> **해설** 비싼 재료를 많이 사용한 요리라면 분명히 맛있을 것이라고 생각할 수 있다. '반드시 ～하게 마련이다'라고 강하게 추측할 때 쓰는 표현인「～に決(き)まっている」가 정답이다.

あれだけ 저만큼 | たくさん 많음 | 高い 비싸다 | 材料 재료 | おいしい 맛있다 | 使う 사용하다 | ～に決まっている 반드시 ～하게 마련이다 | ～にすぎない ～에 지나지 않다 | ～でいらっしゃる ～(하)고 계시다, ～이시다 | ～おそれがある ～우려가 있다

정답 ①

4 이런 식으로 가족 전원이 여행을 가는 것은 몇 년**만**일까.

> **해설** 가족 전원이 여행가는 것이 몇 년만인지 모르겠다는 의미가 되어야 한다.「～ぶり」는 시간의 경과를 나타내는 말에 붙어 '～만에'라는 뜻을 나타내므로 답은 4번이다.

こんなふうに 이런 식으로 | 家族全員 가족 전원 | 旅行 여행 | 出る 나오다, 나가다 | ～おき 걸러, 간격 | ～きり ～뿐 | ～がち ～인 경향이 많음, 자주 ～함

정답 ④

5 꿈의 실현**을 향해** 노력할 때, 생각지도 못하는 성공을 손에 넣는 경우가 있다.

> **해설** 앞에는 꿈의 실현, 뒤에는 노력한다고 했으므로 꿈의 실현을 위해 노력한다는 말이 되어야 한다.「～に向(む)かって」는 '～을 향해서'라는 뜻이므로 정답은 3번이다.

夢 꿈 | 実現 실현 | ～に向けて ～을 향해서 | 努力 노력 | 思いもよらぬ 생각지도 못하는, 뜻밖인 | 成功 성공 | 手に入れる 손에 넣다 | ～によって ～에 의해 | ～について ～에 대해 | ～に比べて ～에 비해서

정답 ③

6 이틀 전까지 연락을 하면 언제든지 자택을 견학**시켜 주신다**고 합니다.

> **해설** 이틀 전까지 연락을 하면 언제든지 자택을 견학하게 해 준다는 말이 되어야 자연스럽다. 따라서 '견학하다'라는 의미의「見学(けんがく)する」에서 우선「する」를 사역형「させる」로 바꿔야 한다. 그리고 남이 나

에게 해 주는 것이므로 「〜てくださる(〜해 주시다)」를 접속한 1번의 「させてくださる」가 정답이다.

2日 이틀 | 〜までに 〜까지 | 連絡 연락 | いつでも 언제든지 | 自宅 자택 | 見学 견학 | 〜てくださる 〜해 주시다 | ごらんくださる 봐 주시다 | なさる 하시다[する의 존경어] | させられる (억지로, 어쩔 수 없이) 하다

정답 ①

[7] 담당자를 불러올 테니까 여기에서 기다려 주시겠습니까?

해설 담당자를 불러오겠으니 기다려 달라는 말이다. 불러오는 것은 자신이므로 낮추어 말해야 한다. 따라서 '오다', 「来(く)る」의 겸양어 「まいる」를 넣어 자신이 불러오겠다고 해야 한다.

担当のもの 담당자 | 呼ぶ 부르다 | 待つ 기다리다 | まいる 오다[来る의 겸양어] | 〜なさい 〜하세요 | ごらんにいれる 보여 드리다 | こられる 오시다[来る의 존경어]

정답 ③

[8] 그런 것 초등학생도 알고 있는데 어른인 네가 모르다니 이상하다.

해설 문맥상 초등학생도 안다고 강조하는 표현이 와야 한다. 명사에 접속한 「だって」는 '〜라도, 〜일지라도'라는 의미로 쓰이므로 「小学生(しょうがくせい)だって」, 즉 '초등학생이라도'라는 말이 와야 자연스럽다.

そんなこと 그런 것 | 小学生 초등학생 | 〜だって 〜라도, 〜일지라도 | 知る 알다 | 大人 어른 | 君 자네, 너 | 〜なんて 〜라니 | おかしい 우습다, 이상하다 | 〜だけでなく 〜뿐만 아니라 | 〜とともに 〜와 함께 | 〜に比べて 〜에 비해서

정답 ①

[9] 이 반에는 그만큼 많은 악기를 연주할 수 있는 사람은 없다.

해설 그 사람이 가장 많은 악기를 연주할 수 있다는 의미가 되어야 자연스럽다. 따라서 빈칸에는 '〜만큼'의 의미를 갖는 「ほど」가 들어가야 한다. 「〜ほど 〜ない」는 최상급의 의미다.

クラス 학급, 반 | 〜ほど 〜만큼 | 多くの 많은 | 楽器 악기 | 弾く 연주하다 | 〜こそ 〜야말로 | 〜さえ 〜조차 | 〜ほどの 〜정도의, 〜만큼의

정답 ④

[10] 172cm라고 해도 프로 여자 배구 세계에서는 작은 편이다.

해설 여자 중에서는 큰 키이지만 프로 여자 배구 세계에서는 작은 편이라는 의미가 되어야 한다. 따라서 '172cm라고 해도'라는 말이 되어야 자연스럽다. 빈 칸에는 「〜といっても(〜라고 해도)」가 알맞다.

センチ 센티미터, cm | 〜といっても 〜라고 해도 | プロ 프로 | 女子 여자 | バレーボール 배구 | 世界 세계 | 小さい 작다 | 方 쪽, 편 | 〜をはじめ 〜을 비롯해 | 〜しかない 〜밖에 없다 | 〜に関しては 〜에 관해서는

정답 ②

[11] 그것을 거기에 놓아 두면 사고가 일어날 우려가 있으니까 다른 장소로 가지고 가 주세요.

해설 다른 장소로 들고 가 달라고 했으므로, 그것을 거기에 두면 사고가 일어날 수 있다는 말이 들어가야 한다. 따라서 3번 「〜おそれがある(〜우려가 있다)」를 넣어 사고가 일어날 우려가 있다고 하는 것이 자연스럽다.

置く 놓다, 두다 | 事故 사고 | 起こる 일어나다, 발생하다 | 〜おそれがある 〜우려가 있다 | 別の 다른 | 場所 장소 | 持っていく 들고 가다 | 気味 기색, 기미 | 〜ことになっている 〜하기로 되어 있다

정답 ③

[12] 초등학교에서는 학년이 올라감에 따라 책을 한 권도 읽지 않는 비율이 높아지고 있다.

해설 앞뒤의 변화를 연결할 수 있는 말을 넣어, 학년이 올라감에 따라 책을 읽지 않는 비율이 높아진다고 해야 한다. 「〜につれ」는 '〜에 따라'라는 뜻으로 앞이 변화함에 따라 뒤도 변화한다고 할 때 사용하는 표현이다.

小学校 초등학교 | 学年 학년 | あがる 오르다 | 〜につれ 〜에 따라 | 一冊 한 권 | 読む 읽다 | 割合 비율 | 〜ように 〜하도록 | 〜にかわり 〜에 대신에 | 〜にとって 〜에게, 〜에 있어

정답 ③

해설

13 올바른 일본어 사용법을 **둘러싸고** 전문가 사이에서 의견이 갈린다.

> **해설** 올바른 일본어 사용법에 대해 전문가들의 의견이 갈린다는 말이다. 따라서 빈칸에는 '~을 둘러싸고'라는 뜻인 「~をめぐって」가 와야 한다.
>
> 正しい 올바르다 | 使い方 사용법 | ~をめぐって ~을 둘러싸고 | 専門家 전문가 | 間 사이 | 意見 의견 | 分かれる 갈라지다, 분리되다 | ~をきっかけに ~을 계기로 | ~をはじめ ~을 비롯해 | ~を問わず ~을 불문하고

정답 ①

문제 2　다음 문장의 　★　에 들어갈 가장 알맞은 것을 1·2·3·4에서 하나 고르시오.

14 나의 합격 소식을 듣고 가장 안심한 사람은 엄마였을지도 모른다.

> **해설** '합격의'라는 뜻인 「合格(ごうかく)の」와 연결되어야 하므로 첫 번째 칸은 '소식을'을 의미하는 「知(し)らせを」, 또 합격 소식을 듣는다는 말이 되어야 하므로 「受(う)けて」로 연결된다. 이어서 「一番(いちばん)」, 「安心(あんしん)したのは」가 와 가장 안심한 사람은 어머니였을지도 모른다고 해야 자연스럽다. 따라서 「知(し)らせを/受(う)けて/一番(いちばん)/安心(あんしん)したのは」를 넣어 '소식을 받고 가장 안심한 사람은'이라는 의미가 되어야 한다.
>
> 合格 합격 | 知らせ 소식 | 受ける 받다, 듣다 | 一番 가장, 제일 | 安心する 안심하다 | ~かもしれない ~지도 모른다

정답 ③ (4231)

15 '없다 해도 일곱 가지 버릇'이라는 말은 버릇이 **없을 것처럼 보이는 사람이라도 다소의 버릇**을 가지고 있다는 의미이다.

> **해설** 우선 마지막 칸에 들어가는 말은 조사 「を」 앞에 와야 하므로 명사여야 하는데, 뒤에 가지고 있다고 했으므로 '다소의 버릇'이라는 뜻인 「多少(たしょう)の癖(くせ)」가 들어간다. 또 첫 번째 칸에는 「癖(くせ)が」에 연결되므로 「ないように」가 들어와야 자연스럽다. 즉 '버릇이 없는 것처럼 보이는 사람이라도 다소의 버릇'을 갖고 있다고 해야 하므로 「ないように/見(み)える人(ひと)/でも/多少(たしょう)の癖(くせ)」의 순서이다.
>
> 無くて七癖 없다 해도 일곱 가지 버릇 | 言葉 말, 언어 | 癖 버릇 | 見える 보이다 | 多少 다소, 조금 | 意味 의미

정답 ① (2413)

16 처음 만났을 **때와 인상이 바뀌는 사람도 있다면** 바뀌지 않는 사람도 있다.

> **해설** 두 가지 사항을 열거하는 「~も …ば ~も(~도 …고 ~도)」가 쓰인 문장이다. 첫 번째 칸에는 '만난'이라는 뜻인 「会(あ)った」에 연결되는 「ときと」가 와야 한다. 이어서 「印象(いんしょう)が/変(か)わる人(ひと)も/いれば」를 넣어 '인상이 바뀌는 사람도 있다면'이 되어야 한다.
>
> 初めて 처음 | 会う 만나다 | 印象 인상 | 変わる 바뀌다, 변하다

정답 ② (1324)

17 A "선생님, 오래간만에 선생님을 뵙고 싶습니다만 언제가 좋으십니까?"

　　B "아, **이번 달 20일 전후라면 언제라도** 시간을 낼 수 있을 거야."

> **해설** 우선 이번 달 20일이라 해야 연결이 자연스럽다. 「今月(こんげつ)の」 다음에는 「20日(はつか)」가 와야 하고 20일 전후라면 언제든지 시간을 낼 수 있다고 해야 하므로 순서는 「今月(こんげつ)の/20日(は

つか)/前後(ぜんご)なら/いつでも」가 된다. '이번 달 20일 전후라면 언제든지'라는 의미다.

久(ひさ)しぶりに 오래간만에 | お会(あ)いする 만나 뵙다[会う의 겸양어] | いつ 언제 | 都合(つごう) 사정, 형편 | 今月(こんげつ) 이번 달 | 20日(はつか) 20일 | 前後(ぜんご) 전후

정답 ④ (2143)

18 다른 사람에게 듣고 알았는데 나는 늘 **특정 단어밖에 사용하고 있지 않는** 듯하다.

해설 '특정의'라는 뜻인 「特定(とくてい)の」 다음에는 명사가 와야 하므로 '단어밖에'라는 뜻인 「単語(たんご) しか」와 연결되어야 한다. 「~ようだ(~와 같다, 인 듯하다)」바로 앞에 올 수 있는 말은 「いない(~있지 않은)」이고, 이것은 「使(つか)って(사용하고)」와 연결되어 「使(つか)っていない(사용하고 있지 않은)」가 된다. 따라서 「特定(とくてい)の/単語(たんご)しか/使(つか)って/いない」의 순이며, '특정 단어밖에 사용하고 있지 않다'라는 의미가 된다.

気(き)が付(つ)く 생각이 미치다 | 特定(とくてい) 특정 | 単語(たんご) 단어 | ~しか~ない ~밖에 ~않다 | ~ようだ ~와 같다, ~인 듯하다

정답 ③ (1432)

문제 3 다음 글을 읽고 문장 전체의 내용을 생각해서 **19** 부터 **23** 안에 들어갈 가장 알맞은 것을 1·2·3·4에 서 하나 고르시오.

자전거 여행

저는 자전거를 좋아합니다. 자전거의 좋은 점은 자동차보다 천천히 달리고, **19** 걷는 것보다 빨리 달린다는 점 입니다. 자동차는 순식간에 지나가 버려 아름다운 경치를 천천히 보지 못합니다. 걷는 것은 느리기 때문에 가고 싶은 곳에 가는 데에 시간이 걸리고 많은 경치를 볼 수 없습니다. 자전거는 딱 좋게 천천히 경치를 보면서 꽤 멀 리까지 가 많은 경치를 볼 수 있습니다. 자전거는 여행의 훌륭한 교통수단이라고 할 수 있겠지요.

자동차로 하는 여행은 편리 **20** 하지만 몸을 움직이지 않기 때문에 몸에 좋다고는 말할 수 없습니다. 무리를 하지 않는 자전거 여행은 알맞게 몸을 움직이기 **21** 때문에 밤에 푹 잘 수 있고 성인병 등의 방지도 됩니다. 또한 자전거는 인력으로 움직이기 때문에 비싼 가솔린을 전혀 사용하지 않아서 저렴한 여행을 할 수 있습니다. 게다 가 배기 가스를 전혀 배출하지 않기 때문에 정말로 **22** 친환경적인 교통수단입니다.

우리 어머니는 쉰이 넘어 자전거 여행을 몇 번인가 했습니다. 어머니가 말하시기를 매우 **23** 지치는 반면 재미 도 상당하다고 하십니다. 어머니가 건강할 때에 함께 자전거 여행을 하고 싶다는 것이 지금 제 작은 꿈입니다.

---

19 1 운전이 자유롭다   2 달리는 것보다 피곤하지 않다

3 걷는 것보다 빨리 달린다   4 어떤 날씨라도 앞으로 나아간다

해설 뒷문장에서 자동차는 순식간에 지나가서 경치를 천천히 볼 수 없고, 걷는 것은 느려서 시간이 걸리는 탓에 많은 경치를 볼 수 없다고 했다. 따라서 자전거의 좋은 점은 자동차보다 느리고 걷는 것보다 빠르다는 점이다.

20 1 ~(하)고 계십니다만   2 ~뿐만 아니라

3 ~주제에   4 ~(하)지만

해설 빈칸 앞에는 자동차로 하는 여행이 편리하다는 이야기고 빈칸 뒤에는 몸을 움직이지 않기 때문에 몸에

좋다고는 할 수 없다는 말이 나온다. 앞에는 좋은 점, 뒤에는 좋지 않은 점을 들어 상반되는 내용이 왔으므로 역접을 의미하는 「ですが」를 넣어야 한다.

21 1 ~(하)려면   2 ~때문에
      3 ~동안에   4 ~때마다

> **해설** 자전거 여행의 좋은 점을 설명하고 있는 부분이다. 알맞게 몸을 움직이기 때문에 밤에 푹 잘 수 있고 성인병 등의 예방도 가능하다고 해야 연결이 자연스럽다. 즉 빈칸에는 이유를 나타내는 「~ため(~때문에)」가 들어간다.

22 1 친환경적인   2 여행의 목적에 맞는
      3 자유롭지 않은   4 현실에 유리한

> **해설** 앞에서 배기 가스를 전혀 배출하지 않는다고 했으므로 이것은 자연에 좋은 것이라 말할 수 있다. 따라서 정답은 '친환경적인'이라는 뜻인 1번 「自然(しぜん)に優(やさ)しい」다.

23 1 힘들 뿐이고   2 피곤한 반면
      3 싫어하는 것도 당연하고   4 어렵도록

> **해설** 여행을 해 본 어머니가 말한 부분이다. 바로 뒤에 재미도 상당하다고 했으므로 앞에 올 수 있는 말을 선택지에서 찾으면 「疲(つか)れる反面(はんめん)」이 적당하다. 피곤한 반면 재미도 상당하다고 해야 연결이 자연스럽다.

自転車 자전거 | 旅行 여행 | 良さ 좋은 점 | 自動車 자동차 | 走る 달리다 | 歩く 걷다 | ゆっくり 천천히 | 速く 빨리 | あっという間に 순식간에 | 過ぎ去る 지나다, 지나가다 | 景色 경치 | 遅い 늦다 | ちょうど 마침, 딱 | 結構 꽤, 제법 | 遠く 먼 곳, 멀리 | 旅 여행 | 素晴らしい 훌륭하다 | 乗り物 탈 것, 교통수단 | 便利だ 편리하다 | 体を動かす 몸을 움직이다 | ~とは言えない ~라고는 말할 수 없다 | 無理 무리 | 程よい 알맞다, 적당하다 | ぐっすり 푹 | 眠る 잠들다 | 成人病 성인병 | 防止 방지 | 人力 인력 | ガソリン 가솔린 | 一切 일절, 전혀 | そのうえ 게다가, 또한 | 排気ガス 배기 가스 | 出す 내다, 배출하다 | 自然に優しい 친환경적이다 | 過ぎる 지나다, 넘다 | 何度か 몇 번인가 | 疲れる 지치다, 피로해지다 | 反面 반면 | 面白さ 재미 | 相当 상당 | 元気だ 건강하다 | ~うちに ~동안에 | 小さな 작은 | 夢 꿈 | 運転 운전 | 自由だ 자유롭다 | どんな~でも 어떤 ~라도 | 天気 날씨 | 進める 나아가다 | 目的 목적 | 合う 맞다 | 不自由だ 부자유스럽다, 불편하다 | 現実 현실 | 有利だ 유리하다 | 辛い 힘들다, 괴롭다 | ~ばかり ~뿐 | 嫌だ 싫다 | 当然だ 당연하다 | 難しい 어렵다

문제 4 다음 (1)부터 (4)까지 글을 읽고 질문에 답하시오. 답은 1 · 2 · 3 · 4에서 가장 알맞은 것을 하나 고르시오.

(1) 자신의 이름을 좋아하지 않는다는 가오루 씨. 어렸을 때 부모님께 가오루라고 지은 이유를 물었더니 다른 이름을 붙이고 싶었지만 외할머니의 의견을 반영시켜 붙였다고 합니다. 조사에 따르면 자신의 이름에 대해서 절반 이상의 사람이 좋아하고, 약 세 명 중 한 명이 싫다고 생각한다는 결과였습니다. 싫어하는 사람의 대부분은 읽기와 글자, 성별 등 (타인이) '틀린다는' 것이 이유였습니다. 한편 어렸을 때는 싫어했지만 도중에 좋아하게 된 사람에게는 '쓰기 쉽다', '타인에게 칭찬받아서', '영어 쓰는 법 때문에 좋아졌다' 등의 이유가 있는 듯합니다.

24 이 글의 내용에 대해 올바른 것은 어느 것인가?

1 일본에서는 외할머니의 의견을 반영시켜 이름을 짓는 경우가 많다.
2 자신의 이름을 좋아하지 않는 사람이 절반 정도 있다.
3 다른 사람이 틀린다는 이유로 자신의 이름을 싫어하게 되는 경우가 많은 듯하다.
4 가오루 씨가 자신의 이름을 싫어하는 이유는 어머니가 이름을 붙인 것이 아니기 때문이다.

해설 자신의 이름을 싫어하는 이유는 대부분 대부분은 읽기와 글자, 성별 등을 다른 사람들이 잘못 알기 쉬워서라고 했으므로 정답은 3번이다.

名前 이름 | 親 부모 | つける 붙이다 | 理由 이유 | 尋ねる 묻다 | 別 다른 | 母方 외가 쪽 | 祖母 조모, 할머니 | 反映 반영 | 調査 조사 | 〜によると 〜에 따르면 | 〜について 〜에 대해서 | 半分 절반 | 以上 이상 | 好きだ 좋아하다 | 約 약 | 嫌いだ 싫어하다 | 結果 결과 | 多く 많음, 대부분 | 読み 읽기 | 字 글자 | 性別 성별 | 間違える 잘못 알다 | 一方 한편 | 途中 도중 | 他人 타인 | 褒める 칭찬하다 | 英語 영어 | 書き方 쓰는 법 | 程度 정도

(2) 어려운 것을 이해하기 쉽게 하기 위해서는 비유해서 이야기하는 것이 좋다. 예수나 석가(注1)도 비유해서 말하는 데에 천재(注2)였다고 생각한다. 하지만 천재가 아닌 우리는 지긋한 나이가 되면 비유해서 이야기를 할 때는 주의가 필요하다. '예를 들어 도쿄 올림픽(1964) 때는…….' 그 말을 듣고 있는 젊은이는 모른다. 게다가 이야기하고 있는 사람도 비유해서 이야기를 하는 동안에 애초에 무엇을 말하고 싶었는지 잊고 되돌아오지 못하기도 한다.

(注1) 釈迦 : 석가. 불교를 개시한 사람
(注2) 天才 : 천재. 태어난 때부터 특별히 뛰어난 재능을 가지고 있는 사람

25 이 글을 쓴 사람의 의견으로 올바른 것은 어느 것인가?

1 비유해서 하는 이야기는 사용법에 따라서는 나쁜 효과를 낳는다.
2 예수도 석가도 알기 쉬운 이야기를 할 수 있었기 때문에 사람들에게 천재라고 불렸다.
3 비유해서 이야기를 하면 누구에게라도 이해하기 쉽게 설명할 수 있다.
4 비유해서 이야기를 하면 반드시 도중에 무엇을 말하려고 하고 있었는지 모르게 되어 버린다.

해설 나이가 지긋해지면 어떤 것에 비유해서 이야기하는 것에 주의가 필요하다고 했다. 젊은이들은 모르는 이야기일 경우 이야기하는 쪽도 원래 무엇을 말하고 싶었는지 잊어버린다고 했으므로, 결국 어떤 것에 비유해 이야기하는 것은 사용법에 따라서 나쁜 효과를 낳는다고 할 수 있다.

難しい 어렵다 | 分かりやすい 이해하기 쉽다 | たとえ話 어떤 사물에 비유해 하는 이야기 | キリスト 그리스도, 예수 | いい年 지긋한 나이 | 注意 주의 | 必要だ 필요하다 | たとえば 예를 들어 | オリンピック 올림픽 | 若者 젊은이 | 語る 말하다 | 〜うちに 〜동안에 | もともと 원래, 본디 | 忘れる 잊다 | 戻ってくる 되돌아오다 | 効果 효과 | 仏教 불교 | 開始 개시 | 生まれる 태어나다 | 特別に 특별히 | 優れる 뛰어나다 | 才能 재능 | 悪い 나쁘다 | 生む 낳다, 만들어내다 | できる 할 수 있다, 가능하다 | 人々 사람들 | 説明 설명 | 必ず 반드시

26 이 글에 따르면 투어 컨덕터에 대해 올바른 것은 어느 것인가?

1 개인 여행자와 함께 여행지에 따라가 여행자가 곤란해 하지 않도록 돕는다.
2 출발 전 설명회의 회장을 스스로 예약해야 한다.
3 목적지에 관한 많은 지식이 있고 영어를 말할 수 있으면 투어 컨덕터가 될 수 있다.
4 만일 여행지에서 손님이 쓰러지면 투어 컨덕터가 병원까지 함께 가게 된다.

해설 투어 컨덕터는 여행지의 여러 가지 예약과 준비, 문제 해결 등 24시간 쉴 틈도 없다고 했다. 이러한 일들을 하므로 만약 여행지에서 손님이 쓰러지면 병원까지 함께 가는 일도 하게 된다고 볼 수 있다.

団体旅行 단체 여행 | 一緒に 함께 | ついて行く 따라가다 | 旅行者 여행자 | 安全だ 안전하다 | 快適だ 쾌적하다 | 旅 여행 | 楽しむ 즐기다 | ツアーコンダクター 투어 컨덕터(Tour Conductor), 국외 여행 인솔자 | 仕事 일, 업무 | 出発 출발 | 説明 설명 | 始まる 시작되다 | 世話 보살핌, 돌봄 | 観光地 관광지 | ガイド 가이드 | 旅行先 여행지 | 様々だ 여러 가지다, 다양하다 | 予約 예약 | 準備 준비 | 問題 문제 | 解決 해결 | 休む 쉬다 | ひま 틈, 짬 | ハードワーク 고된 일 | 色々だ 여러 가지다, 다양하다 | 場 장소, 상황 | ～に応じて ～에 따라서 | 的確だ 정확하다 | 対応 대응 | 必要だ 필요하다 | 英語力 영어 구사력 | 目的地 목적지 | ～に関する ～에 관한 | 知識 지식 | 欠かせない 빠뜨릴 수 없다 | 個人 개인 | 困る 곤란하다 | 助ける 돕다 | 会場 회장 | もし 만일, 만약 | 倒れる 쓰러지다, 넘어지다 | 病院 병원

27 이 글의 내용에 대해 올바른 것은 어느 것인가?

1 프로 카메라맨이라면 한 번이나 두 번으로 예쁜 사진을 찍을 수 있다고 생각하는 사람이 많다.
2 프로 카메라맨이 1,000~2,000장이나 찍는 것은 모델이 움직이는 인간이기 때문이다.
3 우리도 많이 사진을 찍으면 프로 카메라맨과 똑같은 정도의 비율로 예쁜 사진을 찍을 수 있다.
4 우리도 한 번이나 두 번만 사진을 찍은 정도로 모두 끝났다고 생각해서는 안 된다.

해설 한두 번으로 예쁜 사진을 찍는 것은 프로 카메라맨이라도 힘든 일이라고 말하고 있다. 하지만 의외로 사람들은 그것을 잘 모른다고 했으므로, 결국 1번 프로 카메라맨이라면 한 두 번으로도 예쁜 사진을 찍을 수 있다고 생각하는 사람이 많다가 정답이다.

意外と 의외로 | 皆さん 여러분 | あまり～ない 별로 ～않다 | ご存じだ 아시다[知る의 존경어] | プロ 프로 | カメラマン 카메라맨 | モデル 모델 | 作品 작품 | ～のために ～을 위해서 | 写真を撮る 사진을 찍다 | 枚数 매수, 장수 | 実際に 실제로 |

使用 사용 | ほんの 고작, 불과 | 程度 정도 | ～でさえ ～조차 | ～うちの ～중의 | 一部 일부 | ～しか ～밖에 | 相当 상당히 | 難しい 어렵다 | ～としても ～라고 해도 | 厳しい 힘들다 | 動く 움직이다 | 人間 인간 | たくさん 많이 | ～くらい ～정도 | 割合 비율 | 全て 전부 | 済む 끝나다 | ～てはいけない ～(해)서는 안 된다

문제 5 다음 (1)과 (2)의 글을 읽고 질문에 답하시오. 답은 1·2·3·4에서 가장 알맞은 것을 하나 고르시오.

(1) '아, 오늘은 즐거웠어!'라고 말하는 경우, 역시 평소와는 크게 다르게 보낸 때가 많을지도 모릅니다. 예를 들면 오래간만의 여행, 스포츠 시합 구경, 레스토랑에서의 식사 모임 등의 이벤트가 있으면 생활에도 활기가 생기지요. 하지만 일상적인 날들이라도 '오늘은 즐거웠어!'라고 말할 수 있는 날이 많이 있을 것입니다. 그 핵심이 되는 것이 '약간의 궁리(注)'라는 것입니다. 예를 들면 혼자 생활하는 저는 이전 아침에 좀처럼 일어나지 못해서 지각하거나 물건을 잊고 가는 일도 많았기 때문에 '어떻게든 일찍 일어나고 싶다'고 생각했습니다. 그래서 생각한 것이 아침 햇볕이 들어오도록 침대 방향을 바꾸어 보는 것이었습니다. 침대를 수십cm 움직였을 뿐인데 빠르게도 다음날 아침 효과가 있었습니다. 아주 사소한 궁리였지만 '오늘은 아주 즐거웠어!'라고 느낀 기억이 있습니다.

(注) 工夫 : 좋은 방법이나 수단을 발견하기 위해 생각하는 일

28 이 글의 내용과 일치하는 것은 어느 것인가?

1 '사람'이 '오늘은 즐거웠다'고 생각한 때는 평소와는 다르게 지낸 때뿐이다.
2 **'나'는 침대를 조금 옮겼을 뿐인데 아침에 정확히 일어날 수 있게 되었다.**
3 만약 '내'가 혼자 생활하는 것이 아니라면 '약간의 궁리'를 떠올리지 않았다.
4 생활에 활기가 생기기 때문에 '나'는 여행, 스포츠, 레스토랑에서의 식사를 좋아한다.

해설 필자는 일찍 일어나지 못해 빨리 일어나고 싶다는 생각으로 침대의 방향을 바꿔 보았다고 했다. 그렇게 했을 뿐인데도 다음날 바로 효과가 있었다고 했으므로 2번이 정답이다.

29 이 글을 쓴 사람이 말하는 '약간의 궁리'는 구체적으로 어떠한 것인가?

1 **커튼 색을 바꿔 본다.**
2 2주일에 한 번 미용실에 가도록 한다.
3 차를 사 본다.
4 집 뜰에 연못을 만들어 본다.

해설 필자가 말하는 '사소한 궁리'란 늘 있는 일상적인 것을 약간의 아이디어로 조금 바꾸는 일이다. 새로운 물건을 사거나 만드는 것을 뜻하지는 않는다. 따라서 정답은 1번이다.

30 이 글을 쓴 사람이 이 글을 통해서 가장 말하고 싶은 것은 무엇인가?

1 이벤트와 작은 궁리 두 개를 순서대로 해 가면 매일이 정말로 즐거워진다.
2 나의 궁리는 아침에 정확히 일어날 수 없는 사람에게 있어 좋은 방법일 것이다.
3 **하루하루를 즐겁게 지내고 싶다면 우선 신변에서 바꿀 수 있는 것이 없는지 찾아보면 된다.**
4 궁리하지 않으면 '오늘은 즐거웠어!'라고 생각할 수 있는 날이 없다.

楽しい 즐겁다 | 口にする 말하다, 먹다 | 場合 경우 | やはり 역시 | いつも 평소 | 違う 다르다 | 過し方 보내는 법 | ～かもしれない ～(일)지도 모른다 | 例えば 예를 들면 | 久々 오랜간만 | 旅行 여행 | スポーツ 스포츠 | 試合 시합 | 見物 구경 | レストラン 레스토랑 | 食事会 식사 모임 | イベント 이벤트 | 生活 생활 | 活気 활기 | 日常的 일상적 | 日々 하루하루, 매일 | 日 날 | ～はず (당연히) ～일 것 | ポイント 포인트, 핵심 | 工夫 궁리, 고안 | ～わけだ ～인 것이다 | ひとり暮らし 독신 생활 | 以前 이전 | なかなか 좀처럼 | 遅刻 지각 | 忘れ物 물건을 잊고 감, 잊은 물건 | なんとか 어떻게든 | 早起き 일찍 일어남 | 考える 생각하다 | 光 빛 | ベッド 침대 | 感じる 느끼다 | 向き 방향 | 変える 바꾸다 | 数十 수십 | センチ 센티미터, cm | 動かす 움직이다, 옮기다 | 翌朝 이튿날 아침 | 効果 효과 | ～あり ～있음 | ほんの少し 아주 조금 | 記憶 기억 | 方法 방법 | 手段 수단 | 見つける 발견하다 | きちんと 정확히, 규칙적으로 | 思いつく 생각이 떠오르다 | 具体的 구체적 | カーテン 커튼 | 色 색 | 美容院 미용실 | 庭 정원, 뜰 | 池 연못 | 順番に 순서대로 | ～にとって ～에게, ～에 있어서 | 身の回り 신변, 생필품 | 探す 찾다 | 思える 생각할 수 있다, 생각되다

---

(2) 2008년의 어느 조사에 따르면 결혼 비용(注1)은 전국 평균 약 426만 엔. 게다가 이후에는 신혼 생활이 기다리고 있습니다. '그렇다면 420만 엔 이상의 금액의 준비가 필요할까? 이러다가는 결혼 못할지도'. 하지만 이 숫자에는 속임수(注2)가 있어, 이 조사에서는 결혼 비용에 관해서 부모, 친척(注3)에게서 원조(注4)가 있었다는 사람이 약 80%이고, 그 평균이 199만 엔. 또 결혼식에서의 축의금(注5) 평균이 224만 엔. 이것을 합하면 423만 엔입니다. 그렇죠, 결혼 비용의 평균액과 거의 같은 액수입니다. 즉 만일 친척에게 받은 원조가 200만 엔 가까이 있었던 경우 커플이 결혼 비용으로 모으는 금액은 200만 엔 정도에 그치고 그 돈은 축의금으로 되돌아옵니다. 그것을 결혼식 후의 신혼 생활에 쓸 수 있다는 말입니다. 이렇게 들으니 <u>조금 희망이 솟는군요</u>.

(注1) 結婚費用 : 결혼 비용. 이 글에서는 반지 값 + 식 비용 + 신혼여행 비
(注2) からくり : 속임수. 장치. 구조
(注3) 親族 : 친척. 피가 이어진 관계의 사람들
(注4) 援助 : 원조. 곤란한 사람들에게 힘을 빌려 주는 일. 돈을 주는 일
(注5) 祝儀 : 축의금. 축하하는 마음을 나타내기 위해 보내는 금전이나 물건

31 본문에서 알 수 있는 것은 무엇인가?

1 일본인에는 426만 엔 이상 없으면 결혼하지 못한다고 생각하는 사람이 많다.
2 일본인의 대부분이 결혼할 때 축의금을 기대하고 있다.
3 일본에서는 절반 이상의 가정에서 부모가 자식이 결혼할 때에 200만 엔 정도 낸다.
4 일본에서는 결혼 비용의 80%를 친척이 부담하고 있다.

해설 결혼 비용에 관한 조사에 따르면 부모와 친척에게서 원조를 받았다는 사람이 약 80%이고 그 평균이 199만 엔이라고 했다. 따라서 3번이 정답이다.

32 <u>조금 희망이 솟는군요</u>라고 있는데 왜 희망이 솟는 것인가?

1 결혼 비용도 생활 비용도 바로 전부 준비하지 않아도 된다고 알았기 때문에
2 평균적으로 426만 엔 정도 있으면 결혼식을 할 수 있다고 알았기 때문에

3　자신의 부모가 결혼 비용을 원조해 주게 되었기 때문에

4　비용을 결혼 상대와 절반씩 같이 내는 것으로 결정했기 때문에

해설　처음엔 결혼 비용을 본인이 다 부담하면 결혼을 못할지도 모르겠다고 했지만 부모와 친척의 원조와 결혼식 축의금 등을 생각해 계산해 보니 자신이 다 준비하지 않아도 충당할 수 있을 것 같기 때문에 희망이 솟는 것이다. 따라서 정답은 1번이다.

33　이 글의 내용과 일치하는 것은 어느 것인가?

1　사실은 결혼 비용은 426만 엔도 들지 않는다.

2　조사에서는 친척의 원조가 없었던 사람도 426만 엔 정도의 결혼 비용을 준비했다.

3　원조와 축의금을 합쳐서 426만 엔 정도 있는 것이라면 결혼식용으로 돈을 준비하지 않아도 문제 없다.

4　평균적인 이야기를 하면 결혼 전에 426만 엔 이상 없어도 결혼 후의 생활은 시작할 수 있다.

해설　친척의 원조가 있고 축의금을 받는다면 결혼식 후의 생활을 할 수 있다고 했으므로 결혼 전에 결혼 비용 425만 엔이 없더라도 결혼 후의 생활은 시작할 수 있는 것이다.

ある 어느 | 調べ 조사 | ～によると ～에 따르면 | 全国平均 전국 평균 | 約 약 | しかも 게다가 | 新婚生活 신혼 생활 | ～わけだ ～인 것이다 | ということは 그렇다는 것은, 더 자세히 말하면 | 以上 이상 | 金額 금액 | 用意 준비 | 必要だ 필요하다 | ～かも ～(일)지도 | 数字 숫자 | ～に関して ～에 관해서 | 親 부모 | 結婚式 결혼식 | 合わせる 합치다 | ほぼ 거의, 대략 | つまり 즉, 결국 | もし 만일, 만약 | 近く 가까이 | カップル 커플 | 貯める (돈을) 모으다 | 程度 정도 | 戻ってくる 되돌아오다 | 希望 희망 | わく 솟다 | 指輪代 반지값 | 挙式 거식 | 仕組み 장치 | 構造 구조 | 血 피 | 繋がる 연결되다, 이어지다 | 関係 관계 | 力 힘 | 祝う 축하하다 | 気持ち 기분 | 表す 나타내다 | 贈る 보내다 | 金銭 금전 | 品物 물건 | 楽しみ 기대, 즐거움 | 家庭 가정 | ～際に ～때에 | 持つ 부담하다 | 済む 끝나다 | 平均的 평균적 | 行う 실행하다 | ～ずつ ～씩 | 出し合う 같이 내다 | かかる (비용이) 들다 | 始める 시작하다

문제 6　다음 글을 읽고 질문에 답하시오. 답은 1·2·3·4에서 가장 알맞은 것을 하나 고르시오.

부모 자식의 대화라고 하면 어려운 것이 중학생 정도의 연령입니다. 집에 돌아가면 신경질적으로 거의 말을 하지 않거나 무슨 일이 있을 때마다 반항(注1)하는 학생도 늘어납니다. 대화가 없는 엇갈린(注2) 가족 안에서 문득 아이들은 자신들이 얼마만큼이나 사랑을 받고 있는지 알고 있을까? 그런 생각이 들었습니다. 생활 스타일은 이렇게도 서구(注3)화되고 있는데, 학생들은 얼굴을 보고 ①"I love you"라고 듣는 일도 마음껏 안기는 일도 없는 것입니다.

5월에 접어들어 이동교실(注4) 준비를 진행시키는 중에 ②어떤 생각이 들었습니다. 가족과 따로 지내는 2박 3일을, 다시 한 번 '가족'에 대해 생각하는 좋은 기회로 삼아야겠다고 생각한 것입니다. 다른 선생님과 함께 의논하여 '우리 아이에게 보내는 부모로부터의 편지'라고 제목을 붙이고 보호자(注5) 분들에게 부탁하기로 했습니다. 가정 방문(注6) 시 한 집 한 집 '평소 전하고 싶어도 좀처럼 말할 수 없는 우리 아이에 대한 생각을 편지로 써 주세요'라고 부탁했습니다. ③한 집이라도 협력을 얻지 못하면 실현할 수 없는 법입니다. 기쁘게도 180집, 전 가정이 찬성해 주셔서 학생이 눈치채지 못하도록 편지를 모았습니다. 직접 편지를 보내주시는 어머니, 근처에서 한데 모아 가져다 주신 분. '앙케트 재중'이라고 쓰고 ④이중삼중(注7)의 봉투에 넣어 학생에게 들게 하는 가정 등등. 담임 선생님은 몇 번이나 몇 번이나 다시 세고는 '이것만은 잊을 수 없다'고 보물처럼 안고 있었습니다.

34 ①"I love you"라고 듣는 일도 마음껏 안기는 일도 없다라고 한 문장은 어떠한 의미를 강화하는 효과가 있는가?

1 일본은 애정을 표현하는 문화가 아니다.
2 생활만 서구화되고 사랑을 전하는 표현은 서구화되지 않았다.
3 중학생 정도의 연령이 되면 꼭 껴안을 정도로 귀엽다고 생각하지 않게 된다.
4 아이들은 부모에게 "I love you"라는 말을 듣거나 안기는 것을 싫어한다고 생각하고 있다.

해설 바로 앞에 생활 스타일은 서구화되었는데, "I love you"라는 말을 듣거나 마음껏 안기는 일은 없다고 말하고 있다. 즉 생활 스타일만 서구화되었고 사랑을 표현하는 방식은 서구화되지 않았다는 말이다.

35 ②어떤 생각은 구체적으로 무엇을 하는 것인가?

1 이동교실에 갈 계획을 세우는 것
2 다른 선생님과 '가족'과의 대화에 대해 이야기해 보는 것
3 학생 전체의 가정에 자신의 아이에게 줄 편지를 쓰기 바란다고 부탁하는 것
4 편지를 통해서 부모와 아이(학생)의 의사나 마음을 서로 전달해서 받는 것

해설 '우리 아이에게 보내는 부모로부터의 편지'라고 제목을 붙이고 보호자 분들에게 부탁하기로 하고, 가정 방문 때에 평소 전하고 싶어도 좀처럼 말할 수 없는 아이에 대한 생각을 편지로 써 달라고 부탁했다고 했다. 따라서 정답은 4번이다.

36 ③한 집이라도 협력을 얻지 못하면 실현할 수 없다는 것은 왜인가?

1 한 집이 반대하면 다른 가정도 '바빠서 시간이 없다'고 말을 꺼낼 것 같기 때문에
2 교사가 학생의 부모 대신에 편지를 쓸 때 그 학생에게 뭐라고 쓰면 되는지 모르기 때문에
3 편지를 받을 수 있는 학생과 받을 수 없는 학생이 나오면 안 되기 때문에
4 편지를 쓰지 않는 부모와 학생 사이가 나빠져 버리기 때문에

해설 한 집이라도 부모가 아이에게 편지를 써 주지 않는다면 편지를 받지 못하는 아이가 생겨 버리기 때문에 이 일의 취지에 맞지 않게 된다. 즉 편지를 받을 수 있는 학생과 못 받는 학생이 나와서는 안 되기 때문이다.

37 ④이중삼중의 봉투에 넣어 학생에게 들게 한다고 했는데 왜 그렇게 하는 것인가?

1 편지라는 것을 모르도록 안이 보이지 않도록 하기 위해

2 아이에게 편지를 들게 하는 것은 그렇게 하도록 선생님이 부모에게 부탁했기 때문에

3 일본에서는 서류를 보내는 경우 봉투 한 장만으로는 실례가 되기 때문에

4 자신의 아이는 뭐든지 열어 버리는 버릇이 있기 때문에

해설 학생이 눈치 채지 않게 편지를 모았다고 했으므로 편지라는 것을 모르도록 안이 보이지 않게 이중삼중의 봉투에 넣어 들고 가게 한 것이다.

親子 부모 자식 | 会話 회화, 대화 | 年齢 연령 | 気難しい 성미가 까다롭다, 신경질적이다 | ほとんど 거의, 대부분 | 口をきく 말하다, 지껄이다 | 何かにつけて 무슨 일이 있을 때마다 | 生徒 중·고등학생 | 増える 늘다 | 家族 가족 | ふと 문득, 우연히 | どれほど 어느 정도, 얼마나 | 愛する 사랑하다 | 思いが沸く 생각이 들다 | 欧米化 구미화, 서구화 | 思いっ切り 마음껏, 실컷 | 抱きしめる 꼭 껴안다 | 進める 진행시키다 | 考えが沸く 생각이 들다 | 別々に 따로따로 | 過ごす (시간을) 보내다, 지내다 | チャンス 찬스, 기회 | 話し合う 의논하다 | わが子 우리 아이 | 送る 보내다 | 父母 부모 | 手紙 편지 | 題する 제목을 붙이다 | 方々 분들 | 声をかける 말을 걸다 | 〜軒 〜채, 〜집(건물을 세는 단위) | ふだん 평소 | 伝える 전하다 | 口に出す 입 밖으로 내다 | 思い 생각 | お願いする 부탁하다 | 協力 협력 | 得る 얻다 | 実現 실현 | 嬉しい 기쁘다 | 〜ことに 〜하게도 | 賛成 찬성 | 気付く 눈치채다 | 集める 모으다 | 直接 직접 | 届ける 보내다, 전하다 | 近所 근처 | まとめる 정리하다, 한데 모으다 | 在中 재중 | 〜重 〜중(겹친 것을 세는 말) | 封筒 봉투 | 担任 담임 | 数え直す (수를) 다시 세다 | これだけ 이만큼 | 忘れる 잊다 | 宝物 보물 | 抱える 안다 | さからう 거스르다 | 年上 연상 | 権威 권위 | 権力 권력 | 従う 따르다 | 位置 위치 | ずれる 어긋나다 | ヨーロッパ 유럽 | アメリカ 미국 | 一環 일환 | 社会科 사회과 | 消防署 소방서 | 下水処理場 하수처리장 | 博物館 박물관 | 現地 현지 | 観察 관찰 | 学習 학습 | 未成年者 미성년자 | 保護 보호 | 義務 의무 | 代わる 대신하다 | 主に 주로 | 教師 교사 | 環境 환경 | 連絡 연락 | 保つ 유지하다 | 重なる 거듭되다 | 数える 세다 | 愛情 애정 | 表現 표현 | 文化 문화 | 〜程 〜정도 | 嫌だ 싫어하다 | 計画を立てる 계획을 세우다 | 全て 전부 | 家庭 가정 | 〜て欲しい 〜해 주었으면 좋겠다 | 頼む 부탁하다 | 〜を通して 〜을 통해서 | 意思 의사 | 伝え合う 서로 전달하다 | 反対 반대 | 言い出す 말을 꺼내다 | 教師 교사 | 代わり 대신 | 〜てはいけない 〜(해)서는 안 된다 | 仲 사이, 관계 | 書類 서류 | 失礼になる 실례가 되다 | 癖 버릇

문제 7 다음 페이지는 학교에서 학생에게 유학의 상담을 받을 수 있다는 안내이다. 다음 글을 읽고 아래의 질문에 답하시오. 답은 1 · 2 · 3 · 4에서 가장 알맞은 것을 하나 고르시오.

미호 씨는 대학에 갓 들어간 1학년이고 교육학부입니다. 현재 평일은 매일 9~15시까지 수업이 있습니다. 미호 씨는 평일은 화~목요일, 15시 30분부터 학교 근처에서 아르바이트를 하고 있습니다. 이번 여름방학에 유학을 가고 싶어서 학교생활에 익숙해진 5월 이후에 상담을 하고 싶다고 생각하고 있습니다.

2013년 4월 5일 (월)

유학을 희망하는 여러분께

본 학교에서는 매주 하기의 일정으로 유학 전문 회사의 담당자에게 유학에 관한 상담을 받을 수 있습니다. 학부에 따라 예약 방법과 상담일이 다르기 때문에 주의해 주세요.

각 학부 상담 일정

학부	요일	예약
문학부 (영문학과) 국제문화학부 교양학부	월 · 수 13~17시 금 10~13시	상담 희망일 이틀 전까지 ※1
그 외 학부	화 · 목※2 13~17시	상담 희망일 전날까지

38 미호 씨가 수업도 아르바이트도 쉬지 않고 상담하려면 언제가 좋은가?

1　월 · 수요일 오후

2　금요일 오후

3　화 · 목요일 오후

4　월~금요일 오전

> **해설** 미호 씨는 교육학부 학생이므로 화 · 목요일 오후에 상담을 받을 수 있으나 아르바이트를 해야 한다. 하지만 5월 이후에 상담을 원하고 있고 5월부터는 금요일 14~17시도 상담이 가능하다고 했으므로 정답은 2번, 금요일 오후이다.

39 미호 씨가 상담할 때 예약에 대해 올바른 것은 어느 것인가?

1　상담 희망일 전주 금요일까지 예약한다.

2　상담 희망일 2일 전까지 예약한다.

3　상담 희망일 전날까지 예약한다.

4　예약은 필요 없다.

> **해설** 미호 씨는 교육학부이므로 그 외의 학부에 속한다. 따라서 상담 희망일 전날까지 예약하면 된다.

大学に入る 대학에 들어가다(입학하다) | ～たばかり 갓 ～했음 | 教育学部 교육학부 | 現在 현재 | 平日 평일 | 毎日 매일 | 授業 수업 | 近所 근처 | アルバイト 아르바이트 | 夏休み 여름방학 | 留学 유학 | 学校生活 학교 생활 | 慣れる 익숙해지다, 길들다 | 後に 후에 | 相談 상담 | 希望 희망 | 本学 본 학교 | 下記 하기 | 日程 일정 | 専門 전문 | 担当者 담당자 | ～に関する ～에 관한 | 学部 학부 | ～によって ～에 따라 | 予約方法 예약 방법 | 相談日 상담일 | 違う 다르다 | 注意 주의 | 文学部 문학부 | 英文学科 영문학과 | 国際文化学部 국제문화학부 | 前日 전날 | 希望日 희망일 | 以外 이외 | 可能だ 가능하다 | 上記 상기 | 応接室 응접실 | 相談にのる 상담에 응하다 | 不要だ 불필요하다

問題 1

問題1では、まず質問を聞いてください。それから話を聞いて、問題用紙の1から4の中から、最もよいものを一つえらんでください。
では、練習をしましょう。

れい

男性と女性がデートにどこに行くかを話しています。二人はどこに行くことにしましたか。

M：日曜日どこ行こうか？行きたいところある？

F：観たい映画があるんだけれど、友だちが面白くないって言ってたからどうだろう。

M：この前、服が欲しいって言ってたし、買い物に行く？

F：今はお金がないから、買えないわ～。

M：天気もいいし、海に行くのはどう？友だちも一緒にみんなでBBQしようよ。

F：私、日に焼けるの嫌だから去年も行かなかったのよね。

M：日に焼けた女の子もかわいいし、元気に見えるからすごくいいのに。そんなに嫌なら映画に行く？

F：そう？じゃあ、今年は行こうかな。

二人はどこに行くことにしましたか。

1 海
2 映画
3 ＢＢＱ
4 買い物

もっともよいものは1番です。かいとうようしの問題1の例のところを見てください。もっともよいものは1番ですから、答えはこのようにかきます。では、はじめます。

1ばん

お店の人と女の人が話しています。お店の人はこのあといくらおつりを渡しますか。

M：いらっしゃいませ。

F：この靴すごくかわいいですね。

M：こちらは今日入ってきた新しいデザインのものですよ。

문제 1

문제1에서는 먼저 질문을 들어 주세요. 그리고 이야기를 듣고 문제 용지의 1에서 4 중에서 가장 알맞은 것을 하나 고르세요.
그럼 연습을 하겠습니다.

예

남성과 여성이 데이트로 어디에 갈지 이야기하고 있습니다. 두 사람은 어디에 가기로 했습니까?

남 : 일요일에 어디 갈까? 가고 싶은 곳 있어?

여 : 보고 싶은 영화가 있는데, 친구가 재미없다고 해서 어떻게 할까?

남 : 요전에 옷이 사고 싶다고 했고 쇼핑하고 갈래?

여 : 지금은 돈이 없으니까 살 수 없어.

남 : 날씨도 좋고 바다에 가는 것은 어때? 친구도 같이 모두 바비큐 파티하자.

여 : 나 햇볕에 타는 것 싫어하니까 작년에도 가지 않았어.

남 : 햇볕에 탄 여자아이도 귀엽고 건강하게 보이니까 굉장히 좋은데. 그렇게 싫으면 영화 보러 갈래?

여 : 그래? 그럼 올해는 갈까?

두 사람은 어디에 가기로 했습니까?

1 바다
2 영화
3 BBQ
4 쇼핑

가장 알맞은 답은 1번입니다. 해답 용지의 문제1의 예 부분을 보세요. 가장 알맞은 답은 1번이니 답은 다음과 같이 씁니다. 그럼 시작하겠습니다.

1번

가게의 사람과 여자가 이야기를 하고 있습니다. 가게 사람은 이후에 거스름돈을 얼마 건넵니까?

남 : 어서 오세요.

여 : 이 신발 굉장히 귀엽네요.

남 : 이쪽은 오늘 들어온 새로운 디자인의 신발이에요.

F：値段はいくらですか。

M：4,850円です。

F：あっちの靴もいいわね。4,650円か。値段もこれ
より安いし。

M：あちらもとても売れていて、あれが最後の品物で
ございます。

F：じゃあ、その最後の靴をください。5,000円で。

M：ありがとうございます。

お店の人はこのあといくらおつりを渡しますか。

1　150円
2　200円
3　350円
4　300円

おつり 거스름돈 | 渡す 건네다 | 靴 신발, 구두 | すごく 굉장히 | 入る 들어오다 | かわいい 귀엽다 | 新しい 새롭다 | デザイン 디자인 | 値段 가격 | 安い (가격이) 싸다 | 最後 최후, 마지막 | 売れる 팔리다, 인기가 있다 | 品物 물건, 상품

2ばん

男の学生と女の学生が話しています。男の学生は何曜日にレポートを出しますか。

F：日本語学のレポート出した？

M：ううん、まだだけど今週の金曜日までじゃなかった？

F：違うよ！今日が月曜日だから水曜日までに出さないといけないよ。

M：大変だ。僕まだ何も書いてないんだよ。

F：あ、私も間違ってたわ。あと三日あるわ！

M：間に合うかな。日本語学は難しくてうまく書けないんだよ。

F：じゃあ、私が明日手伝ってあげるから頑張って。

M：ありがとう、頑張って二日後には出すよ。

男の学生は何曜日にレポートを出しますか。

1　月曜日
2　火曜日
3　水曜日
4　木曜日

여 : 가격은 얼마에요?

남 : 4,850엔입니다.

여 : 저쪽 신발도 좋네요. 4,650엔인가. 가격도 이것보다 싸고.

남 : 저쪽도 아주 잘 팔리고 있고 저것이 마지막 상품입니다.

여 : 그럼 그 마지막 신발 주세요. 5,000엔으로.

남 : 감사합니다.

가게 사람은 이후에 거스름돈을 얼마 건넵니까?

1　150엔
2　200엔
3　350엔
4　300엔

남자 점원이 저것도 잘 팔리고 있고 마지막 상품이라고 하자 여자 손님은 그 마지막 신발을 달라고 하며 5,000엔을 낸다. 손님이 사려는 신발 가격이 4,650엔이므로 거스름돈은 350엔이 된다. 정답은 3번이다.

2번

남학생과 여학생이 이야기하고 있습니다. 남학생은 무슨 요일에 리포트를 제출합니까?

여 : 일본어학 리포트 냈어?

남 : 아니, 아직인데 이번 주 금요일까지 아니었어?

여 : 아니야! 오늘이 월요일이니까 수요일까지 내야 해.

남 : 큰일이다. 나 아직 아무것도 안 썼어.

여 : 아, 나도 잘못 알고 있었어. 앞으로 3일 남았어!

남 : 시간에 맞출 수 있을까? 일본어학은 어려워서 잘 못 쓰겠어.

여 : 그럼 내가 내일 도와줄 테니까 열심히 해.

남 : 고마워, 열심히 해서 이틀 후에는 낼게.

남학생은 무슨 요일에 리포트를 제출합니까?

1　월요일
2　화요일
3　수요일
4　목요일

何曜日 무슨 요일 | レポート 리포트 | 値段 가격 | 日本語学 일본어학 | 出す 내다, 제출하다 | 違う 다르다 | 大変だ 큰일이다, 힘들다 | 間違う 틀리다, 실수하다 | 間に合う 시간에 대다 | 難しい 어렵다 | うまく 잘, 솜씨 좋게 | 手伝う 돕다, 거들다 | 頑張る 분발하다 | 二日 이틀

3 ばん

男の人と女の人が話しています。女の人は何時に会社を出ますか。

M：今日の飲み会は社長が来るから、遅れないようにしないとね。

F：いつも仕事が終わって会社を出るのが 7 時なんだけど、間に合うかな。

M：うーん、今日は金曜日で車が混むから 30 分くらい早く仕事を終わらせたらいいよ。

F：そっか、じゃあいつもより急いで仕事しなきゃね。

M：あと社長にさしあげるお酒も買うからもう 15 分早く出ようか。

F：そうね、そうしましょう。

女の人は何時に会社を出ますか。

1　6 時 10 分
2　6 時 15 分
3　6 時 30 分
4　7 時

出る 나오다, 나가다 | 飲み会 회식, 술 모임 | 遅れる 늦다, 지각하다 | 終わる 끝나다 | 混む 붐비다 | 早く 일찍 | 急ぐ 서두르다 | さしあげる 드리다[あげる의 존경어]

4 ばん

お父さんと娘が話しています。お父さんはこれからどうしますか。

M：今年のクリスマスは家族で旅行に行こうと思うんだけれど、どうかな？

F：毎年行くおじいさんの家に行かないの？

M：おじいさんの家にはクリスマスの少し前に行くんだよ。

F：わかった。じゃあ、電話してそう伝えるね。

M：そうしたらいいよ。お父さんは旅行の予約の電話をするよ。

여자는 남자에게 오늘이 월요일이므로 리포트를 수요일까지 내야 한다고 말한다. 그러자 남자는 열심히 해서 이틀 후에는 내겠다고 했으므로, 월요일의 이틀 후인 수요일에 낼 것임을 알 수 있다.

3 번

남자와 여자가 이야기하고 있습니다. 여자는 몇 시에 회사를 나갑니까?

남 : 오늘 회식에는 사장님이 오니까 늦지 않도록 해야 해.

여 : 늘 일이 끝나고 회사를 나가는 것이 7시인데, 시간에 맞출 수 있나?

남 : 음, 오늘은 금요일이라서 차가 붐비니까 30분 정도 일찍 일을 끝내면 돼.

여 : 그래, 그럼 평소보다 서둘러서 일해야겠네.

남 : 그리고 사장님께 드릴 술도 사야 하니까 15분 더 일찍 나갈까?

여 : 그래, 그렇게 합시다.

여자는 몇 시에 회사를 나갑니까?

1　6시 10분
2　6시 15분
3　6시 30분
4　7시

평소에 회사를 나가는 시각은 7시이다. 오늘은 금요일이라서 차가 붐비니까 30분 정도 일을 빨리 마쳐야 한다고했다. 게다가 사장님께 드릴 술도 사야 해서 15분 더 일찍 나간다고 덧붙였으므로 7시보다 45분 일찍 나가야 한다. 즉 6시 15분에 출발한다.

4 번

아버지와 딸이 이야기하고 있습니다. 아버지는 이제부터 어떻게 합니까?

남 : 올해 크리스마스는 가족끼리 여행을 가려고 하는데 어떨까?

여 : 매년 가는 할아버지 댁에 안 가?

남 : 할아버지 댁에는 크리스마스 좀 전에 갈 거야.

여 : 알겠어. 그럼 전화해서 그렇게 전할게.

남 : 그렇게 하면 좋아. 아빠는 여행 예약 전화를 할게.

F：お父さん、電話の前にお母さんに頼まれてたお風呂掃除しなくてもいいの？

M：あ〜そうだった、テレビが終わってからでいいかなぁ。あと少しで野球の試合が終わるから。

F：お父さんはいつもそうなんだから。

お父さんはこれからどうしますか。

1　旅行の電話をする
2　おじいさんに電話をする
3　お風呂掃除をする
4　テレビを見る

단어

娘 딸 | クリスマス 크리스마스 | 家族 가족 | 旅行 여행 | 毎年・毎年 매년 | おじいさん 할아버지 | 伝える 전달하다, 전하다 | 予約 예약 | 頼む 부탁하다 | お風呂 욕실, 욕조 | 掃除 청소 | テレビ 텔레비전 | 野球 야구 | 試合 시합

5ばん

男の人と女の人が話しています。男の人はまず何をしますか。

M：あ〜頭が痛い、風邪を引いたみたいだよ。昨日雨に濡れたからなぁ。

F：大丈夫？顔が赤いし、熱があるんじゃない？

M：そうかもしれないな。家に薬がないから買って帰らないと。

F：今ならまだ病院に行くのも間に合うわよ。

M：家で今からやらないとならない仕事があるんだよ。

F：じゃあ、薬は私が買って家に届けてあげるから、早く仕事を終わらせて、薬を飲んで寝るのがいいわ。

M：ありがとう。そうだね、君が言った通りにするよ。

男の人はまず何をしますか。

1　病院に行く
2　薬を買う
3　仕事をする
4　寝る

단어

まず 우선, 먼저 | 頭が痛い 머리가 아프다 | 風邪を引く 감기에 걸리다 | 濡れる (비에) 젖다 | 顔 얼굴 | 赤い 빨갛다 | 熱 열 | 薬 약 | 病院 병원 | やる 하다 | 届ける 보내다, 닿게 하다 | 飲む (약을) 먹다 | 〜通に 〜(하는) 대로 | 寝る 자다

여 : 아빠, 전화하기 전에 엄마에게 부탁받은 욕실 청소 하지 않아도 되는 거야?

남 : 아, 그랬다. 텔레비전이 끝나고 나서 해도 되나. 조금만 있으면 야구 시합 끝나니까.

여 : 아빠는 늘 그렇다니까.

아버지는 이제부터 어떻게 합니까?

1　여행 전화를 한다.
2　할아버지에게 전화를 한다.
3　욕실 청소를 한다.
4　텔레비전을 본다.

해설

딸이 아빠에게 욕실 청소 안 해도 되냐고 하자, 조금 있으면 야구 시합 끝나니까 텔레비전 끝나고 나서 하겠다고 했으므로 정답은 4번이다.

5번

남자와 여자가 이야기하고 있습니다. 남자는 우선 무엇을 합니까?

남 : 아, 머리 아파, 감기에 걸린 것 같아. 어제 비에 젖었으니까.

여 : 괜찮아? 얼굴이 빨갛고 열이 있는 거 아냐?

남 : 그럴지도 몰라. 집에 약이 없으니까 사서 돌아가야 해.

여 : 지금이라면 아직 병원에 가는 것도 시간에 맞출 수 있어.

남 : 집에서 지금부터 해야 하는 일이 있어.

여 : 그럼 약은 내가 사서 집에 보내줄 테니까, 빨리 일을 끝내고 약 먹고 자는 편이 좋겠어.

남 : 고마워. 그래, 네가 말한 대로 할게.

남자는 우선 무엇을 합니까?

1　병원에 간다.
2　약을 산다.
3　일을 한다.
4　잔다.

해설

남자가 집에서 지금부터 해야 할 일이 있다고 하자, 여자는 약을 사서 보내줄 테니까 빨리 일을 끝마치고 약 먹고 자는 편이 좋겠다고 말한다. 즉 남자는 우선 집에 가서 해야 할 일을 할 것이다.

男の人と女の人が台所で話しています。ステーキの次は何を作りますか。

F：今日のパーティーの料理はたくさん作るから頑張らないとね。サラダとステーキ、スープ、すし、ケーキを作るわよ。

M：まず何を作ろうか。簡単なサラダから作る？

F：まず時間のかかるスープを作るのがいいわね。

M：ケーキも時間がかかるんじゃない？

F：ケーキは昨日ほとんど準備をしたから最後で大丈夫よ。

M：じゃあ、スープの次は何を作ろうか。

F：ステーキは冷たいとおいしくないからケーキの前に作りましょう。

M：サラダとすしは冷たくても大丈夫だからスープを作ってからにしようか。

F：そうだね。それじゃあ、料理を始めましょう！

ステーキの次は何を作りますか。

1　スープ
2　すし
3　サラダ
4　ケーキ

単어

台所 부엌 | ステーキ 스테이크 | 次 다음 | パーティ 파티 | 料理 요리 | 頑張る 분발하다 | サラダ 샐러드 | スープ 수프 | 作る 만들다 | ケーキ 케이크 | すし 초밥 | 簡単だ 간단하다 | 時間がかかる (시간 등이) 걸리다 | ほとんど 거의, 대부분 | 準備 준비 | 最後 최후, 마지막 | 冷たい 차갑다 | おいしい 맛있다 | 始める 시작하다

問題 2

問題 2 では、まず質問を聞いてください。そのあと、問題用紙を見てください。読む時間があります。それから話を聞いて、問題用紙の 1 から 4 の中から、最もよいものを一つえらんでください。

では、練習をしましょう。

---

6 번

남자와 여자가 부엌에서 이야기하고 있습니다. 스테이크 다음은 무엇을 만듭니까?

여 : 오늘의 파티 요리는 많이 만드니까 열심히 해야 해. 샐러드와 스테이크, 수프, 초밥, 케이크를 만들게.

남 : 우선 무엇을 만들까? 간단한 샐러드부터 만들어?

여 : 우선 시간이 걸리는 수프를 만드는 것이 좋지.

남 : 케이크도 시간이 걸리지 않아?

여 : 케이크는 어제 거의 준비했으니까 마지막에 해도 괜찮아.

남 : 그럼 수프 다음은 무엇을 만들까?

여 : 스테이크는 차가우면 맛이 없으니까 케이크 전에 만들자.

남 : 샐러드와 초밥은 차가워도 괜찮으니까 수프를 만들고 나서 할까?

여 : 그래, 그럼 요리를 시작합시다!

스테이크 다음은 무엇을 만듭니까?

1　수프
2　초밥
3　샐러드
4　케이크

해설

우선 시간이 걸리는 수프부터 만든다고 했고, 케이크는 마지막에 만들어도 괜찮다고 한다. 스테이크는 차가우면 맛이 없으니까 케이크 전에 만들자고 했고, 샐러드와 초밥은 수프를 만들고 나서 하자고 한다. 즉 순서는 '수프 → 샐러드와 초밥 → 스테이크 → 케이크'이므로, 정답은 4번 케이크이다.

문제 2

문제2에서는 먼저 질문을 들어 주세요. 그 후 문제 용지를 보세요. 읽는 시간이 있습니다. 그런 다음 이야기를 듣고 문제 용지의 1에 4 중에서 가장 알맞은 것을 하나 고르세요.

그럼 연습을 하겠습니다.

해설

男の子とお母さんが話しています。男の子はどうして
1位ではなかったのですか。

F：今日のマラソンどうだった？1位になれた？

M：ううん、1位ではなかったんだ。

F：そうなの？練習ではいつも1位だったじゃない。

M：うん、でも練習が足りなかったんだ。

F：毎日一生懸命練習してたのに。何かあった？

M：うん、友だちの太郎君がお腹が痛くて遅くなった
んだ。だから。

F：あ、そうだったのね。怪我はなかった？

M：うん、太郎君は薬を飲んだから大丈夫だったよ。
太郎君と一緒にゴールしたんだよ！

F：そう、よく頑張ったわね。お母さんの中ではあな
たが1位よ。

男の子はどうして1位ではなかったのですか。

1　練習が足りなかったから

2　お腹が痛かったから

3　友だちが怪我をしたから

4　**友だちを心配したから**

もっともよいものは4番です。かいとうようし
の問題2の例のところを見てください。もっと
もよいものは4番ですから、答えはこのように
かきます。では、はじめます。

1ばん

男の人がインタビューに答えています。男の人が結
婚する女性を決めるときに一番気にすることは何です
か。

F：あなたが結婚する女性を決めるときに何を一番気
にしますか。

M：料理が上手なことですね。仕事で疲れていてもお
いしい料理があると今日も一日頑張ったと思えるん
です。

F：きれいな女性やかわいい女性はどうですか。

M：それはきれいな女性がいいですが、結婚して長い
間一緒に住むと、きれいでもけんかはするし、
色々問題も起きてくると思うんです。そんなとき
に嫌なことがあってもおいしい料理があれば家に
帰ろうと思うんですよ。

F：そうですか。仕事をしている女性はどうですか。

남자아이와 엄마가 이야기하고 있습니다. 남자아이는 왜 1위가
아니었습니까?

여 : 오늘 마라톤 어땠어? 1위 될 수 있었어?

남 : 음, 1위는 아니었어.

여 : 그런 거야? 연습에서는 늘 1위였잖아.

남 : 응, 하지만 연습이 부족했어.

여 : 매일 열심히 연습하고 있었는데. 무슨 일 있었어?

남 : 응, 친구 타로가 배가 아파서 늦어졌어. 그래서.

여 : 아, 그랬던 거구나. 다치지는 않았어?

남 : 응, 타로는 약을 먹고 괜찮았어. 타로와 같이 골인했어!

여 : 그래, 잘했네. 엄마한테는 네가 1위야.

남자아이는 왜 1위가 아니었습니까?

1　연습이 부족했기 때문에

2　배가 아팠기 때문에

3　친구가 다쳤기 때문에

4　**친구를 걱정했기 때문에**

**가장 알맞은 답은 4번입니다. 해답 용지의 문제2의 예
부분을 보세요. 가장 알맞은 답은 4번이니 답은 다음
과 같이 씁니다. 그럼 시작하겠습니다.**

1번

남자가 인터뷰에 답하고 있습니다. 남자가 결혼할 여성을 정할
때에 가장 신경 쓰는 것은 무엇입니까?

여 : 당신이 결혼할 여성을 결정할 때에 무엇을 가장 신경
쓰니까?

남 : 요리를 잘하는 것입니다. 일로 지쳐 있어도 맛있는 요
리가 있으면 오늘도 하루 열심히 했다고 생각할 수 있
어요.

여 : 예쁜 여성과 귀여운 여성은 어떻습니까?

남 : 그건 예쁜 여성이 좋지만, 결혼해서 오랫동안 같이 살
면 예뻐도 싸움은 하고 여러 가지 문제도 일어난다고
생각합니다. 그런 때에 언짢은 일이 있어도 맛있는 요
리가 있으면 집에 돌아오려고 할 거예요.

여 : 그렇습니까? 일을 하고 있는 여성은 어떻습니까?

M：仕事をしていても家でおいしい料理を作って待っていてくれれば大丈夫ですね。あとは良いお母さんになりそうな女性はいいですよね。優しい女性は男性はみんな好きですよ。

男の人が結婚する女性を決めるときに一番気にすることは何ですか。

1　きれいな女性
2　**料理が上手な女性**
3　仕事をしている女性
4　優しい女性

インタビュー 인터뷰 │ 答える 대답하다 │ 結婚 결혼 │ 女性 여성 │ 決める 결정하다 │ 一番 가장, 제일 │ 気にする 걱정 쓰다, 신경 쓰다 │ 料理 요리 │ 上手だ 능숙하다, 잘하다 │ 仕事 일, 직업 │ 疲れる 지치다, 피곤해지다 │ きれいだ 예쁘다, 깨끗하다 │ かわいい 귀엽다 │ 長い間 오랫동안 │ 住む 살다, 거주하다 │ けんか 싸움 │ 色々 여러 가지 │ 問題 문제 │ 起きる 일어나다 │ 嫌だ 싫다 │ 優しい 상냥하다 │ みんな 모두

2ばん

会社で男の人と女の人が話しています。男の人がお弁当を作り始めて最も良かったことは何ですか。

F：山田さん最近昼にお弁当持ってきているんですね。彼女ができたんですか。

M：いや、彼女じゃないよ。自分で作ってきているんだ。

F：すごいですね。最近、お弁当を自分で作って食べる男性が増えてますよね。

M：そうみたいだね。自分で作っているとスーパーでどの野菜や肉がいいとか、今日は何が安いとかわかるようになって色々勉強になるよ。

F：へえ、私もお弁当、作り始めようかな。ダイエットにも良さそうだし。

M：そうだね。僕もお弁当にしてから３キロ痩せたんだよ。仕事だけの毎日が、お弁当を作り始めてからはメニューを考えたり、おいしいものを作れたときに嬉しかったりと生活が楽しくなったことが一番良かったよ。

F：それは良かったですね。

남：일을 하고 있어도 집에서 맛있는 요리를 만들어 기다리고 있어 주면 괜찮아요. 그리고 좋은 엄마가 될 것 같은 여성은 좋겠지요. 상냥한 여성은 남성은 모두 좋아해요.

남자가 결혼할 여성을 정할 때에 가장 신경 쓰는 것은 무엇입니까?

1　예쁜 여성
2　**요리를 잘하는 여성**
3　일을 하고 있는 여성
4　상냥한 여성

남성은 요리를 잘하는 것을 제일로 꼽고 있다. 일로 지쳐 있어도 맛있는 요리가 있으면 오늘도 하루 열심히 했다고 생각할 수 있고, 언짢은 일이 있어도 맛있는 요리가 있으면 집에 돌아오려고 할 것 같다고 말하고 있으므로 정답은 2번이다.

2번

회사에서 남자와 여자가 이야기하고 있습니다. 남자가 도시락을 만들기 시작하고 가장 좋았던 것은 무엇입니까?

여：야마다 씨 요즘 점심에 도시락 들고 오는군요. 여자 친구 생긴 거에요?

남：아니, 여자 친구 아니야. 내가 만들어 오고 있는 거야.

여：대단하네요. 요즘 도시락을 스스로 만들어서 먹는 남성이 늘고 있지요.

남：그런 것 같아. 스스로 만들고 있으면 슈퍼에서 어느 채소와 고기가 좋은가 라든가 오늘이 뭐가 싼지 라든가 알 수 있게 되어서 여러 가지로 공부가 돼.

여：와, 저도 도시락을 만들기 시작할까요? 다이어트에도 좋아 보이는데.

남：맞아, 나도 도시락으로 바꾸고 나서 3kg 살이 빠졌어. 일만 하던 매일이 도시락을 만들기 시작하고 나서는 메뉴를 생각하기도 하고 맛있는 것을 만들 수 있었을 때에 기뻐하기도 하면서 생활이 즐거워진 점이 가장 좋았어.

여：그건 좋았겠네요.

男の人がお弁当を作り始めて最も良かったことは何ですか。

1 生活が楽しくなったこと
2 彼女ができたこと
3 ３キロ痩せたこと
4 いい野菜や肉が買えること

お弁当 도시락 | 作り始める 만들기 시작하다 | 最も 가장 |
男性 남성 | 最近 최근, 요즘 | 昼 점심, 낮 | 彼女 그녀 | で
きる 생기다 | 自分で 스스로 | スーパー 슈퍼마켓 | 野菜
채소 | 肉 고기 | 勉強 공부 | ダイエット 다이어트 | キロ
킬로그램, kg | 痩せる 마르다, 살 빠지다 | メニュー 메뉴 |
嬉しい 기쁘다 | 生活 생활 | 楽しい 즐겁다

3 ばん

店のおじさんと女の人が話しています。女の人はどうして豚肉を買ったのですか。

M：いらっしゃいませ。今日は豚肉が安いですよ！
F：今日は鶏肉を使った料理にしようと思うので、鶏肉はいくらですか。
M：１００グラム、９５円です。豚肉は１００グラム、８０円ですよ、一緒にどうですか。
F：豚肉安いですね～。どうしようかな。でもまだ家に前に買った豚肉があるんですよ。
M：今日は豚肉の料理でどうですか。ここまで安いのは今日までですよ！
F：そうですね。今日は豚肉料理でもいいわね。でも豚肉を買うと鶏肉を買うお金がないわ。
M：こうなったら大サービス！豚肉１００グラム、７０円でいいですよ。
F：本当ですか。うーん、でも……。
M：きれいなお姉さんにだけの大サービスですよ！
F：おじさんには負けました。鶏肉と豚肉をください。
M：まいど、どうもありがとうございます。

女の人はどうして豚肉を買ったのですか。
1 豚肉が明日まで安いから
2 今日は豚肉料理を作るから
3 おじさんが一生懸命に何回も声をかけたから
4 おじさんが１００グラム、７０円にしてくれたから

남자가 도시락을 만들기 시작하고 가장 좋았던 것은 무엇입니까?

1 생활이 즐거워진 것
2 여자 친구가 생긴 것
3 3kg 살이 빠진 것
4 좋은 채소와 고기를 살 수 있는 것

남자의 마지막 말에서, 도시락을 만들기 시작하고 나서 메뉴를 생각하기도 하고 맛있는 것을 만들 수 있었을 때 기뻐하기도 하면서 생활이 즐거워진 점이 가장 좋았다고 꼽았으므로 정답은 1번이다.

3 번

가게 아저씨와 여자가 이야기하고 있습니다. 여자는 어째서 돼지고기를 산 것입니까?

남 : 어서 오세요. 오늘은 돼지고기가 싸요!
여 : 오늘은 닭고기를 사용한 요리로 하려고 하는데 닭고기는 얼마에요?
남 : 100g에 95엔입니다. 돼지고기는 100g에 80엔입니다. 같이 어떻습니까?
여 : 돼지고기가 싸군요. 어떻게 할까? 하지만 아직 집에 전에 산 돼지고기가 있어요.
남 : 오늘은 돼지고기 요리로 어떻습니까? 이렇게까지 싼 것은 오늘까지예요!
여 : 그렇군요. 오늘은 돼지고기 요리라도 좋겠군요. 하지만 돼지고기를 사면 닭고기를 살 돈이 없네.
남 : 이렇게 되면 큰 서비스! 돼지고기 100g 70엔에 드릴게요.
여 : 정말이에요? 음, 하지만…….
남 : 예쁜 누님에게만 드리는 큰 서비스에요!
여 : 아저씨에게는 졌어요. 닭고기와 돼지고기를 주세요.
남 : 매번 감사합니다.

여자는 어째서 돼지고기를 산 것입니까?

1 돼지고기가 내일까지 싸기 때문에
2 오늘은 돼지고기 요리를 만들기 때문에
3 아저씨가 열심히 몇 번이나 말을 걸었기 때문에
4 아저씨가 100g, 70엔으로 해 주었기 때문에

おじさん 아저씨 | 豚肉 돼지고기 | 安い (값이) 싸다 | 料理 요리 | 鶏肉 닭고기 | グラム 그램, g | 買う 사다 | お姉さん 누나, 언니 | 負ける 지다 | 一生懸命 열심히 | 声をかける 말을 걸다 | まいど 매번

4 ばん

男の学生と女の学生が話しています。女の学生はどうして専門学校に入学したのですか。

M：専門学校入学おめでとう。

F：ありがとう。試験も終わってやっと自由になれた気がするわ。

M：でも、行きたかった大学に入学しなくて本当によかったの？試験もすごくいい点だったのに。

F：試験がいい点だったから、それでいいの。

M：大学に入るために一生懸命勉強していたのにね。

F：先生も同じことを言っていたわ。私も本当に行きたい大学だったからすごく考えたの。

M：僕が代わりにあの大学に入学したいくらいだよ。でもちょっと遠いよね。

F：そうね。私は早く働きたいから2年で卒業できる専門学校を選んだの。仕事に慣れてたくさんの人のために役に立ちたいのよ。

M：君は本当にすごいなぁ。

女の学生はどうして専門学校に入学したのですか。

1 試験がすごくいい点だったから
2 早く働きたいから
3 先生がそう言ったから
4 大学が遠いから

専門学校 전문 학교 | 入学 입학 | 試験 시험 | 終わる 끝나다 | やっと 겨우 | 自由だ 자유롭다 | 気がする 생각(느낌)이 들다 | すごい 대단하다, 굉장하다 | 点 점수 | 本当に 정말로 | 同じだ 같다 | 代わりに 대신에 | 遠い 멀다 | 早く 일찍, 빨리 | 働く 일하다 | 卒業 졸업 | 選ぶ 고르다, 선택하다 | 慣れる 익숙해지다 | 役に立つ 도움이 되다, 쓸모 있다

돼지고기가 싸긴 하지만 아직 집에 돼지고기가 남아 있어 망설이고 있는 여자에게 남자는 오늘까지만 이 가격으로 살 수 있다면서 큰 서비스를 해 주겠다고 계속 말을 걸고 있다. 여자는 원래 살 마음이 없었지만 이러한 남자의 말에 결국 돼지고기를 샀으므로 정답은 3번이다.

4 번

남학생과 여학생이 이야기하고 있습니다. 여학생은 어째서 전문 학교에 입학한 것입니까?

남 : 전문학교 입학 축하해.

여 : 고마워. 시험도 끝나고 겨우 자유로워진 기분이야.

남 : 하지만 가고 싶었던 대학에 입학하지 않고 정말로 괜찮은 거야? 시험도 굉장히 좋은 점수였는데.

여 : 시험이 좋은 점수였으니까 그걸로 만족해.

남 : 대학에 들어가기 위해서 열심히 공부했었는데.

여 : 선생님도 똑같은 말을 하고 있었어. 나도 정말로 가고 싶은 대학이었으니까 많이 생각한 거야.

남 : 내가 대신에 그 대학에 입학하고 싶을 정도야. 하지만 좀 머네.

여 : 그렇네. 난 빨리 일하고 싶어서 2년만에 졸업할 수 있는 전문학교를 선택한 거야. 일에 익숙해져서 많은 사람을 위해 도움이 되고 싶어.

남 : 넌 정말로 대단해.

여학생은 어째서 전문 학교에 입학한 것입니까?

1 시험이 굉장히 좋은 점수였기 때문에
2 빨리 일하고 싶기 때문에
3 선생님이 그렇게 말했기 때문에
4 대학이 멀기 때문에

여자는 시험에서 좋은 점수를 받아 가고 싶은 대학에 갈 수 있었지만, 빨리 일하고 싶어서 2년이면 졸업할 수 있는 전문학교를 선택한 것이라 말했다. 따라서 정답은 2번이다.

5 ばん

女の人が日本の文化を紹介しています。ひな人形を早くしまう理由は何ですか。

F：日本にはひな祭りといって女の子のお祝いをする日があります。ひな祭りは毎年3月3日で女の子の子供がいる家ではひな人形という人形を飾ります。日本の着物を着たひな人形を飾り、散らしずしやおもち、ケーキを食べて、女の子が病気をせずに元気でいられるように祈りお祝いをします。ひな人形は早く飾って早くしまうのがいいと言われています。2月くらいから飾り、3月3日のひな祭りが終わると次の日かなるべく早くにしまいます。早くしまわないと女の子の結婚が遅れると言われています。

ひな人形を早くしまう理由は何ですか。

1　ひな祭りが終わるから
2　女の子の結婚が遅れるから
3　男の子の結婚が遅れるから
4　女の子が元気でいられるから

단어

文化 문화 | 紹介 소개 | ひな人形 히나 인형 | しまう 끝내다, 치우다 | 理由 이유 | ひな祭り 히나 마쓰리(여자아이의 행복을 비는 행사) | お祝い 축하, 축하 선물 | 日 날 | 毎年・毎年 매년 | 飾る 장식하다 | 着物 기모노 | 着る 입다 | 散らしずし 생선, 달걀부침이나 양념한 채소 등 고명을 얹은 초밥 | おもち 떡 | 病気 병 | 元気だ 건강하다 | 祈る 기원하다, 기도하다 | 次の日 다음 날 | なるべく 가능한 한, 되도록 | 結婚 결혼 | 遅れる 늦다

6 ばん

お父さんとお母さんが話しています。二人は息子にどうやって野菜を食べさせますか。

F：たくやは今日も野菜を食べなかったのよ。

M：またか〜。僕も子供の時は嫌いだったんだよ。でも、野菜を小さく切って料理に入れて食べたらわからないから食べれるようになったよ。

F：そう思ってやったことがあるのよ。でもちょっと見つけるとすぐに食べるのを止めてしまうの。

M：困ったな。お母さんが野菜をおいしい、おいしいって言って食べてると、それを見て子供も食べるようになるってテレビで見たことはあるよ。

---

5 번

여자가 일본 문화를 소개하고 있습니다. 히나 인형을 빨리 치우는 이유는 무엇입니까?

여 : 일본에는 히나 마쓰리라고 해서 여자아이를 축하하는 날이 있습니다. 히나 마쓰리는 매년 3월 3일로 여자아이가 있는 집에서는 히나 인형이라고 하는 인형을 장식합니다. 일본의 기모노를 입은 히나 인형을 장식하고 고명 얹은 초밥과 떡, 케이크를 먹고 여자아이가 병에 걸리지 않고 건강하게 있을 수 있도록 기원하고 축하합니다. 히나 인형은 빨리 장식하고 빨리 치우는 것이 좋다고 합니다. 2월 무렵부터 장식하여 3월 3일 히나 마쓰리가 끝나면 다음 날이든지 되도록 빨리 치웁니다. 빨리 치우지 않으면 여자아이의 결혼이 늦어진다고 합니다.

히나 인형을 빨리 치우는 이유는 무엇입니까?

1　히나 마쓰리가 끝나기 때문에
2　여자아이의 결혼이 늦어지기 때문에
3　남자아이의 결혼이 늦어지기 때문에
4　여자아이가 건강하게 있을 수 있기 때문에

해설

히나 인형은 빨리 장식하고 빨리 치우는 편이 좋다고 하면서, 빨리 치우지 않으면 여자아이의 결혼이 늦어진다고 말하고 있다. 따라서 정답은 2번 여자아이의 결혼이 늦어지기 때문이다.

6 번

아버지와 어머니가 이야기하고 있습니다. 두 사람은 아들에게 어떻게 해서 채소를 먹게 합니까?

여 : 타쿠야는 오늘도 채소를 안 먹었어.

남 : 또인가. 나도 어렸을 때는 싫어했어. 하지만 채소를 작게 썰어서 요리에 넣어서 먹으면 모르니까 먹을 수 있게 되었어.

여 : 그렇게 생각하고 한 적이 있어. 하지만 좀 발견하면 바로 먹는 것을 그만둬 버려.

남 : 곤란하네. 엄마가 채소를 맛있다, 맛있다 하고 먹으면 그것을 보고 아이도 먹게 된다고 텔레비전에서 본 적은 있어.

F：私も聞いたことはあるわ。野菜の入っているお菓
　子はよく食べるのよね。でもお菓子だから体には
　良くないし。

M：そうだな。じゃあ、やっぱりあのテレビで見たよ
　うに食べさせようか。

F：そうしましょう。

二人は息子にどうやって野菜を食べさせますか。

1　野菜を小さく切って料理に入れる
2　お母さんが野菜をおいしいと言って食べる
3　野菜の入っているお菓子をあげる
4　テレビで見た野菜料理を作る

息子 아들 ｜ どうやって 어떻게 해서 ｜ 野菜 채소 ｜ 嫌いだ
싫다, 싫어하다 ｜ 切る 자르다 ｜ 見つける 발견하다, 찾다 ｜
止める 그만두다, 멈추다 ｜ 困る 곤란하다 ｜ お菓子 과자 ｜
よく 잘, 자주 ｜ 体 몸 ｜ やっぱり 역시

問題 3

問題 3 では、問題用紙に何もいんさつされてい
ません。この問題は、ぜんたいとしてどんなな
いようかを聞く問題です。話の前に質問はあり
ません。まず話を聞いてください。それから、
質問とせんたくしを聞いて、 1 から 4 の中から
最もよいものを一つえらんでください。
では、練習をしましょう。

れい

男の人が女の人の家に来て話しています。

M：田中です。
F：あ、はーい。ちょっと待ってくださいね。どう
　ぞ、入ってください。
M：具合大丈夫ですか。
F：はい、もう大丈夫です。
M：これ、昨日頼まれてたノート。
F：ありがとう、遠くまでごめんね。
M：ううん、それよりゆっくり休んでくださいね。
F：時間があるならお茶でも飲んでいきませんか。
M：ありがとうごさいます。

여 : 나도 들은 적은 있어. 채소가 들어 있는 과자는 잘 먹
　　는 거야. 하지만 과자니까 몸에 좋지 않고.
남 : 그렇지. 그럼 역시 그 텔레비전에서 본 것처럼 먹게 할
　　까?
여 : 그렇게 해요.

두 사람은 아들에게 어떻게 해서 채소를 먹게 합니까?

1　채소를 작게 잘라 요리에 넣는다.
2　엄마가 채소를 맛있다고 말하고 먹는다.
3　채소가 들어 있는 과자를 준다.
4　텔레비전에서 본 채소 요리를 먹는다.

남자가 텔레비전에서 엄마가 채소를 맛있다, 맛있다 하고
먹으면 그것을 보고 아이도 먹게 된다고 본 적이 있다고
하면서 그렇게 먹게 할지를 묻자 여자도 그렇게 하자고 한
다. 즉 정답은 2번, 엄마가 채소를 맛있다고 하면서 먹는
것이다.

문제 3

문제3에서는 문제 용지에 아무것도 인쇄되어 있지 않
습니다. 이 문제는 전체 어떤 내용인지를 묻는 문제
입니다. 이야기 전에 질문은 없습니다. 먼저 이야기를
들어 주세요. 그런 다음 질문과 선택지를 듣고 1에서
4 중에서 가장 알맞은 것을 하나 고르세요.
그럼 연습을 하겠습니다.

예

남자가 여자의 집에 와서 이야기하고 있습니다.

남 : 다나카입니다.
여 : 아, 네. 잠깐 기다려주세요. 들어오세요.
남 : 상태는 괜찮습니까?
여 : 네, 이제 괜찮아요.
남 : 이것, 어제 부탁 받은 노트요.
여 : 고마워요, 멀리까지 미안해요.
남 : 아니요, 그것보다 푹 쉬세요.
여 : 시간이 있으면 차라도 마시고 가지 않겠어요?
남 : 감사합니다.

男の人はどうして女の人の家に来ましたか。

1　ノートを持ってきた
2　お見舞いにきた
3　謝りにきた
4　お茶を飲みにきた

もっともよいものは１番です。かいとうようしの問題３の例のところを見てください。もっともよいものは１番ですから、答えはこのようにかきます。では、はじめます。

１ばん

男の人と女の人が話しています。

F：あれ山田君、日曜日なのに大学に来てどうしたの？
M：佐藤さんこそどうしたの？
F：私はこれから大学の近くにあるカフェに行くからここで友達と会うのよ。
M：僕も大学の食堂にご飯を食べに来たんだよ。僕は一人で住んでて料理もできないから。
F：そうなんだ。サッカーの練習に行くのかと思ったわ。
M：サッカーの試合がもうすぐあるから練習も忙しいよ。
F：そう、頑張ってね！よかったら一緒にカフェに行かない？
M：本当？ありがとう！

男の人は大学に何をしに来ましたか。

1　食堂でご飯を食べるため
2　友達に会うため
3　サッカーの練習のため
4　カフェに行くため

단어

〜こそ 〜야말로 | 近く 근처, 가까이 | カフェ 카페 | 食堂 식당 | 一人で 혼자서 | 住む 살다. 거주하다 | サッカー 축구 | 練習 연습 | 試合 시합 | もうすぐ 이제 곧 | 忙しい 바쁘다 | 頑張る 분발하다 | よかったら 괜찮으면

２ばん

男の子と女の子が話しています。

F：明日から夏休みだね。私は家族で旅行に行くのよ。
M：いいな〜。どこに行くの？
F：日本じゃないよ、外国だよ。えーと、国の名前は忘れちゃった。

남자는 왜 여자의 집에 왔습니까?

1　노트를 가지고 왔다.
2　병문안하러 왔다.
3　사과하러 왔다.
4　차를 마시러 왔다.

가장 알맞은 답은 1번입니다. 해답 용지의 문제3의 예 부분을 보세요. 가장 알맞은 답은 1번이니 답은 다음과 같이 씁니다. 그럼 시작하겠습니다.

1번

남자와 여자가 이야기하고 있습니다.

여 : 어머 야마다 군, 일요일인데 대학에 오고 무슨 일이야?
남 : 사토 씨야말로 무슨 일이야?
여 : 난 이제부터 대학 근처에 있는 카페에 가려고 여기에서 친구와 만날 거야.
남 : 나도 대학 식당에 밥을 먹으러 왔어. 나는 혼자서 살고 있으니까 요리도 할 수 없어서.
여 : 그렇구나. 축구 연습하러 가는 건가라고 생각했어.
남 : 축구 시합이 이제 곧 있으니까 연습도 바빠.
여 : 그래, 열심히 해! 괜찮으면 같이 카페에 가지 않을래?
남 : 정말? 고마워.

남자는 대학에 무엇을 하러 왔습니까?

1　식당에서 밥을 먹기 위해
2　친구를 만나기 위해
3　축구 연습을 위해
4　카페에 가기 위해

해설

남자는 대학 식당에서 밥을 먹으러 왔다고 했으므로 정답은 1번, 식당에서 밥을 먹기 위해서이다.

2번

남자아이와 여자아이가 이야기하고 있습니다.

여 : 내일부터 여름방학이네. 난 가족끼리 여행 가.
남 : 좋겠다. 어디에 갈 거야?
여 : 일본이 아니야, 외국이야. 음, 나라 이름은 잊어버렸어.

M：どんな国？

F：すごく大きい国で自然がいっぱいあるのよ。きれいな海もあるわ。飛行機で日本から９時間くらいよ。

M：そうなんだ。とても遠い国なんだね。

F：おいしいステーキもいっぱい食べるの！牛肉がおいしいんだって。動物も見るんだよ。

M：お土産買ってきてね。

F：うん、コアラかカンガルーの人形を買ってくるね。

女の子はどこに行きますか。

1　アメリカ
2　韓国
3　カナダ
4　**オーストラリア**

夏休み 여름방학, 여름휴가 | 家族 가족 | 旅行 여행 | 国 국가 | 名前 이름 | 忘れる 잊다 | 自然 자연 | いっぱい 가득 | 海 바다 | 飛行機 비행기 | 遠い 멀다 | ステーキ 스테이크 | 牛肉 쇠고기 | 動物 동물 | コアラ 코알라 | カンガルー 캥거루 | お土産 토산품 | 人形 인형 | アメリカ 미국 | カナダ 캐나다 | オーストラリア 오스트레일리아

3ばん

男の人が話しています。

M：お客様がお探しの家は本当はなかなか見つからなかったんですよ。決めていただきありがとうございます。お部屋は新しくきれいでございます。15階で窓からの景色もすばらしいです。日の光がよく入り、いつも明るいお部屋となっております。駅からも歩いて５分ですし、近くに２４時間やっているコンビニもあるので便利です。値段も安いですし、インターネットも使えます。こんなにいい部屋はなかなかないのですが、今住んでいる人が二ヶ月あとに部屋を出ることになりまして、お客様の言われた日に住み始めることができないのですが、いかがでしょうか。

男の人は何について話していますか。

1　いい部屋の条件について
2　部屋の変更について
3　**住み始める日について**
4　いい家の見つけ方について

남 : 어떤 나라야?

여 : 굉장히 큰 나라이고 자연이 풍부해. 예쁜 바다도 있어. 비행기로 일본에서 9시간 정도야.

남 : 그렇구나. 아주 먼 나라구나.

여 : 맛있는 스테이크도 잔뜩 먹을 거야! 쇠고기가 맛있다고 해. 동물도 볼 거야.

남 : 토산품 사 와.

여 : 응, 코알라나 캥거루 인형을 사 올게.

여자아이는 어디에 갑니까?

1　미국
2　한국
3　캐나다
4　**오스트레일리아**

여자아이는 굉장히 큰 나라를 갈 것이고 자연이 가득하며 예쁜 바다도 있고 쇠고기가 맛있는 곳이라고 설명하고 있다. 또한 동물도 보고 코알라나 캥거루 인형을 사 온다고 했으므로 여자가 여행을 갈 곳은 오스트레일리아라고 추측할 수 있다.

3번

남자가 이야기하고 있습니다.

남 : 손님이 찾으시는 집은 사실은 좀처럼 발견되지 않았어요. 결정해 주셔서 감사합니다. 방은 새 것이고 예쁩니다. 15층에서 창문으로 보는 경치도 멋집니다. 햇볕이 잘 들어오고, 늘 밝은 방입니다. 역에서도 걸어서 5분이고, 근처에 24시간 하는 편의점도 있기 때문에 편리합니다. 가격도 싸고 인터넷도 사용할 수 있습니다. 이렇게 좋은 방은 좀처럼 없지만, 지금 살고 있는 사람이 두 달 후에 방을 나가기로 해서 손님이 말씀하시는 날짜에 살기 시작할 수 없습니다만, 어떠십니까?

남자는 무엇에 대해 이야기하고 있습니까?

1　좋은 방의 조건에 대해서
2　방의 변경에 대해서
3　**살기 시작하는 날에 대해서**
4　좋은 집 찾는 방법에 대해서

단어

해설

방에 대해 설명해 주면서, 지금 살고 있는 사람이 두 달 후에 방을 나오게 되어 손님이 원하는 날부터 살기 시작할수 없는데 어떤지 묻고 있다. 결국 3번, 살기 시작하는 날에 대해 이야기하기 위한 것이다.

お客様 손님 | 探し 찾음 | なかなか 좀처럼 | 見つかる 발견되다, 찾게 되다 | 決める 결정하다 | 新しい 새롭다 | 窓 창문 | 景色 경치 | 日の光 햇빛 | 明るい 밝다 | 駅 역 | 歩く 걷다 | 近く 근처, 가까이 | コンビニ 편의점 | 便利だ 편리하다 | 値段 가격 | インターネット 인터넷 | 使う 사용하다 | 住む 살다, 거주하다 | 住み始める 살기 시작하다 | いかが 어떻게, 어떤가 | 条件 조건 | 変更 변경 | 見つけ方 찾는 방법

問題 4

問題 4 では、えを見ながら質問を聞いてください。やじるし（➡）の人は何と言いますか。1から 3 の中から、最もよいものを一つえらんでください。
では、練習をしましょう。

れい

前を歩いている人が何か落としました。何と言いますか。

1 あの、落としましたよ。
2 あの、落ちそうですよ。
3 あの、これは何ですか。

もっともよいものは 1 番です。かいとうようしの問題 4 の例のところを見てください。もっともよいものは 1 番ですから、答えはこのようにかきます。では、はじめます。

1 ばん

家に先生が来たのでお茶を出しました。何と言いますか。

1 どうぞお召し上がりください。
2 どうもご覧ください。
3 ぜひお飲みください。

단어

お茶 차 | 出す 내오다 | 召し上がる 드시다[飲む・食べる의 존경어] | ご覧になる 보시다[見る의 존경어] | ぜひ 꼭

문제 4

문제4에서는 그림을 보면서 질문을 들어 주세요. 화살표의 사람은 뭐라고 말합니까? 1에서 3 중에서 가장 알맞은 것을 하나 고르세요.
그럼 연습을 하겠습니다.

예

앞을 걸어가고 있는 사람이 무언가 떨어뜨렸습니다. 뭐라고 말합니까?

1 저, 떨어뜨렸어요.
2 저, 떨어질 것 같아요.
3 저, 이것은 뭡니까?

가장 알맞은 답은 1번입니다. 해답 용지의 문제4의 예 부분을 보세요. 가장 알맞은 답은 1번이니 답은 다음과 같이 씁니다. 그럼 시작하겠습니다.

1번

집에 선생님이 와서 차를 내왔습니다. 뭐라고 말합니까?

1 어서 드세요.
2 봐주세요.
3 꼭 마시세요.

해설

선생님께 차를 내오며 하는 말이다. 따라서 '마시다'라는 뜻의 「飲(の)む」의 존경어인 「召(め)し上(あ)がる」로 대답한 1번이 정답이다.

2 ばん

お店で店員が客に靴のサイズが合っているか聞きます。何と言いますか。

1　このサイズは似合いましたか。

2　こちらのサイズでよろしいですか。

3　これらのサイズがございませんか。

단어

店員 점원 | 靴 구두, 신발 | 客 손님 | サイズ 사이즈 | 合う 맞다 | 聞く 묻다, 듣다 | 似合う 어울리다, 잘 맞다 | よろしい 좋다, 괜찮다

3 ばん

牛乳を全部飲んだのでなくなりました。何と言いますか。

1　もしもし、牛乳おいしかったか教えてね。

2　もしもし、帰ったら牛乳あるよ。

3　もしもし、帰りに牛乳買って来てもらえるかな。

단어

牛乳 우유 | 全部 전부 | なくなる 없어지다 | 教える 가르치다 | 帰り 돌아옴, 돌아감, 돌아오는 길

4 ばん

名前を忘れてしまいました。何と言いますか。

1　失礼ですが、お名前もう一度よろしいですか。

2　失礼します、お名前は何ですか。

3　失礼なので、お名前何でしたか。

단어

名前 이름 | 忘れる 잊다, 잊어버리다 | 失礼 실례 | もう一度 한 번 더

問題 5

問題 5 では、問題用紙に何もいんさつされていません。まず文を聞いてください。それから、そのへんじを聞いて、１から３の中から、最もよいものを一つえらんでください。では、練習をしましょう。

2 번

가게에서 점원이 손님에게 구두 사이즈가 맞는지 묻습니다. 뭐라고 합니까?

1　이 사이즈는 어울렸습니까?

2　이쪽의 사이즈로 괜찮습니까?

3　이것들의 사이즈가 없습니까?

해설

점원이 손님에게 구두 사이즈를 물을 때 쓸 수 있는 표현은 2번이다.

3 번

우유를 전부 마셔서 없어졌습니다. 뭐라고 말합니까?

1　여보세요, 우유 맛있었는지 가르쳐 줘.

2　여보세요, 돌아오면 우유 있어.

3　여보세요, 돌아오는 길에 우유 사 와 줄 수 있을까?

해설

우유를 전부 마시고 없다고 했으므로 상대에게 오는 길에 우유 사다 줄 수 있는지를 묻는 3번이 가장 적절하다.

4 번

이름을 잊어버렸습니다. 뭐라고 말합니까?

1　실례지만, 이름 한 번 더 말씀해 주실 수 있습니까?

2　실례합니다, 이름은 무엇입니까?

3　실례이니까, 이름 뭐였습니까?

해설

이름을 이미 들었는데 잊은 경우이다. 따라서 이 때는 실례지만 한 번 더 말해 줄 수 있는지 물어야 하므로 정답은 1번이다.

문제 5

문제5에서는 문제 용지에 아무것도 인쇄되어 있지 않습니다. 먼저 문장을 들어 주세요. 그런 다음 그 응답을 듣고 1에서 3 중에서 가장 알맞은 것을 하나 고르세요. 그럼 연습을 하겠습니다.

れい

M：この映画みたことある？

F：1　うん、昨日みるよ。

　　2　うん、おもしろかったよ。

　　3　うん、お母さんと帰るよ。

もっともよいものは2番です。かいとうようしの問題5の例のところを見てください。もっともよいものは2番ですから、答えはこのようにかきます。では、はじめます。

1ばん

F：それでは来週の土曜日出発でうけたまわりました。

M：1　うけたまわりお願いします。

　　2　よろしくお願いします。

　　3　お願いさせていただきます。

単어

来週 다음 주 | 出発 출발 | うけたまわる 삼가 받다, 삼가 듣다 | 願う 바라다, 원하다

2ばん

F：明日の仕事は何時までですか。

M：1　終わるまでですよ。

　　2　7時からですよ。

　　3　会社の仕事ですよ。

단어

明日 내일 | 仕事 일 | 何時 몇 시 | 終わる 끝나다

3ばん

F：君のおかげでうまくいったよ、ありがとう。

M：1　いや、僕なんて何も。

　　2　ありがとう。

　　3　うまくいくといいね。

단어

君 너, 자네 | おかげで 덕분에 | うまくいく 잘 되다 | いや 아니 | 僕 나

4ばん

F：暗くならないうちに帰るのよ。

M：1　外だよね？

　　2　暗くても大丈夫？

　　3　何時まで遊んでいいの？

예

여 : 오랜만이네요.

남 : 1　응, 어제 봐.

　　2　응, 재미있었어.

　　3　응, 엄마와 돌아갈게.

가장 알맞은 답은 2번입니다. 해답 용지의 문제5의 예 부분을 보세요. 가장 알맞은 답은 2번이니 답은 다음과 같이 씁니다. 그럼 시작하겠습니다.

1번

여 : 그러면 다음 주 토요일 출발로 삼가 받았습니다.

남 : 1　받기를 부탁 드립니다.

　　2　잘 부탁 드립니다.

　　3　부탁 드리겠습니다.

해설

토요일 출발로 예약을 받았다는 말이다. 이것에 대한 적절한 대답은 2번, 잘 부탁한다는 것이다.

2번

여 : 내일 일은 몇 시까지입니까?

남 : 1　끝날 때까지요.

　　2　7시부터에요.

　　3　회사 일이에요.

해설

내일 하는 일이 몇 시까지인지를 묻고 있으므로, 알맞은 대답은 일이 끝날 때까지라고 말한 1번이 된다.

3번

여 : 네 덕분에 잘 되었어, 고마워.

남 : 1　아니, 난 아무것도.

　　2　고마워.

　　3　잘 되면 좋지.

해설

상대방의 덕분에 잘 했다고 고맙다고 말하고 있다. 그러므로 아니라며 자신은 아무것도 한 것이 없다고 대답한 1번이 가장 적절하다.

4번

여 : 어두워지기 전에 돌아오는 거야.

남 : 1　밖이지?

　　2　어두워도 괜찮아?

　　3　몇 시까지 놀아도 되는 거야?

暗い 어둡다 | ～ないうちに ～(하)기 전에 | 帰る 돌아오다,
돌아가다 | 外 밖 | 大丈夫だ 괜찮다 | 遊ぶ 놀다

5ばん

F : 仕事が終わったのでお先に失礼します。

M : 1　ごちそうさまでした。

　　2　おつかれさまでした。

　　3　お先様でした。

단어

仕事 일 | 終わる 끝나다 | お先に 먼저 | 失礼 실례 | ごち
そうさまでした 잘 먹었습니다 | おつかれさまでした 수
고하셨습니다 | 先様 그 쪽, 그 분(상대편, 또는 화제에 올라
있는 이를 높여 이르는 말)

6ばん

F : 大きなプレゼントだね、誰に買ったの？

M : 1　友達とデパートで買いました。

　　2　これはパンダの人形だよ。

　　3　誕生日だから娘にあげようと思って。

단어

大きな 커다란, 큰 | プレゼント 선물 | 誰に 누구에게 (주
려고) | デパート 백화점 | パンダ 팬더 | 買う 사다 | 人形
인형 | 誕生日 생일 | 娘 딸 | あげる 주다

7ばん

F : このあとみんなで飲みに行くんだけれど、一緒に
どう？

M : 1　明日早いので遠慮します。

　　2　飲みすぎないでくださいね。

　　3　いつ飲みに行くんですか。

단어

このあと 이후에 | みんなで 모두 함께 | 遠慮 삼감, 사양함 |
飲みすぎる 과음하다 | ～ないでください ～하지 마세요 |
いつ 언제

8ばん

F : 部屋を出るときは必ず鍵を閉めてくださいね。

M : 1　閉めたままにしておきますね。

　　2　すみませんでした、気をつけます。

　　3　明日から出かけます。

<hr>

해설

어두워지기 전에 돌아와야 한다고 했으므로 그럼 몇 시까
지 돌아와도 되는지 물은 3번이 정답이다.

5 번

여 : 일이 끝났기 때문에 먼저 실례하겠습니다.

남 : 1　잘 먹었습니다.

　　2　수고하셨습니다.

　　3　그 분이었습니다.

해설

일이 끝나서 먼저 가겠다는 말의 응답이므로 2번 수고하
셨다고 대답하는 것이 가장 적절하다.

6 번

여 : 큰 선물이네. 누구한테 주려고 산 거야?

남 : 1　친구와 백화점에서 샀어요.

　　2　이것은 팬더 인형이야.

　　3　생일이니까 딸에게 주려고.

해설

선물을 누구에게 주려고 샀는지 묻고 있으므로 생일이라
서 딸에게 주려고 한다는 3번이 정답이다.

7 번

여 : 이후에 모두 술 마시러 갈 건데, 같이 가는 거 어때?

남 : 1　내일 일찍 와야 해서 사양하겠습니다.

　　2　너무 많이 마시지 마세요.

　　3　언제 마시러 가는 겁니까?

해설

끝나고 같이 술 마시러 가자는 말이다. 알맞은 답은 내일
일찍 나와야 해서 사양하겠다고 한 1번이다.

8 번

여 : 방을 나갈 때는 반드시 열쇠를 걸어 주세요.

남 : 1　닫은 채로 해 둘게요.

　　2　죄송했습니다, 주의하겠습니다.

　　3　내일부터 나가겠습니다.

部屋 방 | 必ず 반드시, 꼭 | 鍵 열쇠 | 閉める 닫다, 잠그다 | ～たまま ～한 채 | ～ておく ～해 두다 | 気をつける 조심하다, 주의하다 | 出かける 나가다, 외출하다

9 ばん

F : 今日はこれから英語のテストをします。
M : 1 えー！難しいです。
      2 えー！漢字ですか。
      3 えー！ほんとうですか。

これから 이제부터 | 英語 영어 | テスト 테스트, 시험 | 難しい 어렵다 | 漢字 한자

방을 나갈 때는 반드시 열쇠로 잠그고 나가 달라는 말을 하고 있다. 그러므로 죄송하다면서 앞으로 주의하겠다고 답한 2번이 적절한 대답이다.

9번

여 : 오늘은 이제부터 영어 테스트를 하겠습니다.
남 : 1 에! 어렵습니다.
       2 에! 한자입니까?
       3 에! 정말입니까?

오늘 이제부터 영어 테스트를 하겠다는 것이므로, 갑작스러운 말에 놀라서 정말이냐고 묻는 3번이 정답이다.

にほんごのうりょくしけん　かいとうようし

N3 실전모의고사 1회

げんごちしき （もじ・ごい）

じゅけんばんごう
Examinee Registration Number

なまえ
Name

〈ちゅうい Notes〉
1. くろい えんぴつ (HB、No.2) で かいて ください。
（ペンや ボールペンでは かかないで ください。）
Use a black medium soft (HB or No.2) pencil.
(Do not use any kind of pen.)
2. かきなおす ときは、けしゴムで きれいに けして ください。
Erase any unintended marks completely.
3. きたなく したり、おったり しないで ください。
Do not soil or bend this sheet.
4. マークれい Marking examples

よい れい Correct Example	わるい れい Incorrect Examples
●	⊘ ⊙ ◑ ◐ ⊖ ⊕ ◓

問 題 1

1	①	②	③	④
2	①	②	③	④
3	①	②	③	④
4	①	②	③	④
5	①	②	③	④
6	①	②	③	④
7	①	②	③	④
8	①	②	③	④

問 題 2

9	①	②	③	④
10	①	②	③	④
11	①	②	③	④
12	①	②	③	④
13	①	②	③	④
14	①	②	③	④

問 題 3

15	①	②	③	④
16	①	②	③	④
17	①	②	③	④
18	①	②	③	④
19	①	②	③	④
20	①	②	③	④
21	①	②	③	④
22	①	②	③	④
23	①	②	③	④
24	①	②	③	④
25	①	②	③	④

問 題 4

26	①	②	③	④
27	①	②	③	④
28	①	②	③	④
29	①	②	③	④
30	①	②	③	④

問 題 5

31	①	②	③	④
32	①	②	③	④
33	①	②	③	④
34	①	②	③	④
35	①	②	③	④

N3 실전모의고사 1회

げんごちしき（ぶんぽう）・どっかい

じゅけんばんごう
Examinee Registration Number

なまえ
Name

〈ちゅうい Notes〉
1. くろい えんぴつ (HB、№2) で かいて ください。
（ペンや ボールペンでは かかないで ください。）
Use a black medium soft (HB or No.2) pencil.
(Do not use any kind of pen.)
2. かきなおす ときは、けしゴムで きれいに けして ください。
Erase any unintended marks completely.
3. きたなく したり、おったり しないで ください。
Do not soil or bend this sheet.
4. マークれい Marking examples

よい れい Correct Example	わるい れい Incorrect Examples
●	⊗ ◌ ⦿ ◑ ⊘ ◍ ⬤

問題 1

1	①	②	③	④
2	①	②	③	④
3	①	②	③	④
4	①	②	③	④
5	①	②	③	④
6	①	②	③	④
7	①	②	③	④
8	①	②	③	④
9	①	②	③	④
10	①	②	③	④
11	①	②	③	④
12	①	②	③	④
13	①	②	③	④

問題 2

14	①	②	③	④
15	①	②	③	④
16	①	②	③	④
17	①	②	③	④
18	①	②	③	④

問題 3

19	①	②	③	④
20	①	②	③	④
21	①	②	③	④
22	①	②	③	④
23	①	②	③	④

問題 4

24	①	②	③	④
25	①	②	③	④
26	①	②	③	④
27	①	②	③	④

問題 5

28	①	②	③	④
29	①	②	③	④
30	①	②	③	④
31	①	②	③	④
32	①	②	③	④
33	①	②	③	④

問題 6

34	①	②	③	④
35	①	②	③	④
36	①	②	③	④
37	①	②	③	④

問題 7

38	①	②	③	④
39	①	②	③	④

N3 실전모의고사 1회
ちょうかい

じゅけんばんごう
Examinee Registration
Number

なまえ
Name

〈ちゅうい Notes〉
1. くろい えんぴつ (HB、No.2) で かいて ください。
   （ペンや ボールペンでは かかないで ください。）
   Use a black medium soft (HB or No.2) pencil.
   (Do not use any kind of pen.)
2. かきなおす ときは、けしゴムで きれいに けして ください。
   Erase any unintended marks completely.
3. きたなく したり、おったり しないで ください。
   Do not soil or bend this sheet.
4. マークれい Marking examples

よい れい Correct Example	わるい れい Incorrect Examples

問　題　1			
れい	●	②	③	④
1	①	②	③	④
2	①	②	③	④
3	①	②	③	④
4	①	②	③	④
5	①	②	③	④
6	①	②	③	④

問　題　2			
れい	①	②	③	●
1	①	②	③	④
2	①	②	③	④
3	①	②	③	④
4	①	②	③	④
5	①	②	③	④
6	①	②	③	④

問　題　3			
れい	●	②	③	④
1	①	②	③	④
2	①	②	③	④
3	①	②	③	④

問　題　4		
れい	●	②	③
1	①	②	③
2	①	②	③
3	①	②	③
4	①	②	③

問　題　5		
れい	①	●	③
1	①	②	③
2	①	②	③
3	①	②	③
4	①	②	③
5	①	②	③
6	①	②	③
7	①	②	③
8	①	②	③
9	①	②	③

にほんごのうりょくしけん　かいとうようし

N3 실전모의고사 2회

げんごちしき （もじ・ごい）

じゅけんばんごう
Examinee Registration Number

なまえ
Name

〈ちゅうい Notes〉
1. くろい えんぴつ (HB、No.2) で かいて ください。
   （ペンや ボールペンでは かかないで ください。）
   Use a black medium soft (HB or No.2) pencil.
   (Do not use any kind of pen.)
2. かきなおす ときは、けしゴムで きれいに けして
   ください。
   Erase any unintended marks completely.
3. きたなく したり、おったり しないで ください。
   Do not soil or bend this sheet.
4. マークれい Marking examples

よい れい Correct Example	わるい れい Incorrect Examples
●	⊘ ◌ ⊙ ◑ ⊖ ◍ ◐

問　題　1			
1	①	②	③	④
2	①	②	③	④
3	①	②	③	④
4	①	②	③	④
5	①	②	③	④
6	①	②	③	④
7	①	②	③	④
8	①	②	③	④

問　題　2			
9	①	②	③	④
10	①	②	③	④
11	①	②	③	④
12	①	②	③	④
13	①	②	③	④
14	①	②	③	④

問　題　3			
15	①	②	③	④
16	①	②	③	④
17	①	②	③	④
18	①	②	③	④
19	①	②	③	④
20	①	②	③	④
21	①	②	③	④
22	①	②	③	④
23	①	②	③	④
24	①	②	③	④
25	①	②	③	④

問　題　4			
26	①	②	③	④
27	①	②	③	④
28	①	②	③	④
29	①	②	③	④
30	①	②	③	④

問　題　5			
31	①	②	③	④
32	①	②	③	④
33	①	②	③	④
34	①	②	③	④
35	①	②	③	④

N3 실전모의고사 2회

げんごちしき（ぶんぽう）・どっかい

じゅけんばんごう Examinee Registration Number	

なまえ Name	

〈ちゅうい Notes〉
1. くろい えんぴつ（HB、No.2）で かいて ください。
   （ペンや ボールペンでは かかないで ください。）
   Use a black medium soft (HB or No.2) pencil.
   (Do not use any kind of pen.)
2. かきなおす ときは、けしゴムで きれいに けして ください。
   Erase any unintended marks completely.
3. きたなく したり、おったり しないで ください。
   Do not soil or bend this sheet.
4. マークれい Marking examples

よい れい Correct Example	わるい れい Incorrect Examples
●	⊘ ◌ ◑ ◐ ⊖ ① ◎

問　題　1

1	①	②	③	④
2	①	②	③	④
3	①	②	③	④
4	①	②	③	④
5	①	②	③	④
6	①	②	③	④
7	①	②	③	④
8	①	②	③	④
9	①	②	③	④
10	①	②	③	④
11	①	②	③	④
12	①	②	③	④
13	①	②	③	④

問　題　2

14	①	②	③	④
15	①	②	③	④
16	①	②	③	④
17	①	②	③	④
18	①	②	③	④

問　題　3

19	①	②	③	④
20	①	②	③	④
21	①	②	③	④
22	①	②	③	④
23	①	②	③	④

問　題　4

24	①	②	③	④
25	①	②	③	④
26	①	②	③	④
27	①	②	③	④

問　題　5

28	①	②	③	④
29	①	②	③	④
30	①	②	③	④
31	①	②	③	④
32	①	②	③	④
33	①	②	③	④

問　題　6

34	①	②	③	④
35	①	②	③	④
36	①	②	③	④
37	①	②	③	④

問　題　7

38	①	②	③	④
39	①	②	③	④

N3 실전모의고사 2회
ちょうかい

問　題　1

れい	●	②	③	④
1	①	②	③	④
2	①	②	③	④
3	①	②	③	④
4	①	②	③	④
5	①	②	③	④
6	①	②	③	④

問　題　2

れい	①	②	③	●
1	①	②	③	④
2	①	②	③	④
3	①	②	③	④
4	①	②	③	④
5	①	②	③	④
6	①	②	③	④

問　題　3

れい	●	②	③	④
1	①	②	③	④
2	①	②	③	④
3	①	②	③	④

問　題　4

れい	●	②	③
1	①	②	③
2	①	②	③
3	①	②	③
4	①	②	③

問　題　5

れい	①	●	③
1	①	②	③
2	①	②	③
3	①	②	③
4	①	②	③
5	①	②	③
6	①	②	③
7	①	②	③
8	①	②	③
9	①	②	③

N3 실전모의고사 3회

げんごちしき (もじ・ごい)

じゅけんばんごう Examinee Registration Number		なまえ Name	

〈ちゅうい Notes〉
1. くろい えんぴつ (HB、No2) で かいて ください。
   (ペンや ボールペンでは かかないで ください。)
   Use a black medium soft (HB or No.2) pencil.
   (Do not use any kind of pen.)
2. かきなおす ときは、けしゴムで きれいに けして ください。
   Erase any unintended marks completely.
3. きたなく したり、おったり しないで ください。
   Do not soil or bend this sheet.
4. マークれい Marking examples

よい れい Correct Example	わるい れい Incorrect Examples
●	⊘ ⊙ ◍ ◑ ⊖ ◑ ◓

問　題　1

1	①	②	③	④
2	①	②	③	④
3	①	②	③	④
4	①	②	③	④
5	①	②	③	④
6	①	②	③	④
7	①	②	③	④
8	①	②	③	④

問　題　2

9	①	②	③	④
10	①	②	③	④
11	①	②	③	④
12	①	②	③	④
13	①	②	③	④
14	①	②	③	④

問　題　3

15	①	②	③	④
16	①	②	③	④
17	①	②	③	④
18	①	②	③	④
19	①	②	③	④
20	①	②	③	④
21	①	②	③	④
22	①	②	③	④
23	①	②	③	④
24	①	②	③	④
25	①	②	③	④

問　題　4

26	①	②	③	④
27	①	②	③	④
28	①	②	③	④
29	①	②	③	④
30	①	②	③	④

問　題　5

31	①	②	③	④
32	①	②	③	④
33	①	②	③	④
34	①	②	③	④
35	①	②	③	④

にほんごのうりょくしけん　かいとうようし

N3 실전모의고사 3회
げんごちしき （ぶんぽう） ・ どっかい

<table>
<tr><td>じゅけんばんごう
Examinee Registration
Number</td><td></td><td>なまえ
Name</td><td></td></tr>
</table>

〈ちゅうい Notes〉
1. くろい えんぴつ (HB、No.2) で かいて ください。
（ペンや ボールペンでは かかないで ください。）
Use a black medium soft (HB or No.2) pencil.
(Do not use any kind of pen.)
2. かきなおす ときは、けしゴムで きれいに けして ください。
Erase any unintended marks completely.
3. きたなく したり、おったり しないで ください。
Do not soil or bend this sheet.
4. マークれい Marking examples

よい れい Correct Example	わるい れい Incorrect Examples
●	⊗ ◎ ⦸ ⊙ ⊖ ◑ ⬤

問　題　1

1	①	②	③	④
2	①	②	③	④
3	①	②	③	④
4	①	②	③	④
5	①	②	③	④
6	①	②	③	④
7	①	②	③	④
8	①	②	③	④
9	①	②	③	④
10	①	②	③	④
11	①	②	③	④
12	①	②	③	④
13	①	②	③	④

問　題　2

14	①	②	③	④
15	①	②	③	④
16	①	②	③	④
17	①	②	③	④
18	①	②	③	④

問　題　3

19	①	②	③	④
20	①	②	③	④
21	①	②	③	④
22	①	②	③	④
23	①	②	③	④

問　題　4

24	①	②	③	④
25	①	②	③	④
26	①	②	③	④
27	①	②	③	④

問　題　5

28	①	②	③	④
29	①	②	③	④
30	①	②	③	④
31	①	②	③	④
32	①	②	③	④
33	①	②	③	④

問　題　6

34	①	②	③	④
35	①	②	③	④
36	①	②	③	④
37	①	②	③	④

問　題　7

38	①	②	③	④
39	①	②	③	④

にほんごのうりょくしけん　かいとうようし

N3 실전모의고사 3회
ちょうかい

じゅけんばんごう Examinee Registration Number		なまえ Name	

〈ちゅうい Notes〉
1. くろい えんぴつ (HB、No.2) で かいて ください。
   （ペンや ボールペンでは かかないで ください。）
   Use a black medium soft (HB or No.2) pencil.
   (Do not use any kind of pen.)
2. かきなおす ときは、けしゴムで きれいに けして ください。
   Erase any unintended marks completely.
3. きたなく したり、おったり しないで ください。
   Do not soil or bend this sheet.
4. マークれい Marking examples

よい れい Correct Example	わるい れい Incorrect Examples
●	⊘ ⊖ ○ ⊜ ⊕ ◑ ◓

問　題　1

れい	●	②	③	④
1	①	②	③	④
2	①	②	③	④
3	①	②	③	④
4	①	②	③	④
5	①	②	③	④
6	①	②	③	④

問　題　2

れい	①	②	③	●
1	①	②	③	④
2	①	②	③	④
3	①	②	③	④
4	①	②	③	④
5	①	②	③	④
6	①	②	③	④

問　題　3

れい	●	②	③	④
1	①	②	③	④
2	①	②	③	④
3	①	②	③	④

問　題　4

れい	●	②	③
1	①	②	③
2	①	②	③
3	①	②	③
4	①	②	③

問　題　5

れい	①	●	③
1	①	②	③
2	①	②	③
3	①	②	③
4	①	②	③
5	①	②	③
6	①	②	③
7	①	②	③
8	①	②	③
9	①	②	③